电子合同理论与应用

◎ 曹 晖 编著

·南京·

图书在版编目（CIP）数据

电子合同理论与应用/曹晖编著．——南京：东南大学出版社，2020.8
 ISBN 978-7-5641-9052-1

Ⅰ.①电… Ⅱ.①曹… Ⅲ.①电子商务－合同法－研究－中国 Ⅳ.①D923.64

中国版本图书馆 CIP 数据核字（2020）第 148920 号

电子合同理论与应用
Dianzi Hetong Lilun Yu Yingyong

出版发行	东南大学出版社
地　　址	南京市四牌楼 2 号　邮编：210096
出 版 人	江建中
责任编辑	张丽萍
网　　址	http://www.seupress.com
经　　销	全国各地新华书店
印　　刷	南京京新印刷有限公司
开　　本	700 mm×1 000 mm　1/16
印　　张	19.5
字　　数	336 千字
版　　次	2020 年 8 月第 1 版
印　　次	2020 年 8 月第 1 次印刷
书　　号	ISBN 978-7-5641-9052-1
定　　价	80.00 元

本社图书若有印装质量问题，请直接与营销部联系。
电话（传真）：025-83791830。

内容简介

我国正大力发展电子商务和区块链产业，但电子合同领域一直存在观念模糊、理论与实际脱节等现象，长期缺乏权威、系统的专业培训书籍和教材。

针对市场的迫切需求和行业痛点，《电子合同理论与应用》一书应运而生。全书共分为 7 大章节，全面系统、深入浅出地介绍了国内外最新电子合同法律法规、电子签名及电子合同的技术原理、PKI 服务体系支撑、电子合同平台建设、电子合同订立标准、电子合同司法保障等内容，并结合三大典型商业应用场景提供了电子合同的缔约实训。

本书依照最新法律法规及其主要应用技术规范，运用电子签名的差异化原理以及电子合同具备法律效力必须遵守的标准规范，阐明了可靠的电子签名（Reliable E-signature）与电子合同规范（E-contract Specification）相结合的"R&S"理论是电子合同完全具备纸质效力的实现路径，同时也是获得司法保障和信息安全的关键因素。

本书理论与实践相结合、阅读性和工具性相兼顾，填补了相关专业研究领域空白。既可作为高等院校教材与专业培训书，也可作为相关领域工作实务指南。

序言

本书所涉及的电子合同理论和实务,并非研究电子合同的具体内容及条款。事实上电子合同的书面内容是由合同当事人按照具体业务需求自主拟定的,是纯粹的内部事务,何需外人置喙;更何况三百六十行,又有谁能行行精通。

我们讨论与研究的电子合同应用,是指当事各方在确定了电子合同条款文本等书面内容以后,如何采取便捷、安全的技术手段订立出一份符合法律规定的电子合同,以保障合同当事人和合同依赖方的合法权益,助力社会商业活动在网络时代能够更快、更好地发展。

电子合同也是合同的一种形式。合同又称契约,在我国最早可以追溯到《周礼》中关于合同的记载:"取予以书契。""取予"指财物所有权的转移,在这种转移过程中,应以"书契"为凭。在西方,合同则最早可追溯到古希腊亚里士多德在伦理学中关于契约思想的阐述。在东西方社会,人们对于合同契约都给予了高度重视。尤其在大额货物交易和服务领域,涉及复杂的权益条款和各方利益时,必须采用书面记录的方式作为凭据。

为了保证真实、信用和不可更改,古人最早曾经把契约篆刻在青铜器等各类材质上。在纸帛出现后,人们发现纸帛记录同样具备难以篡改的特性,同时大大提升了便利性,因此开始使用帛和纸张来书写和记录合同契约,同时辅以指印、盖章、签字等形式表达订立人的真实意愿，便于事后追溯。

数百年乃至上千年以来，以纸质合同为代表的书面合同契约在相当长的历史时期里一直是人类各种社会经济活动的重要纽带，是商业文明的重要体现，是人类社会不断发展的重要保证。

正如从篆刻契约进化为纸面书写合同一样，随着技术的发展和人类对于生产效率提高的不断追求，合同的形式必然还会发生进化。20世纪70年代后期，划时代地诞生了公钥密码技术，从技术上实现了远程不见面完成电子缔约安全签署的可能。

同时互联网的兴起带动了电子商务兴起，传统的生活和工作方式发生了巨变，足不出户的网上交流、网上购物、网上办公、网上办事日益成为我们普通的生活方式。

商业活动者跃跃欲试。因为在内部信息化建设上，ERP、OA、财务软件、SaaS服务等电子信息手段已经基本覆盖了日常经营管理；在外部信息化建设上，电子商务正在成为燎原之势，席卷了供应链、金融服务、物流、网购等各个交易场景。而真正打通内部和外部信息流阻隔、让业务形成电子数据闭环的，就只剩下最后一个隘口亟待攻克，这就是纸质合同变身为电子合同！这不仅可以使得商业活动能够在不见面的情况下，与合作伙伴甚至陌生人通过网络通信技术快速订立电子形式的合同协议，而且可以大幅度降低经营成本、快速达成经营目标、实现竞争优势。

可是如何使用电子合同才能够完全取代纸质合同呢？每次变革之初此类问题总是让人无从把握。1879年，李鸿章为了便于指挥，架设了从天津到塘沽的中国第一条电报线路后，却依然规定在收到电报后，还必须以日行500里的快马送到的卷轴军令文件为准。

与一般软件不同的是，电子合同是特殊的法律技术服务形态。因此除面对新兴、复杂的技术手段之外，还需要法律层面的配套建设。从20世纪末到21世纪初，联合国和世界各国纷纷制定、颁布了一系列法律法规，建立起保障电子签名、电子合同和电子商务的司法架构。

特别是近两年来，我国大力推进法制环境建设和标准规范建设，除了《中华人民共和国电子签名法》（以下简称《电子签名法》）的修订、电子合同标准规范陆续出台之外，《中华人民共和国电子商务法（以下简称《电子商务法》》、《中华人民共和国民法总则》（以下简称《民法总则》）、《中华人民共和国密码法》（以下简称《密码法》）、《中华人民共和国民法典》（以下简称《民法典》）、《最高院关于民事诉讼证据的若干规定》等涉及电子合同的主要法律法规紧锣密鼓地颁布或修订，法律环境到2020年已经基本构建完善，社会诚信建设不断提升，人们对于电子合同的兴趣和需求从深度到广度不断延伸开来。

我国《电子签名法》属于"差别法"，既包容广义上的各类电子签名，又规定只有"可靠的电子签名"才具备最高的法律效力。可以理解，当事人在使用电子合同时最先担忧的就是法律效力问题。由于对电子缔约技术手段和法律规定缺乏深入了解，常常会出现很多误区，让人无从选择。比如在电子文件中嵌入公章图片是否就是电子印章？电子签名和可靠电子签名如何区分？它们各自的存在边界在哪里？等同于纸质效力的电子合同的具体实现手段是什么？这些疑问和顾虑，总体来说涉及如何将电子合同最新的技术更好、更密切地与电子合同最新的法律法规及标准规范结合起来。

作为我国首批电子签名领域的应用研究者，笔者在近二十年的专业生涯中，深刻感受到我国所拥有的独特国情和辽阔市场以及在新技术浪潮初期所面临的种种挑战。

我们每个人都会是电子合同的使用者。虽然常常会面对不同的电子签约应用场景，或者身处不同的商业环境，但是只要能够真正地深入理解跨越技术和法律两个领域的电子签名与电子合同的本质诉求，就可以订立出一份完善、安全、有保障的电子合同，就可以在不断改革发展的环境下，尤其是在气势恢宏的《民法典》落地之后，获得更好更快的支撑力量。本书完成之时，新冠肺炎疫情还在威胁全球，我们此时更需要"云签约"！

本书面对的受众群体广泛，并非仅仅是专业技术人员。因此涉及数字签名和区块链应用到的现代密码学里面的编码、算法等方面的生涩知识时，首度尝试了线性逻辑的描述方法,希望能够降低数学方面的难度,扩大对于算法的理解能力。感兴趣的读者可以进一步查询相关资料以深入了解。

特别感谢工业和信息化部、商务部、国家市场监督管理总局、国家标准化管理委员会等部门的领导和专家们长期以来对电子合同推广的指导与帮助,同时感谢中国云签技术研究院的大力协助。

曹晖
2020 年 6 月 8 日于北京

目录

第1章 电子合同的法律体系 ·· 001

  1.1 国际主要法律介绍 ·· 001

    1.1.1 立法概况 ·· 001

    1.1.2 "数字法"立法模式 ·· 004

    1.1.3 "广义法"立法模式 ·· 005

    1.1.4 "差别法"立法模式 ·· 008

  1.2 我国的法律体系 ·· 012

    1.2.1 相关法律法规 ·· 012

    1.2.2 《电子签名法》解读 ·· 017

    1.2.3 电子合同定义和原则 ·· 024

第2章 电子合同的技术基础 ·· 029

  2.1 古典密码起源 ·· 030

    2.1.1 信息变换 ·· 030

    2.1.2 电码破译 ·· 031

  2.2 现代密码学奠基 ·· 037

    2.2.1 计算机编码 ·· 039

    2.2.2 对称密码 ·· 040

2.2.3　哈希算法 …………………………………… 042
　　2.2.4　非对称密码 ………………………………… 044
　　2.2.5　RSA算法 …………………………………… 045
　　2.2.6　椭圆曲线算法 ……………………………… 047
2.3　PKI体系支撑 ………………………………………… 051
　　2.3.1　PKI与CA …………………………………… 051
　　2.3.2　数字证书 …………………………………… 056

第3章　电子签名的差异性应用 …………………………… 062
3.1　可识电子签名 ………………………………………… 063
　　3.1.1　图形签名 …………………………………… 064
　　3.1.2　邮箱签名 …………………………………… 065
　　3.1.3　订单签名 …………………………………… 067
3.2　数字电子签名 ………………………………………… 068
　　3.2.1　时间戳 ……………………………………… 069
　　3.2.2　电子印章 …………………………………… 070
　　3.2.3　区块链存证 ………………………………… 072
3.3　可靠的电子签名 ……………………………………… 075
　　3.3.1　开放性和原则性 …………………………… 075
　　3.3.2　具体实现目标 ……………………………… 077
　　3.3.3　具体实现方式 ……………………………… 079

第4章　电子合同的平台建设 ……………………………… 084
4.1　电子缔约的安全保障 ………………………………… 084
　　4.1.1　电子合同平台的重要作用 ………………… 085
　　4.1.2　可靠电子签名与纸质效力 ………………… 086
　　4.1.3　纸质效力的应用表达 ……………………… 087
4.2　电子合同平台的设计 ………………………………… 089
　　4.2.1　平台建设的事先审查 ……………………… 089
　　4.2.2　平台应用的流程设计 ……………………… 092

4.3 电子合同平台的功能 ································· 095
4.3.1 用户身份管理 ································· 096
4.3.2 电子合同业务管理 ····························· 098
4.3.3 电子合同归档与存储 ··························· 101
4.3.4 电子合同利用 ································· 101
4.3.5 系统维护 ····································· 102
4.3.6 平台安全管理 ································· 104

第5章 电子合同的技术规范 ······························· 108
5.1 电子合同订立信息 ································· 108
5.1.1 通用信息 ····································· 108
5.1.2 当事人信息 ··································· 109
5.1.3 标的信息 ····································· 112
5.1.4 条款信息 ····································· 113
5.1.5 状态信息 ····································· 113
5.1.6 安全信息 ····································· 115
5.2 电子合同订立流程 ································· 115
5.2.1 身份登记 ····································· 116
5.2.2 身份认证 ····································· 118
5.2.3 要约签署 ····································· 119
5.2.4 受要约人签署 ································· 121
5.3 电子合同订立管理 ································· 124
5.3.1 合同查询 ····································· 124
5.3.2 合同变更 ····································· 125
5.3.3 身份变更 ····································· 128
5.3.4 身份注销 ····································· 129
5.3.5 合同终止 ····································· 131
5.3.6 合同下载 ····································· 133

第6章 电子合同的司法保障 ·············· 135
6.1 电子合同存证 ·············· 135
6.1.1 电子证据规定 ·············· 135
6.1.2 合同存证要点 ·············· 136
6.2 电子合同验证 ·············· 138
6.2.1 验证受理 ·············· 138
6.2.2 验证结论 ·············· 140
6.3 快捷司法通道 ·············· 142
6.3.1 在线调解 ·············· 142
6.3.2 网络仲裁 ·············· 143
6.3.3 互联网法院 ·············· 144
6.4 跨境电子合同 ·············· 146
6.4.1 电子签名互认 ·············· 147
6.4.2 法律适用性 ·············· 148
6.4.3 电子开示 ·············· 153

第7章 电子合同的缔约实训 ·············· 161
7.1 CtoC租房合同 ·············· 161
7.1.1 要约人移动端注册 ·············· 161
7.1.2 发起租房合同 ·············· 163
7.1.3 受要约人PC端注册 ·············· 164
7.1.4 接收签署邀约 ·············· 165
7.1.5 双方签署成功 ·············· 166
7.2 BtoC劳动合同 ·············· 166
7.2.1 单位注册认证 ·············· 166
7.2.2 设置印章管理 ·············· 168
7.2.3 单位劳动合同创建 ·············· 168
7.2.4 劳动合同审批盖章 ·············· 169

  7.2.5 员工通过 APP 签署 ·············· 171
 7.3 BtoB 采购合同 ····················· 171
  7.3.1 采购平台管理员注册 ·············· 171
  7.3.2 平台单位认证 ··················· 172
  7.3.3 采购平台参数设置 ··············· 173
  7.3.4 合同模板管理 ··················· 174
  7.3.5 平台用户管理 ··················· 175
  7.3.6 采购合同创建 ··················· 176
  7.3.7 采购合同签署 ··················· 176
  7.3.8 合同查看和下载 ················· 177
 7.4 电子合同验证 ······················ 178
  7.4.1 在线提交验证合同 ··············· 178
  7.4.2 查看下载验证报告 ··············· 179

附录 ································· 182
 《中华人民共和国民法典》合同篇 ········ 182
 《中国人民共和国电子商务法》 ·········· 245
 《中华人民共和国电子签名法》 ·········· 258
 《电子认证服务管理办法》 ·············· 264
 《电子认证服务密码管理办法》 ·········· 271
 《中华人民共和国密码法》 ·············· 274
 《最高人民法院关于民事诉讼证据的若干规定》 ··· 281

参考文献 ····························· 298

第 1 章　电子合同的法律体系

1.1　国际主要法律介绍

1.1.1　立法概况

在人类社会活动的不同历史发展阶段，社会和技术不断进步更新，由此带来订立合同的手段和方式也不断发生变化。20 世纪中后期，信息技术和互联网快速发展，电子商务作为新生事物蓬勃发展，电子合同作为电子商务的核心元素也闪亮登场。20 世纪 70 年代中期，密码算法出现了飞跃，公钥密码技术解决了网上密钥分发和数字签名的问题，从而进一步催生了电子缔约和电子商务的腾飞。

电子商务的核心是电子合同，电子合同的核心是电子签名，没有电子签名就不能形成电子合同。电子合同的安全性、技术手段和法律问题越来越受到广泛的重视。同时电子商务乃至电子合同的广域性特点所带来的衍生影响，往往不局限于国内商业环境，更大程度上还会影响到国际贸易。

从 20 世纪 90 年代中后期开始，世界各国纷纷开始制定涉及电子合同的各类具体法律法规，为电子合同的安全订立乃至电子商务的健康发展铺平道路。在网上电子商务交易中，交易当事人的身份认证和交易内容的真实表达是其中关键的因素。如果这一问题能够妥善解决，其他问题也就迎刃而解了。因此这些法律法规的制定主要围绕电子合同所涉及的电子签名手段以及带来的电子商务影响而展开的。

1）法律称谓

世界各国和地区涉及电子合同的相关立法情况不尽相同。从法律称谓上来看，形式就多种多样。

一类是围绕电子签名或数字签名为核心来立法的。如日本《电子签名与认证服务法》、俄罗斯《电子数字签名法》、马来西亚《数字签名法》、波兰《电子签名法》、以色列《电子签名法》、意大利《数字签名法》、阿根廷《数字签名法》、西班牙《电子签名与记录法令》、奥地利《联邦电子签名法》、加拿大《电子交易和文书法》等。

还有一类是围绕电子商务这一方向来立法的，电子签名作为电子商务法中的一个组成部分。如新加坡《电子交易法》、印度《电子商务法》、澳大利亚《联邦电子交易法》、爱尔兰《电子商务法》、约旦《电子商务法》、新西兰《电子商务法》、菲律宾《电子商务法》、哥伦比亚《电子商务法》、中国香港特别行政区《电子交易条例》等。

第三类是既制定电子商务法又制定电子签名或数字签名法，如美国、欧盟、英国、韩国、中国内地等。有些国家和地区还出台了配套法律法规，如芬兰《电子服务管理法》、英国《电子通信法》、俄罗斯《联邦信息法》、新加坡《电子交易认证机构规定》等。

2）主要目标

世界各个国家或地区在相对短的时期内纷纷出台了涉及电子签名、电子商务以及电子合同的法律法规，其主要目的在于鼓励和保护通过数据电文进行的电子商务交易，立法核心是"非歧视"和"效力同等"这两个方面。

1996年，联合国国际贸易法委员会通过了《电子商务示范法》（UNCITRAL Model Law on Electronic Commerce），其中第11条对于电子合同订立的有效性问题阐述为："就合同的订立而言，除非当事各方另有协议，一项要约以及对要约的承诺均可通过数据电文的手段表示。如使用了一项数据电文来订立合同，则不得仅仅以使用了数据电文为理由而否定该合同的有效性或可执行性。"同时，联合国《电子商务示范法》也首次明确了在电子商务的特定领域里涉及数据电文形式的合同、单据的证据效力等法律问题，对电子商务基本法律问题作出了规定，填补了全球电子商务的法律空白。该法是世界上第一个电子商务的统一指导性法案，其目的是向各国提供一套国际公认的法律规则，以供各国法律部门在制定本国电子商务法律规范时参考，促进各国使用现代通信和信息存储手段。

2001年3月联合国国际贸易法委员会再次通过了《电子签名示范法》，为电子签名作出了原则性的规范。《电子签名示范法》共12条，主要内容包括适用范围、电子签名定义、电子签名技术的平等性、电子签名的基本要求、签名人的义务、证书服务提供者的义务、依赖方的义务、对外国证书和电子签名的承认等。尽管联合国这两部示范法已经成为各国形成和制定电子合同法律框架的指导性文件，但并非国际公约，因此不具备国际法效力。

2005年11月，在联合国国际贸易法委员会第三十八届会议上又通过了《联合国国际合同中使用电子通信公约》（简称《公约》），目前被世界各国广泛采用。《公约》对电子合同的规定主要集中在国际合同中在线要约和要约邀请的判断，要约和承诺的发出、到达时间、自动交易或自动电文系统以及电子错误的处理等方面。

美国的电子合同及电子签名立法启动较早。美国商业法律分为州法和联邦法两级，电子签名法律最早是犹他州于1995年启动，其他州纷纷仿效。1999年美国联邦法律通过了《全球和国内商务电子签名法》（Electronic Signatures in Global and National Commerce Act，简称 E-Sign Act），并由克林顿总统以电子方式签署为法律。其第101条规定"一项记录或签名，不得仅仅因为其采用电子形式而否定其法律效力、有效性或可执行性"，这就确立了电子形式和非电子形式之间的平等性。

1999年，欧盟委员会《关于建立电子签名共同法律框架的指令》也规定，电子签名作为证据不得因其为电子形式而被拒绝具有可强制执行力和可采证力。

新加坡1998年颁布《电子交易法》，其第11条规定："除非缔约人之间另有承诺，要约与承诺的作出必须由电子记录生成且不能由于电子合同是电子记录所形成的而否定其有效性或强制执行力。"

3）共性与区别

总体来说，世界各国在电子合同的立法趋势一致，其立法普遍遵循并体现的共性原则包括：

（1）效力相等原则，是指数据电文手段和传统手段在法律上同等对待；

(2) 介质等同原则，是指电子介质和纸质介质同等对待；

(3) 技术中立原则，是指不限定数据电文的技术形式；

(4) 最低限度原则，是指新的法律不应该或者尽量避免与已经存在的法律发生冲突；

(5) 法律衔接原则，是指新的法律应做好与现有法律的衔接；

(6) 协调性原则，是指电子商务跨地域性强，应与国际惯例相协调一致；

(7) 当事人意思自制原则，是指电子商务或者电子商务所采取的手段是非强制性的；

(8) 安全原则，是指电子交易方式应以安全性作为前提。

除了上述各国法律制定的共性原则之外，由于各国法律环境和立法者的不尽相同，在具体涉及的电子签名技术以及所获得的法律地位上则存在着区别。

按照电子签名的定义、电子签名的手段、电子签名的地位、电子签名的效力等各个方面不同的解释和规定，我们可以将其分为"数字法""广义法""差别法"这三种不同的立法模式。

1.1.2 "数字法"立法模式

"数字法"也被称为"指定法"，这类法律的立法模式指定了电子合同等只有采用非对称密码算法技术为基础进行加密或签名的形式才具备法律效力，即数字电子签名才有效。严格来说，数字签名是众多电子签名的一种特定形式。

美国犹他州的《数字签名法》(Utah Digital Signature Act) 是全球涉及电子签名的第一个立法，颁布于 1995 年。这部《数字签名法》将数字签名定义为"使用非对称加密算法，将电子信息加以转换，并采用初始信息与签署人的私钥相对应的公钥验证该转换是否由签署人的公钥所对应的私钥所生成，该初始信息在转换后是否曾被篡改"。犹他州在世界上首开先河，提出了电子签名的法律定义，即将公钥数字签名视同电子签名。具体内容包括：电子签名符合手写签名的要求，就可在法院诉讼中接纳为证据；电子合同可以强制执行；不存在对特定技术的特别待遇，但法院可以将不同技术纳入考虑范围。

除了犹他州外，美国其他较早开展电子签名立法的州都倾向于"数字法"立法模式，包括华盛顿州在内的二十多个州以犹他州的《数字签名法》作为示范法。

其他国家和地区包括马来西亚《数字签名法》、阿根廷《数字签名法》、印度《信息技术法》、立陶宛《电子签名法》、以色列《电子签名法》、俄罗斯《联邦电子数字签名法》、波兰《电子签名法》等，也都是"数字法"立法模式。立法者皆倾向于以现有技术提供最高的安全等级为目的，仅规定了数字签名的法律效力，对采用其他技术的电子签名的法律效力未作规定。

但是对"数字法"立法模式持不同意见的立法者认为，"数字法"立法模式过于狭隘，数字签名必须通过PKI的公钥体系才可以使用，没有兼顾更广泛用户的利益以及给未来的技术发展留下充足的空间。

后期随着美国联邦《全球和国内商务电子签名法》的颁布，并且美国统一州法全国委员会（NCCUSL，协调各州法律工作的专门机构）等联邦机构还进一步先后通过了涉及电子签名的《统一计算机信息交易法》（Uniform Computer Information Transactions Act，简称UCITA）和《统一电子交易法》（Uniform Electronic Transactions Act，简称UETA），均倾向和包容各种电子签名方式。因此目前事实上其他各种技术形式的电子签名在"数字法"的美国各州内也可以使用。

"数字法"模式目前来说在世界范围内并没有发展成为具有主要影响力的电子签名立法模式。

1.1.3 "广义法"立法模式

"广义法"也可称为"中立法"，其立法模式是指立法时完全采取了"技术中立"的态度。立法者认为电子签名存在多种技术手段和技术形式，应该由市场和使用者自行做出判断和选择，法律仅对电子签名提出一般性要求，不对电子签名的具体技术做出规定，以确保立法能够持续适用今后技术的发展，不对使用者设置使用门槛。

"广义法"对于电子签名的定义实际上可看作是"一般电子签名"或者"广义电子签名"的概念。联合国《电子签名示范法》第2条第1款对此有比较权威的概述，其规定只要符合一定的基本条件，电子签名即具有传统签名的法律效力。联合国《电子签名示范法》中定义的广义电子签名"系指在数据电文中，以电子形式所含、所附或在逻辑上与数据电文有联系的数据，它可用于鉴别与数据电文相关的签名人和表明签名人认可数据电文所含信息"（"Electronic signature" means data in electronic form in, affixed to or logically associated with, a data message, which may be used to identify the signatory in relation to the data message and to indicate the signatory's approval of the information contained in the data message）。

在经过部分州的"数字法"短暂激进立法阶段之后，美国又成为"广义法"的典型代表国家，其《全球和国内商务电子签名法》（E-Sign Act）是一项世界上重要的电子签名"广义法"。该法主要内容和特点有如下四个方面：

第一是赋予电子签名、电子合同和电子记录与传统手写签名或签章相同的法律效力和可执行力，但采纳了"最低限度"模式来推动电子签名的使用，因此该法应用和管辖范围可以适用于一切影响到国内和国外的商业合同、协议和记录，以及证券交易法管辖范围的事项。《全球和国内商务电子签名法》将电子签名定义为"由某人签署合同或其他记录的意图采用的，依附于该合同或其他记录，或与该合同或其他记录逻辑上相结合的声音、符号或程序"。该法将重点放在体现电子签名人签署合同的真实意愿上，而不是电子签名的形式和规则。

第二是该法通过"技术中立"的立法模式和态度，明确了电子签约的安全性不只存在一种单一的技术或方法，它既承认了数字签名技术的安全性，也授权了在未来可使用其他任何类型的电子签名技术。《全球和国内商务电子签名法》同时也明确电子签名法律不影响现有关于合同、记录必须采用书面、签名或电子形式以外的其他形式的法律要求，强调了电子签名使用者在技术和自律方面的选择权。它为电子交易的可靠性和安全性提供了一个法律框架，对政府的不适当干预进行了约束，即不得对电子签字和电子认证进行强制规定，因此是一种自由化的和非歧视的市场导向方法。

第三是《全球和国内商务电子签名法》阻止了后续可能出现的州一级的指定数字立法案的出台，为创设互通性的电子签约系统创造了条件。

第四是《全球和国内商务电子签名法》规定了用户通过选择加入电子合同签名系统而自愿使用电子签名或记录的规则，如果同意进行在线交易，则以电子方式确认其意思表示。该法规定，系统必须在用户选择之前告知其有权获得一份非电子形式的记录和撤回其意思表示，以及有权取得保留电子记录所需要的硬件和软件条件。

另外两部美国联邦层面的法案同样强调了广义性。美国《统一电子交易法》（UETA）中将电子签名定义为"依附于一项电子记录或与该记录在逻辑上相联，并由有意签署该记录者所使用或采纳的电子声音、符号或方法"；美国《统一计算机信息交易法》（UCITA）采用了更为广义的"确认（authenticate）"一词代替了签名或电子签名，并定义为"某人确认签署，或指某人依附在一项记录上或包含在记录中或与该记录有逻辑联系、合理地相结合，同时被有意图签署该记录者所使用或采纳的电子符号、声音、方法或信息"。［法案 1-102-6 原文为："Authenticate" means: (A) to sign; or (B) with the intent to sign a record, otherwise to execute or adopt an electronic symbol, sound, message, or process referring to, attached to, included in, or logically associated or linked with that record.］

1999 年通过的澳大利亚《联邦电子交易法》也比较宽松，"提供书面信息（Giving information in writing）""提供亲笔签字（Providing a handwritten signature）""提交材料文件（Producing a document in material form）""记录和保留信息（Recording or retaining information）"中的任何一种要求或者许可，都可以通过电子形式来完成，对电子形式只有原则性规定。另外，广义法模式还包括加拿大 1999 年通过的《统一电子商务法》。

由此可以看出，"广义法"模式对于电子签名的定义遵循技术包容性原则，只要签名或意思确认以电子的方式存在，即可称为电子签名。"广义法"模式其实是一种最低限度要求，由此可能衍生出不同形式的电子签名。这就必然使得电子签名的安全效力、法律效力等出现不可避免的降低。面对这一情况，"广义法"模式受到英美法系一贯所遵循的法律传统影响，一般约定了对照已经存在的其他相关法律和司法要求，倾向于交予法官、仲裁员和监管当局来判断电子签名的法律效力。以美国等国家为例，其司法体系和法律服务较为完备，有严格的民事证据举证和采纳规则，因此当事人在听证会、司法调查和审判过程中说谎否认电子签名的真实性、做伪证和虚假陈述，均可能获判联邦刑事重罪。

1.1.4 "差别法"立法模式

"差别法"模式,我国学术界过去常称之为"折中法",但这个表述不够准确。

折中的意思是取中间一条道路。但是事实上这种立法模式吸取了前两种立法模式的长处,既对入门级的电子签名方法赋予了基本的法律效力,又对采用了安全可靠的数字签名技术的电子签名赋予了更高的法律效力,也就是说,两种甚至三种类别的电子签名在不同的情况下都可以使用。因此称之为"差别法"或"等级法"更为准确。

联合国《电子签名示范法》对于"差别法"的形成也起到了指引作用。在《电子签名示范法》中,除了定义广义电子签名的概念外,同时还给予了可靠电子签名的基本原则和概念。其中第6条第3款规定,"符合下列条件的电子签名视作可靠的电子签名:(a)签名制作数据在其使用的范围内与签名人而不是还与其他任何人相关联;(b)签名制作数据在签名时处于签名人而不是还处于其他任何人的控制之中;(c)凡在签名后对电子签名的任何更改均可被觉察;(d)如果签名的法律要求目的是对签名涉及的信息的完整性提供保证,凡在签名后对该信息的任何更改均可被觉察"[An electronic signature is considered to be reliable for the purpose of satisfying the requirement referred to in paragraph Ⅰ if:(a) the signature creation data are, within the context in which they are used, linked to the signatory and to no other person;(b) the signature creation data were, at the time of signing, under the control of the signatory and of no other person;(c) any alteration to the electronic signature, made after the time of signing, is detectable; and (d) where a purpose of the legal requirement for a signature is to provide assurance as to the integrity of the information to which it relates, any alteration made to that information after the time of signing is detectable]。

欧盟就是采用"差别法"的典型代表。与美国等国遵守技术中立、市场导向、法律传统的英美法系不同,欧盟在电子签名立法中体现出技术统一、政府背书、全面适用的大陆法系倾向。欧盟电子合同的法律框架主要由三部法律为立法基础,即《电子商务指令》(The Electronic Commerce Directive 2000)、《电子签名指令》（The Electronic Signature Directive 1999）以及《远程销售指令》（The Distance Selling Directive）。欧盟的目标是为了在欧洲规范统一电子签名法律框架，克服各国对互联网市场规制上出现的互不协调局面，并与国际上各国的行动保持同步，促进欧盟各国国内电子合同发展，确保电子签名的法律效力，为相关的电子商务活动创造适宜的环境。《电子签名指令》采取双重政策原则：一方面确保电子签名认证服务市场自由开放，规定"成员国不得将认证服务业务置于预先批准的制度之下"；另一方面，授权成员国"建立或维持旨在改善服务水平的资源特许制度"，其二十多个成员国基本根据这三个指令的主要内容分别转换为国内法。

在法律承认方面，欧盟《电子签名指令》提出了电子签名的非歧视原则。在《电子签名指令》中，电子签名泛指"与其他电子记录相连的或在逻辑上相连并以此作为认证方法的电子形式数据"。

但《电子签名指令》第2条依据交易敏感度的不同，将电子签名依其安全水平的高低分为"电子签名""高级电子签名"和"合格电子签名"。

"电子签名"（ES）是最低要求的一种签名方式，适用于低水平交易，且不能杜绝欺诈，因此无法对安全性做出任何保证。

"高级电子签名"（ADES）是指该签名与其使用者之间存在着可以识别的一一对应关系。如果签名者的电子签名发生了变化，可以辨别签名者的身份是否真实。但高级电子签名不能代替手写签名。

"合格电子签名"（QES）必须附有数字证书，该认证证书是采用公钥密码系统实现的，具备唯一性，合格电子签名采用数字签名，用于需要较高安全水平的交易，可在法庭出示作为证据。

欧盟《电子签名指令》要求高级电子签名和合格电子签名必须满足国内法的形式条件，而且事实上只将数字签名视为效力等同于手写签名的合格电子签名方式（《电子签名指令》第5条规定）。总的说来，欧盟《电子签名指令》采用了"差别法"模式，集合了各成员国的不同趋向和政策。

首先，它确立了电子交易安全的最低要求，注重电子签名和认证服务商应具备的条件，但调整范围却较为狭窄。

其次，《电子签名指令》承认电子商务的扩展应由市场力量来决定，但又认为"商业现实不能清楚地为私营组织提供前进的方向，不论是采用国家调整还是自律调整方式，国家仍然是主导的力量"。

最后，数字签名被视为具有完全等同于手写签名和签章的效力，其他电子签名形式在法律上也得到承认，但其法律约束力却要取决于各成员国的国内法规定。

德国也是"差别法"模式。1997年，德国公布了《德国电子签名框架条件法》，此法属原则性的立法。鉴于欧盟发布的《电子签名指令》与其存在冲突，因此德国在规定期限内修改了国内法。

《德国电子签名框架条件法》适用范围相当宽泛，在私法领域里首先是尊重意思自治原则，法律对于电子签名的使用没有明确规定的，可由当事人任意选择。此外，电子签名不仅应用于商务范畴，法律也可以为公法上的行政活动规定采用电子签名。使用合格电子签名应当符合客观、可理解、非歧视的要求，并且只能涉及相关适用的特定标志。这表明德国采用的是"法无明文禁止即许可"的原则。

德国仅对"合格电子签名"的效力单独作出规定。德国分别规定了"电子签名""高级电子签名"和"合格电子签名"这三种电子签名等级。从法律效力上看，高级电子签名（也有译为"先进电子签名"）主要用于识别签名人的身份并表明其认可所签署文件的内容；合格电子签名则是指其生成时以有效合格证书为基础或者以安全签名认证单位生成的电子签名。《德国电子签名框架条件法》第6条第2项规定："如果法律没有其他规定，合格电子签名在法律交易中具有与亲笔签名相同的效果。"《德国电子签名框架条件法》没有数字签名的概念，但规定符合一定条件的电子签名视为合格电子签名。一般理解，德国的"合格电子签名"等同于数字签名。2002年，英国按照欧盟《电子签名指令》转换为国内法后颁布的《电子签名条例》《电子通信法》等立法模式大致与欧盟相同。后期法国也转换为国内法。

欧盟在2014年进一步颁布了《910/2014电子身份与认证条例》（Electronic IDentification and Authentication Services，简称eIDAS Regulation），并于2018年正式生效。eIDAS及其配套条例EU/2015/1502实施条例细致地规范了在欧盟之内建立一个电子信任系统的具体措施，这一信任系统由电子身份认证服务

(Electronic Identification，EID)、数字证书服务（Certification Authority，CA)、时间戳服务（Time Stamping Authority，TSA)、电子签名和印章生成服务（Signature & Seal Generation Service，SigS)、验证服务（Validation Service，ValS)、存证服务（Preservation Service，PresS）和电子数据传输服务（Electronic Registered Delivery Services，EDS）组成。至此欧盟完成了电子认证差别分类和电子签名差别分类的具体实施细则，三种不同等级的电子签名各自可以获得不同的服务和应用。

1998年，新加坡颁布的《电子交易法》也属于"差别法"。该法对于电子签名、电子合同、电子认证和电子商务等的定义，大部分沿用或借鉴了联合国《电子商务示范法》的概念和规定。

新加坡《电子交易法》第8条承认一切形式的电子签名，不过第17条规定了"安全电子签名"的要求：(1) 是使用者唯一的签名；(2) 能证实使用者的身份；(3) 通过某种使用者可以唯一控制的方式或方法创设；(4) 和相关的电子记录以某种方式具有密切联系，一旦该记录被修改，则签名也随之失效。第18条还规定，"该签名属于对应的签名人，而且签名者附加这一安全数字签名是为了签署电子记录或对电子记录表示同意"。

2000年，日本颁布了《电子签名及认证业务的法律》及与之相配套的《电子签名法的实施》和《基于商业登记的电子认证制度》等相关法律，并于2001年开始生效。该法涉及电子签名的立法原则、宗旨，电子签名的种类与效力，认证机关的职能及其认定条件，承认外国认证机关颁发之电子证明书的效力问题，以及对电子签名犯罪的惩罚等，旨在规范日本电子商务活动并提供法律依据，确保电子签名的真实性和可靠性，为跨境电子商务交易的发展创造条件。

日本的《电子签名及认证业务的法律》主要有几个特点：对"一般电子签名"作出明确界定；明确规定两种具有法律推定效力的电子签名分别是"特定机关的电子签名"和"具有推定效力的电子签名"。日本法律还对认证业务作出明确规定：对认证机关的职责和范围作出规范，设置特定认证机关的标准和条件，设立制定调查机关的标准；引入电子公证制度，便于保存和证明原始的信息记录，公证人电子认证的推定效力高于特定认证机构的电子证明书等。

值得一提的是，美国加利福尼亚州的《数字签名法》，虽冠以数字签名，但实际上是一种差别法。它除了定义非对称公钥签名方式外，还定义了"动态签名"方式，即支持多种签名手段。

从上述差异立法模式情况来看，立法者认为当前全球电子签名的技术手段是多种多样的，但是技术安全存在差异。因此可以划分为"基础签名"和"高级或可靠签名"等，分别获得不同的安全等级或者应用到不同的领域。

需要指出的是，近几十年的技术虽然在不断发展和更替，出现了一些新的认证手段如生物识别技术，但是在可以预见的将来，PKI（Public Key Infrastructure，公钥基础设施）体系和基于数学难题的数字签名技术带来的安全性和实用性，依然位居顶层而不可代替，在电子签名应用领域还将继续展示旺盛的生命力。

所以在低安全等级或不具备物质条件的环境中包容使用低安全等级的基础电子签名，在高价值和高风险的开放环境鼓励使用高安全等级的高级或可靠数字签名，显然是主流应用方向。

1.2 我国的法律体系

从 20 世纪 80 年代开始，我国颁布的各项法律中，对于采用数据电文进行的电子交易及由此形成的电子合同的法律规范一直非常重视，并持续不断地建设和完善其良好的法律环境。

1.2.1 相关法律法规

早在 1986 年颁布的《中华人民共和国民法通则》（以下简称《民法通则》）和 1999 年颁布的《中华人民共和国合同法》（以下简称《合同法》）中，我国就明确提出了涉及合同和电子合同的关键定义。在《民法通则》中提出了书面合同的定义，在《合同法》中规定了数据电文形式订立的电子合同属于书面合同的一种，并且首次提出了电子合同的产生是在"指定特定系统"里的，由此出现了电子合同生效时间的约定。1999 年，我国颁布的《合同法》（1999 年 3 月 15 日全国人大常委会通过，1999 年 10 月 1 日起施行）第十条规定："当事人订立合同，有书面形式、口头形式和其他形式。法律、行政法规规定采用书面形式的，应当采用书面形式。当事人约定采用书面形式的，应当采用书面形式。"《合同法》第十一条同时又明确规定，"书面形式是指合同书、信件和数据电文（包括电报、电传、传真、电子数据交换和电子邮件）等可以有形地表现所载内容的形式。"这其中提到的数据电文或者电子数据交换即为电子合同的形式。

2004年，我国在《电子签名法》中明确规定了电子合同的非歧视原则。《电子签名法》第三条第二款进一步规定，"当事人约定使用电子签名、数据电文的文书，不得仅因为其采用电子签名、数据电文的形式而否定其法律效力。"

从上述法律规定可见，通过电报、电传、传真、电子数据交换和电子邮件等数据电文形式订立的电子合同是合同订立的合法方式之一。因此只要满足合同订立的基本要素和条件，符合当事人的真实意思，电子合同是可以有合法地位的，即电子合同具备法律认可的效力。

我国现行的直接涉及电子合同的主要法律有三部，分别是《民法典》《电子签名法》和《电子商务法》。

我国围绕以及配套支撑这三部主要法律的相关法律还包括《中华人民共和国民事诉讼法》《密码法》《中华人民共和国海关法》等，相关支持电子签名的法规包括《中华人民共和国税收征收管理法实施细则》《电子认证服务管理办法》《司法鉴定程序通则》等。

我国还颁布了一系列涉及电子合同的国家标准、行业标准。其中颁布的电子合同国家标准有：

(1)《电子合同订立流程规范》（GB/T 36298—2018）；

(2)《电子合同基础信息描述规范》（GB/T 36319—2018）；

(3)《第三方电子合同服务平台功能建设规范》（GB/T 36320—2018）。

颁布的密码国家标准有：

(1)《信息安全技术 可信计算密码支撑平台功能与接口规范》（GB/T 29829—2013）；

(2)《信息安全技术 SM4 分组密码算法》（GB/T 32907—2016）；

(3)《信息安全技术 SM2 椭圆曲线公钥密码算法 第1部分：总则》（GB/T 32918.1—2016）；

(4)《信息安全技术 SM2 椭圆曲线公钥密码算法 第 2 部分：数字签名算法》(GB/T 32918.2—2016)；

(5)《信息安全技术 SM2 椭圆曲线公钥密码算法 第 3 部分：密钥交换协议》(GB/T 32918.3—2016)；

(6)《信息安全技术 SM2 椭圆曲线公钥密码算法 第 4 部分：公钥加密算法》(GB/T 32918.4—2016)；

(7)《信息安全技术 SM2 椭圆曲线公钥密码算法 第 5 部分：参数定义》(GB/T 32918.5—2017)；

(8)《信息安全技术 SM3 密码杂凑算法》(GB/T 32905—2016)；

(9)《信息安全技术 密码应用标识规范》(GB/T 33560—2017)；

(10)《信息安全技术 SM2 密码算法使用规范》(GB/T 35276—2017)；

(11)《信息安全技术 SM2 密码算法加密签名消息语法规范》(GB/T 35275—2017)；

(12)《信息安全技术智能密码钥匙应用接口规范》(GB/T 35291—2017)。

同时电子合同行业标准有商务部发布的《电子合同在线订立流程规范》(国内贸易行业标准 SB/T 11009—2013)。

1)《民法典》

2020 年，我国新颁布的《民法典》(2020 年 5 月 28 日第十三届全国人民代表大会第三次会议通过)完全取代了原有的《民法总则》《民法通则》和《合同法》。《民法典》对于原有相关法律中涉及合同及其电子合同的法规进行了梳理、整合和加强。

《民法典》第四百六十九条规定："当事人订立合同，可以采用书面形式、口头形式或者其他形式。书面形式是合同书、信件、电报、电传、传真等可以有形地表现所载内容的形式。以电子数据交换、电子邮件等方式能够有形地表现所载内容，并可以随时调取查用的数据电文，视为书面形式。"

《民法典》明确规定了以数据电文形式存在的电子合同是合同的书面形式之一，同时又对电子合同成立的条件进行了更进一步的清晰规定。

《民法典》第五百一十二条规定："通过互联网等信息网络订立的电子合同的标的为交付商品并采用快递物流方式交付的，收货人的签收时间为交付时间。电子合同的标的为提供服务的,生成的电子凭证或者实物凭证中载明的时间为提供服务时间;前述凭证没有载明时间或者载明时间与实际提供服务时间不一致的,以实际提供服务的时间为准。电子合同的标的物为采用在线传输方式交付的,合同标的物进入对方当事人指定的特定系统且能够检索识别的时间为交付时间。电子合同当事人对交付商品或者提供服务的方式、时间另有约定的,按照其约定。"

《民法典》对电子合同订立环境和形成要素提出了"指定的特定系统"的概念,那么满足这里"指定的特定系统"的法律要求,显然应符合下列情况之一:

(1) 缔约双方一致同意选择了这一合同订立系统;

(2) 缔约一方选择了这一系统,并通知了另一方,而另一方在约定的时间内没有表示反对;

(3) 缔约另一方虽然事先未被告知使用该系统,但这一系统所公开的独立性并不会与其利益发生可能的对抗。

时间因素是合同达成的重要标志。《民法典》第五百一十二条中对电子合同的达成时间条件制定了规则,同时与《电子签名法》做了一致性衔接。《电子签名法》也规定,只要数据电文进入收件人的系统或者指定系统,即达成和生效,而不论数据电文内容是否被阅读、理解或使用。

2)《电子商务法》

2019年1月1日正式施行的《电子商务法》第一次在法律主要条文中专门单列了"电子商务合同的订立与履行"一章,详细阐述了电子合同相关规定,其对于电子合同的规范发展及对电子商务的推动均具有积极的和重大的意义。

(1)《电子商务法》第三章"电子商务合同的订立与履行"第四十七条规定,"电子商务当事人订立和履行合同,适用本章和《中华人民共和国民法总则》《中华人民共和国合同法》《中华人民共和国电子签名法》等法律的规定"。

据此我们可以看到,《电子商务法》中涉及合同内容的,如果与现有法律法规衔接顺畅,或者已有其他相关法律合适规定的,那么《电子商务法》就充分尊重现有的法律现状。

(2)《电子商务法》第四十八条规定,"电子商务当事人使用自动信息系统订立或者履行合同的行为对使用该系统的当事人具有法律效力。在电子商务中推定当事人具有相应的民事行为能力。但是,有相反证据足以推翻的除外"。

在合同的订立问题上，在相关合同法规中已经有规定的，《电子商务法》不再赘述。对于这类问题，《电子商务法》作出了一些有针对性的特别规定。如涉及的问题与其他法律存在交叉的，考虑到这些法律并非专门针对电子商务产生的交易关系，其涉及的范围更广泛，对电子商务也普遍适用，因此在处理与有关民事法律和行政管理法律的关系上，《电子商务法》作了衔接性的规定。如本条款仅特别强调了电子商务环境下电子合同订立过程中可能产生的电子合同效力问题。

（3）《电子商务法》第三章第四十九条规定，"电子商务经营者发布的商品或者服务信息符合要约条件的，用户选择该商品或者服务并提交订单成功，合同成立。当事人另有约定的，从其约定。电子商务经营者不得以格式条款等方式约定消费者支付价款后合同不成立；格式条款等含有该内容的，其内容无效"。

《电子商务法》针对电子商务实践中的突出问题和特有领域确立了新的规范，体现了法律体系的完整性、统一性和协调性。如关于消费者保护，是《电子商务法》的重要内容，《中华人民共和国消费者权益保护法》的最近一次修订，最主要的内容就是强化了关于电子商务环境下的消费者保护。因此《电子商务法》的颁布对网络消费领域的订单型电子合同的规则做出了较为完善的规定。根据网购的特点，整个网购的电子合同内容应该包括商品和服务展示信息及公开的交付标准、电子商务平台公开的服务规则和用户协议、商品的物流责任、网上支付、售后服务规则等，这些都可以在《电子商务法》中找到明确的要求。

（4）《电子商务法》第三章第五十条规定，"电子商务经营者应当清晰、全面、明确地告知用户订立合同的步骤、注意事项、下载方法等事项，并保证用户能够便利、完整地阅读和下载"。

考虑到电子合同生命周期和事后维权的问题，《电子商务法》进一步完善了电子合同的当事人权益，首次明确了电子合同应该可以提供阅读和下载。

（5）《电子商务法》在电子签名方面并没有过多地涉及。《电子签名法》2004年颁布后，对于电子商务活动的开展中涉及的电子签名的规定，整体而言能够适应当下的需要，因此《电子商务法》体现了继续遵循《电子签名法》的要旨。

1.2.2 《电子签名法》解读

2004年8月28日由全国人大常委会通过，2005年4月1日起施行的《电子签名法》全面、系统地对电子合同涉及的法律效力、实施架构、法律责任等方面进行了原则规范。颁布十多年以来，仅仅做了一些很细微的修订，是一部非常成功的重要法律。

《电子签名法》可以说是我国民法的特别法部分，从法律上来说特别法一般优于普通法。《电子签名法》是电子合同领域的核心法律。我国《电子签名法》立法具有三个特点：

一是用法律原则性解决技术复杂性。电子商务也是民事活动的一种，绝大多数法律问题在原有法律中已经解决，《电子签名法》只要解决因电子商务活动信息载体的变化所涉及的法律问题。

二是具有国际趋同性。因为电子商务的显著优势就在于利用不受国界限制的全球性互联网络方便地进行网上交易，这就必然要求电子签名法律制度应当是符合国际趋势的。

三是不设定技术限定。为了鼓励电子商务发展，法律只规定作为电子签名所应达到的原则要求。至于采用何种技术标准，法律则不作规定。从法律条文内容来看，《电子签名法》具有引导性和开放性，虽然在法律条文中提到密码、公钥等，但是没有明确规定必须使用。

从涉及的电子签名的方式分类和统筹范围来看，我国的《电子签名法》也可划归"差别法"类别：既对电子签名作了宽松和广义的定义，又明确规范了"等同纸质效力"的电子签名的原则要求。总体来看，我国《电子签名法》的主要成果包括：

(1) 按照国际通行的原则确认了数据电文和电子签名的法律效力；

(2) 确立了电子签名和电子证据的证据原则；

(3) 确立了使用数字签名情况下的可靠电子签名法律效力；

(4) 明确了认证机构的法律地位及认证程序；

(5) 明确了电子认证服务监管部门，明确了电子认证服务行政许可实施机关；

(6) 明确了有关各方在电子签名活动中的权利和义务;

(7) 规定了电子签名的安全保障措施,为责任纠纷的评判确立了法定标准。

对于《电子签名法》中的部分重要规定,我们可以进一步深入解读:

(1) 我国《电子签名法》第二条规定,"本法所称电子签名,是指数据电文中以电子形式所含、所附用于识别签名人身份并表明签名人认可其中内容的数据"。

我国《电子签名法》的制定方针大部分符合和采用了联合国等电子签名立法的包容性原则,其中关于电子签名的入门定义就比较宽泛,一般都是通过对其要达到的功能的表述而形成的。

我国关于电子签名的定义与联合国《电子签名示范法》的定义基本一致。无论采用的是附着于电子文件的手写签名的数字化图像、向收件人发送的证实身份的密码口令,还是特定生物技术识别的指纹虹膜辨别法以及数学算法技术,只要符合本条规定的要件,就是本法所称的电子签名。

(2) 我国《电子签名法》第三条第一款规定,"民事活动中的合同或者其他文件、单证等文书,当事人可以约定使用或者不使用电子签名、数据电文"。

本条款是关于电子签名活动中当事人意思自治原则。当事人意思自治,是民事法律中的一项基本原则,即在民事活动中,除法律有强制性规定外,各民事主体可以自主决定自己的行为,交易各方可以自愿约定相互之间的权利义务关系及其实现方式。电子形式进行的民事活动在本质上与一般的民事活动并没有区别,因此同样应当遵循意思自治原则。如美国统一电子交易法规定,"本法仅适用于每一方均同意以电子手段进行交易,由上下文和周围情势,包括当事人的行为来确定"。

(3) 我国《电子签名法》第三条第二款规定,"当事人约定使用电子签名、数据电文的文书,不得仅因为其采用电子签名、数据电文的形式而否定其法律效力"。

本条款是关于电子签名的非歧视原则。当事人约定适用电子签名、数据电文的文书,不得以该文书中某项信息或签名采用了电子形式,作为否定其法律效力的唯一理由。包括联合国在内,全球各国的电子签名法律基本都规定了电子签名的非歧视原则。

(4) 我国《电子签名法》（2019年修改稿）第三条第三款规定，"前款规定不适用下列文书：（一）涉及婚姻、收养、继承等人身关系的；（二）涉及停止供水、供热、供气等公用事业服务的；（三）法律、行政法规规定的不适用电子文书的其他情形"。

我国《电子签名法》对电子签名的使用范围也明确规定了部分限制。这是考虑到电子签名的应用需要借助一定的技术手段，其物质条件会限制部分民众使用电子签名，以及部分社会行为存在时间跨度较长等特殊性原因。

不仅是我国，其他国家或地区在这方面也有同样的法律限制规定。一般包括以下几种情况：第一，与婚姻、家庭等人身关系有关的文书。如美国规定"关于遗嘱、遗嘱修改书或遗产信托的制定法、条例或者其他法律规则""关于收养、离婚或家庭法其他事项的州的制定法、条例或者其他法律规则"，不适用电子签名的效力。我国香港地区规定"遗嘱、遗嘱更改附件或任何其他遗嘱性质的文书的订立、签立、更改、撤销、恢复效力或更正"，不适用电子签名。第二，与诉讼程序相关的文书。如美国规定"与诉讼程序相关的需经签字的法律传票或通知，或正式法庭文书，包括诉状、答辩状以及其他书面文件"不适用电子签名。第三，与公用服务事业相关的文书。如美国规定"公用服务包括供水、供热及供电的取消或终止"等不适用电子签名的效力。第四，与不动产权益相关的文书。如新加坡规定"任何用于买卖不动产或以其他方式处分不动产的契约及不动产下所发生利益的契约""不动产转移或不动产利益的转让"以及"产权证书"不适用电子签名。第五，其他文书。如澳大利亚规定移民相关的文件不适用电子签名，新加坡规定商业票据不适用电子签名等。

(5) 我国《电子签名法》第四条规定，"能够有形地表现所载内容，并可以随时调取查用的数据电文，视为符合法律、法规要求的书面形式"。

本条是关于数据电文符合法定书面形式要求的规定，这样可以与其他法律衔接。在传统民商法律中，合同的订立与履行以及交易中的文件、单据等无不涉及书面形式的要求。据统计，在我国法律法规、行政部门规章中，涉及书面形式要求的有5000多件。法律要求书面形式可以使得文书的存在及其内容有切实的证据，以减少争端，使得当事人理解文书所产生的法律后果以及各方权利义务关系，可以使得第三方对文书产生信赖，可以满足行政管理、税收、财务、审计等需要。为了解决电子形式与传统书面形式不同这一障碍，联合国《电子商务示范法》规定，"如法律要求信息需采用书面形式，则假若一项数据电文所含信息可以调取以备日后查用，则满足了该项要求"。

(6) 我国《电子签名法》第五条规定，"符合下列条件的数据电文，视为满足法律、法规规定的原件形式要求：（一）能够有效地表现所载内容并可供随时调取查用；（二）能够可靠地保证自最终形成时起，内容保持完整、未被更改"。

本条是关于数据电文符合法定原件形式要求的规定。原件即原始文件和资料，一般是指信息内容首次以书写、印刷等形式固定于其上的纸质或其他有形的媒介物。法律对文书的原件形式要求，主要是为了保证文书所载内容自最初形成时未被改动。而数据电文是通过电子形式输入、生成、传输和存储的，常常表现为"副本"方式。为了解决这一问题，联合国《电子商务示范法》等各国法律采用了"功能等同法"，即符合原件功能基本要求的，即视为符合原件的形式要求，"如果法律要求信息必须以其原始形式展现或留存，倘若情况如下，则一项数据电文即满足了该项要求：① 有办法可靠地保证自该信息首次以最终形式生成，作为一项数据电文或充当其他用途之时起，该信息保持了完整性；② 如要求将该信息展现，可将该信息显示给观看信息的人"。

(7) 我国《电子签名法》第五条第二款规定，"但是，在数据电文上增加背书以及数据交换、存储和显示过程中发生的形式变化不影响数据电文的完整性"。

这里需要理解的是，计算机信息的完整性和《电子签名法》规定的完整性不完全一致。前者强调的是数据的完整性，后者强调的是内容的完整性。因此在实施电子签名时，应注意把对初始数据电文所作的必要添加与其他改动区分开来，只要一份数据电文的原文内容保持完整，没有被改动，对该数据电文的必要添加就不会影响它的原件性质。如传统民事商事中，常常存在当事人在票据、单证等的背面记载有关事项并签字的行为，按照惯例皆被视为原件。

(8) 我国《电子签名法》第七条规定，"数据电文不得仅因为其是电子、光学、磁或者类似手段生成、发送、接受或者存储的而被拒绝作为证据使用"。

本条款是关于数据电文证据力的规定。数据电文作为证据在法律上的使用一直是各国立法中争论比较大的问题。这主要是因为数据电文以电子方式出现，修正、更改或者补充各种数据非常方便，并且可以不留下任何痕迹，确定其作为证据的真实性难度非常大。但是如果发生纠纷时当事人不能够使用数据电文来证明权利义务关系，将使电子交易无法实现。同时如果数据电文满足法律规定的原件形式的要求，数据电文在一定程度上已经可以起到证据的作用。因此不应否定数据电文的证据效力但可以规定一定条件，对数据电文的证据效力作出限制。不过数据电文的证据效力还需要依据本法第八条的规定来认定。

（9）我国《电子签名法》第八条规定，"审查数据电文作为证据的真实性，应当考虑以下因素：（一）生成、存储或者传递数据电文方法的可靠性；（二）保持内容完整性方法的可靠性；（三）用以鉴别发件人方法的可靠性；（四）其他相关因素"。

本条款是关于认定数据电文证据效力的规定，借鉴了联合国《电子商务示范法》及一些国家和地区的规定。第一，在生成环节审查系统是否处于正常控制下，程序是否可靠，操作人员是否在严格的控制下按照严格的操作流程进行操作，是否被非法人员入侵，等等；在存储环节审查存储方法的方式以及可靠性；在传递环节审查传输方式、加密方式、非法截获泄露的可能性，等等。第二，审查内容完整性方法的可靠性，包括记录数据电文的信息系统是否处于正常的运行状态、在正常状态下系统是否对数据电文的操作有完整的记录、该记录是否是在该数据电文的当时或者之后制作的，等等。第三，审查发件人身份方式的可靠性，包括审查数据电文是否有发件人的电子签名、该电子签名所采用的方法是否可靠、是否采用了第三方认证，等等。

（10）我国《电子签名法》第九条规定，"数据电文有下列情形之一的，视为发件人发送：（一）经发件人授权发送的；（二）发件人的信息系统自动发送的；（三）收件人按照发件人认可的方法对数据电文进行验证后结果相符的。当事人对前款规定的事项另有约定的，从其约定"。

本条款是关于数据电文归属的规定。在传统商业合同订立过程中确认当事人意思比较容易。而在不见面的网络交易中，如何有效确认一项数据电文的发送主体，并防止数据电文的发送主体在其发送数据电文后对其意思表达予以抵赖，这就需要确立有关确认数据电文归属的规则。

借鉴联合国《电子商务示范法》的规定，首先，经发件人授权发送的，依据民法上的代理原理，代理人以被代理人的名义从事民事法律行为，其行为结果归属于被代理人。在电子商务中，经发件人授权的人或系统代表发件人发送数据电文，其行为的后果自然由发件人承担，其发送的数据电文自然被视为发件人的数据电文；其次，当事人通过在自己的计算机系统设置一定的程序来实现系统的自动操作，从而实现在电子商务环境下一方当事人重复作出大量相同或者类似的意思表示的要求，以提高交易效率，其行为结果也应归属于发件人；再次，收件人按照发件人认可的方法对数据电文进行验证后，可以确认其所收到的数据电文为发件人发出的，或者可以确认发送主体的，其数据电文也视为归属于发件人；最后，如果当事人之间约定其他方式的，当事人的约定优先于本条的规定适用。

（11）我国《电子签名法》第十一条规定，"数据电文进入发件人控制之外的某个信息系统的时间，视为该数据电文的发送时间。收件人指定特定系统接收数据电文的，数据电文进入该特定系统的时间，视为该数据电文的接收时间；未指定特定系统的，数据电文进入收件人的任何系统的首次时间，视为该数据电文的接收时间"。

本条款是对电子合同成立生效的规定。《电子签名法》对于数据、电文类型的电子合同的达成时间基本遵循了国际惯例，这些国际惯例一般规定只要电子合同数据电文进入收件人的系统或者指定系统，合同即达成和生效，而不论电文合同数据、电文内容是否被阅读、理解或使用。

联合国《电子商务示范法颁布指南》第103节对这一国际惯例做了比较清楚的解释，"《电子商务示范法》不应违背贸易惯例。按照贸易惯例，有些密码电文并非要等到收件人可以使用或者可以识别时才算收到。有的看法认为，《电子商务示范法》不应提出比目前在使用纸质的环境中采取的规定更为严格的标准。在使用纸张的环境中，即使收件人读不懂电文或者电文有意使收件人不能识读，如编译成密码的数据被传送到保存人之处目的仅仅是未来备案以便保护知识产权，在这种情况下也可认为收到了电文"。

我国《民法典》中对于电子合同生效的阐述与《电子签名法》相一致。其第一百三十七条第二款规定，"以非对话方式作出的意思表示，到达相对人时生效。以非对话方式作出的采用数据电文形式的意思表示，相对人指定特定系统接收数据电文的，该数据电文进入该特定系统时生效；未指定特定系统的，相对人知道或者应当知道该数据电文进入其系统时生效。当事人对采用数据电文形式的意思表示的生效时间另有约定的，按照其约定"。

（12）我国《电子签名法》第十二条规定，"发件人的主营业地为数据电文的发送地点，收件人的主营业地为数据电文的接收地点。没有主营业地的，其经常居住地为发送或者接收地点"。

本条款是关于数据电文发送地点和接收地点的规定，与未来的司法管辖权密切相关。本条规定与我国《合同法》的规定保持了一致性的衔接。数据电文发送和接收地点不仅与合同成立的地点相联系，在其他领域的法律关系中，例如确认以数据电文形式发布的公告或者通知时的生效地点，以主营业地作为标准同样具有法律意义。

（13）我国《电子签名法》第十三条规定，"电子签名同时符合下列条件的，视为可靠的电子签名：（一）电子签名制作数据用于电子签名时，属于电子签名人专有；（二）签署时电子签名制作数据仅由电子签名人控制；（三）签署后对电子签名的任何改动能够被发现；（四）签署后对数据电文内容和形式的任何改动能够被发现"。

这是我国《电子签名法》对于电子签名差异化的关键论述。与其他国家或地区定义的合格电子签名、高级电子签名等不同的是，我国把等同纸质效力的电子签名定义为"可靠的电子签名"，并给予四项原则性规定。其中第一项和第二项是身份认证规定：如果可以证明在电子签名过程中使用的，将电子签名与电子签名人可靠地联系起来的字符、编码等数据是由使用它的人或代表使用它的人专有或实际控制，即可满足可靠的电子签名的身份归属条件。第三项和第四项是信息完整性规定：如果可以证明在电子签名签署后可以发现电子签名的任何改动或发现数据电文内容和形式的任何改动，即可满足可靠的电子签名的完整性条件。此外，我国《电子签名法》没有限定可靠电子签名的具体技术。

（14）我国《电子签名法》第十四条规定，"可靠的电子签名与手写签名或者盖章具有同等的法律效力"。

本条款是整个《电子签名法》的核心，确立了可靠电子签名的法律效力。当一个电子签名被认定为可靠的电子签名时，它就获得了与传统手写签名及盖章的同等法律效力，从而实现了线上世界和线下世界的法律平等。

1.2.3 电子合同定义和原则

从广义上来定义,只要发生了权利转移的数据电文内容都可以归于电子合同的范畴。但为了保障当事人的权益,电子合同的订立或形成,应按照不同的交易内容而具备相应必备或完善的条件。

1) 电子合同的类别

电子合同一般是由电子合同原文、电子签名及其附件等电子数据组成的。

电子合同按照缔约人主体来划分,可分为自然人和法人两大类。其中自然人包括个人、个体工商户、农村承包经营户;法人可分为机关、企业、事业单位和社会团体。

电子合同按照不同的缔约主体关系,可分为 CtoC(Customer to Customer)、BtoC(Business to Customer)、BtoB(Business to Business)和 GtoB(Government to Business),部分业界观点认为应该将政府的商业合同如采购合同单列为一个类别。

电子合同按照《民法典》规定的合同法定性质划分,可分为买卖合同、赠与合同、借款合同、保证合同、租赁合同、融资租赁合同、保理合同、承揽合同、建设工程合同、运输合同、技术合同、保管合同、仓储合同、委托合同、物业服务合同、行纪合同、中介合同、合伙合同18类。

电子合同按照表现形式的不同,可分为订单形式和文本形式两类。

订单形式的电子合同主要应用在网络消费领域或电子业务交换系统,常常以订单、出货单、物流单据等形式出现,订单电子合同的数据处置权倾向于系统拥有方。

文本形式的电子合同则主要应用在开放网络环境中的服务领域或贸易领域,具有相对独立、完整的合同文本以及附件,文本电子合同的双方都对合同数据拥有处置权。

2) 订单型电子合同

在消费领域,无论是线下消费还是线上购物,尽管从法律上存在买卖双方的买卖合同关系,并且也受到《民法典》等相关法律法规的保护,但按照惯例大部分消费行为并不订立书面文本形式的合同,双方的权利义务关系可以通过《电子商务法》和《消费者权益保护法》来保障、约束和调整。

《电子商务法》第四十九条对订单形式合同的成立做出了规定："电子商务经营者发布的商品或者服务信息符合要约条件的，用户选择该商品或者服务并提交订单成功，合同成立。当事人另有约定的，从其约定。电子商务经营者不得以格式条款等方式约定消费者支付价款后合同不成立；格式条款等含有该内容的，其内容无效。"第五十条同时补充进一步的规定："电子商务经营者应当保证用户在提交订单前可以更正输入错误。"

《电子商务法》第五十一条对订单形式合同的执行做出了规定："合同标的为交付商品并采用快递物流方式交付的，收货人签收时间为交付时间。合同标的为提供服务的，生成的电子凭证或者实物凭证中载明的时间为交付时间；前述凭证没有载明时间或者载明时间与实际提供服务时间不一致的，实际提供服务的时间为交付时间。合同标的为采用在线传输方式交付的，合同标的进入对方当事人指定的特定系统并且能够检索识别的时间为交付时间。合同当事人对交付方式、交付时间另有约定的，从其约定。"

在生产领域，一般通过相对封闭的电子数据交换（Electronic Data Interchange，EDI）订单系统形成电子合同。EDI 是指按照同一规定的通用标准格式，将标准格式的交易信息，通过通信网络传输，在计算机之间进行数据交换和自动处理。

EDI 的应用主要是企业与自己的供应商和客户建立电子数据交换和联系，通过实施 EDI 改善整个行业的整体效率。因此，EDI 系统较早应用在汽车制造行业、运输行业和生活日用品的批发行业等。这些行业从 EDI 的应用中得到了非常好的效益。随着 EDI 进一步的发展，比如计算机系统连接和集成技术的发展、全球通信协议的不断统一，特别是 20 世纪 90 年代联合国 EDIFACT 标准被得到广泛的认可后，越来越多的企业通过 EDI 连接自身的采购交易、电子转账和业务清算等。

EDI 订立合同的简单流程一般如下：第一步，采购商根据业务需求在电子处理系统中制作一份订单；第二步，采购商将所有必要的信息连同订单发送到供应商的邮箱，电子处理系统将此订单数据存放在 EDI 的数据交换中心；第三步，供应商接收订单，并从自己计算机上的订单处理系统自动产生的一份订单回执进行发送；第四步，采购商从自己的电子信箱中收取订单回执，EDI 的数据交换中心存储订单回执。这样，双方的订单、订单回执及其相关附件就可以形成一份订单型电子合同。

由于 EDI 系统中产生的订单型电子合同的履行依赖于系统内部形成的紧密业务环节流程，这些业务环节流程产生的电子数据围绕订单电子合同形成完整的证据链。同时业务上下游为紧密合作伙伴，因此电子合同的法律风险较低，电子合同的履行和电子合同的纠纷一般能得到有效的保障和解决。

3）文本型电子合同

在开放的网络环境中涉及的技术和法律问题较为复杂，订立一份独立文本形式的电子合同面临着确定订立人真实意思和内容未经篡改等多方面的挑战，这也是本书研究的重点内容。

了解和掌握这一类的电子合同，必须先弄清电子合同订立过程和电子合同生命周期全过程中常见的一些概念和专有名词。

电子合同（Electronic Contract），是指平等主体的自然人、法人、其他组织之间以数据电文为载体，并利用电子通信手段设立、变更、终止民事权利义务关系的协议。

要约（Offer），是指希望和他人订立合同的意思表示。

受要约（Accept Offer），是指接受要约的意思表示。

电子合同要约人（Electronic Contract Offeror），是指在订立电子合同的过程中，发出要约的一方当事人。

电子合同受要约人（Electronic Contract Offeree），是指在订立电子合同的过程中，接受要约的一方当事人。

电子合同缔约人（Electronic Contract Party），是指使用电子合同订立系统的合同当事人。

电子合同缔约相对人（Electronic Contract Relative Party），是指与电子合同缔约人共同签署合同的人。

第三方电子合同服务平台（The Third-party Service Platform of Electronic Contract），是指独立于合同缔约人、具备身份认证、谈判磋商、电子签名、合同存储与调用等功能，能实现电子合同在线订立及处理的信息系统。

电子签名（Electronic Signature），是指数据电文中以电子形式所含、所附用于识别签名人身份并表明签名人认可其中内容的数据。

数字证书（Digital Certificate），是指附加在数据单元上的一些数据，或是对数据单元所作的密码变换，这种数据和变换允许数据单元的接收者用以确认数据单元来源和数据单元的完整性，并保护数据，防止被人（例如接受者）进行伪造。

抗抵赖（Non-repudiation），是指证明某一动作或事件已经发生的能力，以使事后不能否认这一动作或事件（在术语与机制的描述中，术语"抗抵赖"经常用来表示在通信系统中所涉及的若干实体，没有任何一个实体能否认它参与了通信）。

抵赖（Repudiation），是指在通信系统所涉及的若干实体中，某一个实体否认参与全部或部分通信过程。

数据完整性（Data Integrity），是指数据没有遭受以未授权方式所作的更改或破坏的特性。

保密性（Confidentiality），是指使得信息不泄露给未授权的个人、实体、进程，或不被其利用的特性。

4）电子合同的基本原则

订立和使用电子合同，应遵循的基本原则还包括以下八个方面：

（1）电子合同的有效性，是指电子合同的订立应遵循相关法律法规的规定，从而保证电子合同的法律效力。电子合同的内容应符合《民法典》《电子签名法》等相关法律法规的规定，不符合法律规定的电子合同不具备法律效力。电子合同缔约人应具备《民法典》所规定的民事行为能力。

（2）电子合同的独立性，是指电子合同是在信息系统中完成订立的。为保证电子合同的法律效力，电子合同订立宜通过独立于合同缔约人的第三方电子合同服务平台订立。

（3）电子合同的保密性，是指未经合同缔约人书面许可，电子合同服务平台运营商不应使信息泄露给非授权的个人、实体或进程，不为其所用，法律法规另有规定的除外。

（4）电子合同的抗抵赖性，是指电子合同的订立，应确保合同缔约人对订立的电子合同无法抵赖。

（5）电子合同的防篡改性，是指电子合同的订立，应确保订立的电子合同数据完整性。

（6）电子合同的真实性，是指电子合同的订立流程应反映合同缔约人的真实意愿，电子合同的内容应是合同缔约人的真实意思表示。

（7）电子合同的完整性，是指电子合同的合同要素、合同内容应当完整，电子合同的订立流程节点应当完整。

（8）电子合同的便捷性，是指电子合同的订立流程应当方便、快捷。

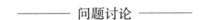

问题讨论

1. 全球关于电子签名的立法分为哪几种模式？
2. 各国法律中，一般对于电子签名的最低认定要求是什么？
3. 从安全等级的角度，哪些国家或地区对电子签名的划分最为细致？划分为哪几类？
4. 各国法律中关于等同纸质签名效力的电子签名的法律要求，其共性是什么？
5. 我国涉及电子合同的主要法律有哪几部？
6. 我国《电子签名法》中，对于电子签名的定义是什么？数字证书是电子签名必备的吗？
7. 我国《电子签名法》中规定的"可靠的电子签名"，与哪些国家或地区的法律比较接近？
8. 我国"可靠的电子签名"是否等同于欧盟的"合格电子签名"？为什么？
9. 对于电子签名不同模式之间的区别，您的理解是什么？

第 2 章　电子合同的技术基础

从世界各国制定的涉及数据电文、电子签名和电子商务的法律法规可以看出，电子签名的最广阔的应用就是电子合同，这些法规都围绕一个具体目标，即通过电子签名实现电子合同的安全订立。可以看出，安全电子合同订立离不开电子签名，因此电子签名技术就是电子合同的技术基础，而电子签名技术脱胎于密码技术。

密码，是指采用特定变换的方法对信息等进行加密保护、安全认证的手段。在通信过程中，除通信双方外，还存在非法的窃密者。为防止被窃取机密，人们开始使用密码。密码是通信双方按约定的法则进行信息特殊变换的一种重要保密手段。密码在早期仅对文字或数码进行加、解密变换；后来随着通信技术的发展，对语音、图像、数据等都可实施加、解密变换。密码的应用路径基本都是率先在军事、外交等领域应用，再逐步推广到商业领域。

我们将待加密的信息称为明文或原文，已被加密的信息称为密文，由明文变到密文的过程叫做加密，其密文还原过程叫做解密，加、解密的信息称为密钥，密钥生成的规则称为算法。

密码学是研究编制密码和破译密码的技术科学。密码学的首要目的是隐藏信息的含义，并不是隐藏信息的存在。

密码和密码学的历史发展，按照其对算法和密钥的保密程度可以分为如下三个阶段：1949 年以前为古典密码阶段，1949—1975 年为对称密码阶段，1976 年至今为公钥密码阶段。

2.1 古典密码起源

密码在历史上早已有之,密码的历史和文字的历史同样悠久。密码技术的应用一直影响并推动着社会向前发展。

2.1.1 信息变换

简单来说,古典密码就是对信息原文进行符号代替和变换处理后得到密文的方式。

古典密码有着悠久的历史。从古代一直到计算机出现以前,古典密码的本质是按照一定规则对明文进行变换形成密文。在古典密码这个阶段,信息的安全性主要依赖于算法和密钥的保密。

古典密码是密码学的根源,算法和密钥就是变换的规则,有的时候甚至没有算法而直接使用代替方法。古典密码虽然比较简单而且容易破译,但研究古典密码的设计原理和分析方法对于理解、分析以及设计现代密码技术是十分有益的。

古典密码学主要有两大基本方法。

(1) 置换密码(又称易位密码),包括列置换密码和周期置换密码。

置换密码是指明文本身不变,但通过其位置的改变而形成密文。其中的列置换密码方式,顾名思义就是将明文以设定长度分组换位得到密文,如我国古代的"藏头诗"就是最简单的列置换密码;周期置换密码与列置换密码的原理是一致的,只不过列排列是以矩阵的形式整列置换明文位置,而周期置换密码是在设定分组以后对每组明文分别变换从而得到密文。如著名的"斯巴达密码",是公元前5世纪古代希腊的城邦国家斯巴达使用过的,是在一根木棒上缠上皮绳。皮绳上写着的词语乍一看是荒谬的,但如果按照一定的顺序缠在同样半径的木棒上,便出现了明确的意思。

我国北宋时期的《武经总要》记录了我国最早的军事密码。在军队发兵前,需将战场上经常出现的40种战斗情况编成序号,例如1为请弓、2为请箭、3为请刀、4为请甲、5为请枪旗、6为请草料、7为请马、8为请衣赐、9为请粮等。

指挥部门与战斗部门约定一首没有重复文字的五言律诗，将其中的每一个字和上述情况一一对应，对应顺序随机排列，前线负责战斗的将领会将对应关系熟记于心，在战斗过程中，只需几个字就能传递大量的信息。那么这首诗就是密钥。

（2）代换密码，包括单表代换密码和多表代换密码。

代换密码是指将明文的字符替换为密文中的另一种字符，接收者只要对密文做反向替换就可以恢复成明文。"凯撒密码"是古代罗马凯撒大帝（公元前100—前44年）使用的密码，其按照字母代换方法将明文字母表构成密文字母表。"苏格兰女王密码"（苏格兰女王玛丽·斯图尔特，1542—1587年），其主要原理也是用其他词或者字母来代替原来的人名或地名，并且用大量的谐音字来替换原文。代替密码的使用历史非常漫长，一直到20世纪上半叶还在被广泛应用，主要依赖密码本的保密性。

又如在我国清代晋商银票中，为达到防伪的目的，使用汉字代替数字的置换密码，如"床前明月光，疑是地上霜"分别指代0—9十个数字，"国宝流通"指代"万千百两"四字，甚至将王羲之的《兰亭序》324个字微雕在印章里，并替换其中某些字指代特定含义等。

单表代换密码的安全性不高，一个主要原因是一个明文字母只能由一个密文字母代替，因此可以利用日常工作常识的频率分析来破译，如A字母出现的频率是8%左右，B字母出现的频率是1.5%左右，E字母出现的频率为12%左右，等等。

故后来又产生了更为安全的多表代换密码，即构造多个密文字母表，在密钥的控制下用一系列代换表依次对明文消息的字母序列进行代换。

2.1.2 电码破译

19世纪，密码技术对于现代通信业的发展再次起到了重要的推动作用。

人类最早的电讯密码（摩尔斯密码）就是使用电流的"通断"和"长短"来表示事先编码的字母等文字符号进行传送。如SOS国际求救信号的这三个字母并非任何单词缩写，只是因为它的电码"...———..."（三短，三长，三短），是摩尔斯密码中最容易发出和辨识的电码。

自摩尔斯密码在1837年被发明后，一直只能用来传送英语字母、数字拼写成的文字。1873年,法国驻华人员威基杰参照《康熙字典》,挑选了常用汉字6800多个,编成了第一部汉字电码本,后由我国的郑观应将其改编成为《中国电报新编》。这是中国最早的汉字电码本,就是将每个中文字转化为4个数字再按照摩尔斯密码发送。对方再按照和发件人同一个规律的数字规律进行解码即可。

但是中文电码为无理码,记忆困难,一般必须借助电码本翻译。中文电码也可用作电脑里的中文输入法。直到现在,我国香港特别行政区的每个有中文姓名的市民的身份证上,均会在姓名下面印有4个数字为一组的中文电码。

摩尔斯密码的好处是确实能够很方便地传输电报,不好的地方就是这一类的密码过于简单,非常容易被截获破译。所以久而久之,这一类的电讯信号就被称为"明码"。

为了防止被破译,密码专家们在摩尔斯电文里加入了很多变换,称之为密码电文。下面列举三个古典密码时期的真实案例来说明密码技术的发展历史以及在历史发展中所起到的重要作用。

1)龙潭三杰

钱壮飞,中共地下组织成员。早年就读于湖州中学,1919年毕业于国立北京医科专门学校(今北京大学医学部)。毕业后在医院工作,还教过美术和解剖学,甚至演过电影(曾主演中国第一部黑白武侠电影《燕山侠隐》),1928年以第一名的成绩考入国民党举办的上海无线电管理处培训班。1929年春,国民党中常委、CC系负责人陈立夫派徐恩曾(即后来的国民党中统局局长)筹办西湖博览会,徐恩曾把湖州同乡钱壮飞带到杭州,让他负责具体事务。

钱壮飞在举办规模盛大的西湖博览会期间,显示出卓越的才干和组织能力,从此徐恩曾对钱壮飞信任有加。不久徐恩曾担任国民党无线电管理处处长,负责国民党的秘密通信联系。徐恩曾就提拔钱壮飞为自己的机要秘书,负责筹建特务情报网。

周恩来得知后认为机会难得,可以通过这一机会获得大量重要情报,就决定让李克农、胡底与钱壮飞三人组成特别小组,直接归中央特科单线领导。随后经钱壮飞介绍,李克农、胡底也进入了国民党特务机关,并受到徐恩曾重视,成为上海、天津方面的中统情报重要负责人,"龙潭三杰"就此诞生。

钱壮飞根据中共特科的指示,为国民党中统在南京、上海、天津等地建立一些以通讯社名义为掩护的半公开情报机关。一为"长江通讯社",设在南京中央饭店四楼;一为"民智通讯社",设在上海,两社都由钱壮飞负责。不久,钱壮飞将胡底派往天津日本租界建立"长城通讯社",让胡底任社长。而钱、李、胡三人定期在南京中央饭店"长江通讯社"交换情报。所有获得的情报,均由李克农通过陈赓转报周恩来。

徐恩曾早年留学海外,精通无线电和密码技术,为国民党培养了很多电讯和密码人才。在国民党特务机构,绝密文件都需要用密码本解密。尽管徐恩曾对钱壮飞十分赏识,但对于最为重要的密码本,他却对谁都不信任,徐恩曾的密码本一直是随身携带,时刻不离身,重要机要电报也一直由自己亲译。因此掌握密码本就是掌握了最重要、最有价值的情报。

一次钱壮飞陪徐恩曾到上海,乘他进歌舞厅换衣服时,钱壮飞便把密码本拿出来,由守在外面的同志迅速拍照后,再送回原处。此后,钱壮飞从报务员那里接到电报后,对有价值的情报都由自己开封先译,然后再原样封好上报。同时,这份密码也送到中央军委和红军那里。

有了密码本后,钱壮飞发现一些重要的密电仍然不能破译。这时钱壮飞注意到徐恩曾桌子上始终摆着一本翻得很破的《曾文正公文集》,经过研究分析,发现密码本和这本书(代替算法)配合起来,才能破译密电。

自从有了打开绝密文件密码的"钥匙",国民党重要情报皆在"龙潭三杰"掌握之中。"龙潭三杰"破译密码起到的重要作用体现在两个方面:

一是获得军事斗争主动权。国民党几次大"围剿"的计划刚刚制订,尚未下发作战部队,其全部内容就已被破译,并被送到周恩来及苏区的毛泽东、朱德面前。如1930年12月9日,蒋介石在南昌召开江西"剿共"会议,对江西苏区发动第一次"围剿"。其军事部署情报,就是事先由钱壮飞对照密码本译好,送李克农并迅速转送中共中央;1931年4月1日,国民党军对红军发动第二次"围剿"时,钱壮飞得到敌人军事部署情报后,也同样将情报转交李克农。红军第三次反"围剿"时,徐恩曾害怕被追究责任,继续向蒋介石隐瞒泄露密码一事。结果国民党当局很长一段时间没有更改密码,直到长征时,红军还能继续通过对敌无线电侦听了解敌情,这才有了中央红军"四渡赤水""飞夺泸定桥"等用兵如神、脍炙人口的事迹。

二是挽救中共中央机关。1931年4月25日，钱壮飞正在中统值夜班。晚上10点，忽然接到武汉连续发来给陈立夫、徐恩曾的特急绝密电报。钱壮飞照例拿出密码本，偷偷地把电报译了出来。第一份电报：顾顺章被捕已自首，他要求立即被送往南京面见蒋介石，面告中共首脑及所有各要害机关的驻地；第二份电报：将用军舰将顾顺章解押至南京；第三份电报：用飞机解送，无论如何请徐恩曾不要让左右的人知道（顾顺章知道徐恩曾周围有地下组织成员潜伏）。看罢电文，钱壮飞焦急万分，当即派人当晚11点从南京乘火车，于第二天早上6时53分抵达上海报信，使得周恩来等中共中央领导人、中共江苏省委以及共产国际在沪机关全部迅速地安全转移，使党组织避免了一场特大灾难，对保卫中共中央机关的安全作出了重大贡献。

2）击落山本五十六

第二次世界大战中日本密电码由复杂的数字、日本片假名、英文等组成。日军海军采用的密码为JN25密码，强度非常高。

据史料记载，国民党中统局密码组的池步洲曾经破译出日本的部分密码。他从无线电中出现频率最多的英文密电码开始着手研究，发现有一些英文双字组特别显眼，如MY、HL、GI等。他对这些组合进行统计，发现这些英文双字组正好有10组，极有可能代表0—9这10个数字。由于这些日本机密文件都以LA字母开头，因此被池步洲命名为"LA密码"，简称"LA码"。

有了这个突破口，再加上自己精通日语，后来经过军政部等各方论证，他从纷繁复杂的日本密电中逐渐掌握了他们所代表的含义，就这样，他把日本外务省的密码成功破译。虽然日本外务省密电的级别不如日本军方的高，但池步洲从他破译的日本外交密电中也能捕捉到日本方面的重要信息。

1943年，从英国剑桥大学归国的华罗庚正在西南联大任教。此时华罗庚已经是名满天下的数学家。一次，国民党兵工署署长俞大维找到他，和他说最近日军的电报密码更新了，国军的密码专家研究了很久没有研究出来结果，即使是美国的密码专家都惊叹日军的密码如此诡秘。但是华罗庚没有后退，接过俞大维手里的日军电码表，看着毫无规律、杂乱的数字，他说道："没问题，让我试试看。"没过多久，当俞大维拿到写满公式的纸时，惊讶得久久不能平静，没想到困惑这么多电码专家的密码，华罗庚只用一晚上就将其解开了。俞大维马上开始研究华罗庚的演算纸，发现华罗庚掌握了日军的电报密码使用的是莫比乌斯函数，然后再采用反函数，将其翻译成明文。

中国破译的这些密码与盟军共享后起到重要作用。据现在已经解密的历史资料披露，美国在珍珠岛被袭击后，一直致力于破解日本海军密码。其领军人物是约瑟夫·罗彻福特，他毕业于加利福尼亚大学数学系，曾任常驻日本武官，是美军中的日本通，同时又是通信和情报分析的专家，凭借着丰富的经验和娴熟的业务，在太平洋战争中领导对日军通信密码的破译工作。美军全体官兵头痛不已的日军JN25密码在1942年就已经初步被破解，美军因此在中途岛战役中扭转战局。

1943年，美军又在一艘被击沉的日本海军潜艇中发现了完整的JN25密码本，就此破译出全部日本海军密码。美国对于成功破译日军密码一事一直秘而不宣。同时该潜艇沉没在深水区，而不是浅水区，所以日军完全被蒙在鼓里。

在瓜岛战役失败后，山本五十六决定前往南太平洋前线视察以便鼓舞士气。1943年4月14日，罗彻福特的情报部门截获并破译了包含山本行程详细信息的电文，包括到达时间、离埠时间和相关地点，以及山本即将搭乘的飞机型号和护航阵容。美国罗斯福总统获悉后，命令"Get Yamamoto（干掉山本）"。

于是尼米兹海军上将命令18架加挂副油箱的P-38式战斗机从瓜岛机场起飞，时间是1943年4月18日早上，东京时间9点43分，双方编队相遇，6架护航零式战斗机立刻开始与美机缠斗，山本的座机被击落。

美国从破译的日本海军电报中知道了山本五十六确实已经毙命，但为防止日军得知自己的密码已泄露，美国一直到日本人掩盖不住山本五十六的死讯而被迫公布后，才承认击落事实。

3）谜式密码机

二战期间，德军最为强大的密码机"恩尼格玛密码机"（Enigma，又译谜式密码机）是一种多表替换的密码机（图2-1），是古典密码向现代密码发展的过渡期技术。

图 2-1 谜式密码机

其密码机键盘一共有 26 个键，键盘上方就是显示器，当键盘上的某个键被按下时，这个字母被加密后的密文字母所对应的小灯泡就亮了起来，在显示器的上方是三个转子，转子才是"恩尼格玛密码机"最核心关键的部分。

三个转子不同的方向组成了 $26×26×26=17576$ 种可能性；三个转子间不同的相对位置又有 6 种可能性；连接板上两两交换 6 对字母的可能性更是异常庞大，有 100391791500 种；于是一共有 $17576×6×100391791500$ 种可能性，其结果大约为 10000000000000000，即一亿亿种可能性。而收发双方只要按照密钥，即约定的转子方向、位置和连接板接口方式，就可以非常轻松简单地进行加密和解密通讯了。这就是恩尼格玛密码机的保密原理。

波兰召集了国内顶尖的数学天才，从 1926 年就开始破译 Enigma，可过程并不顺利。

1931 年，法国情报人员从间谍提供的情报里获得了有关恩尼格玛密码机的操作和转子内部线路的资料并交给了波兰。波兰人复制出了 6 台同样的机器模拟出转子所有可能的关于置换矩阵的方程排列，把它们组成大约 1 米高的机器，并取名为"炸弹"。从 1933 年 1 月到 1938 年 12 月，在这 6 年的时间里，波兰破译了近 10 万条德方的信息。

二次大战爆发前夕，德军增加了 2 个转子，并且连接线也增加到 10 根，组合可能性是原来的一万多倍，波兰再也无法破译它的密码。1939 年 7 月，波兰、法国、英国三国的译码专家在华沙会晤，波兰送给英国两台自己组装的密码机及"炸弹"图纸。不久，波兰和法国相继被德国占领，英国只能独自破译。

这样庞大的可能性，在当时要想靠穷举暴力破解，那几乎是不可能的。德军的评估报告写道："即使敌人获取了一台同样的机器，它仍旧能够保证其加密系统的保密性。"就算有了一台 Enigma，德军可以随时更新转子组合或者连接板的对接方式，加密方式就焕然一新。如果不知道实时的密钥（战争后期转子甚至增加到 8 个组合）的话，想破译电文，就要尝试数以亿亿计的组合，完全不现实。

为攻克难关，英国召集了剑桥大学大数学家图灵（图灵在 1936 年就阐述了通用计算机的原理，他提出了日后以他名字命名的虚拟计算机，即图灵机）。图灵在寻找到密码机加密方法的缺陷后，在波兰解码机"炸弹"的基础上，设计了一台叫做 Bombe Machine 的巨大机器，这台机器可以在 20 分钟内破解密码（好莱坞大片《模拟游戏》再现了这一历史）。

由于英国破译了德军密码，当时被德国潜艇击沉的商船损失从每月二十八万两千吨减少到两万六千吨。1942 年年初，德国潜艇上的密码机增加了第四个转子，图灵又一个人破解了第四个转子。

也正因为以图灵为首的英国数学家们破解了恩尼格玛密码机的密码算法，二次大战盟军的被动局势才得以扭转。

2.2 现代密码学奠基

在古典密码时代，算法和密钥都是需要保密的，因此这种密码也被称为受限制的密码。古典密码算法具有历史意义，但现在它们的保密性已远远不够。

密码的保密性只应建立在对密钥的保密上，不应该取决于加密算法的保密，这就是密码学中的金科玉律，也称柯克霍夫斯原则（Auguste Kerckhoffs，荷兰语言学家、密码学家，1835—1903 年）。不过在古典密码时期，这一目标却难以实现。因为古典密码算法是人为设计的，密码的合作者或使用者之间必须公布交流这些算法和密钥，这就造成屡见不鲜的知晓者泄密行为，同时为了保密而频繁更换密钥和算法的行为更加剧了泄密的风险。

1945 年以后，计算机技术的诞生使得所有的古典密码算法全部面临崩溃。因为再神秘、再复杂的古典密码，在计算机的强大算力面前也可以被穷举法瞬间破解。

但计算机同时可以设计出更为安全的密码通信技术，规避原先人工设计的各种错误和漏洞。通过计算机设计出的全新的密码难以被计算机本身破译，从而大幅降低发生泄密的风险和成本。1949年，美国数学家香农发表的《保密系统的通信原理》，代表了基于计算机的加密技术的诞生，从此密码成了一门科学学科。

密码学的最基本目标就是明文通过单向函数（陷门函数，Trapdoor Function）加密成为密文，但是密文无法推导出明文。数学家们根据数学计算原理发明了可以公开的但计算机难以破解的（理论上可以破解，但是如果可能破解的时间超出了一定范围如数百万年甚至更长，我们就可以认为其无法破解）密码算法。现代密码的算法可以公开，但是密钥保密，就是现代密码技术的本质。这里所指的密钥又是算力难以推导或破解的。

这里最明显的例子是，古典密码时期战争一方可以依靠破译敌方密码从而获得战争主动权。但是现代密码技术诞生之后发生的战争，几乎再也没有这样的事情发生。这就是因为战争双方都采用了以数学为基础、以计算机为载体的现代密码技术，从而难以被破解。

所谓以数学为基础的现代密码算法，就是通过计算机解决一个数学难题所需要的一组步骤，算法可以看作是计算机程序的一个组成部分，通常作为一个例证或一个库被引用。现代密码算法通常情况下有两个相关的函数：一个用作加密，另一个用作解密。用于加解密的数学函数是现代密码算法协议的基础，主要包括对称算法、公钥算法、散列函数等。

互联网诞生之后，现代密码算法逐步被广泛应用到操作系统、浏览器、手机、金融支付、智能卡、个人信息保护、政务办公等商用信息安全领域，提供身份认证、信息保密、数字签名等服务。

与很多领域仅仅需要密码技术进行加解密不同的是，电子合同除了需要密码技术进行信息传递加解密实现交易信息保密之外，还需要密码技术实现数字签名的功能，因此电子合同所应用的密码技术一直是信息安全和商用密码中最为顶尖、最为复杂的密码技术。

本章节罗列了目前在电子签名、电子合同、区块链等商用密码领域最常用和最重要的密码概念和密码算法，便于读者全面了解和掌握。

2.2.1 计算机编码

现代通信是通过计算机来实现的，计算机将收到的电磁信号转换为可以阅读的信息。计算机内部是由集成电路构成的，电路只可以表示两种状态：通电、断电，分别代表 0 和 1，这就是计算机的二进制。因此通信时需要把文字字符先转为二进制，便于计算机阅读。

现代密码技术的工作原理其实就是把字符编码成数字，对数字进行加密运算，传输后再解密运算，把数字还原成字符的过程。上述过程都离不开计算机编码。

最早的计算机编码是 ASCII 编码，也叫美国信息交换标准码，只有 127 个字符被编码到计算机里，也就是大小写英文字母、数字和一些符号。比如大写字母 A 的编码是 65，小写字母 z 的编码是 122。使用了 ASCII 码，计算机就可以实现数据标准化，如用一个二进制数字"01000001"来表示字母 A。

但是 ASCII 只能表示 26 个基本的拉丁字母、阿拉伯数字和英式标点，因此只能用于显示现代美国英语。全世界有上百种语言，各国推出自己的编码标准，就会不可避免地出现冲突，即乱码。简单地说，乱码就是因为编码和解码时用了不同或者不兼容的字符集。

后期国际 ISO 组织的 Unicode（又称万国码）应运而生，这样把所有语言都统一到一套编码里就不会再有乱码问题了。现代计算机操作系统和大多数编程语言都直接支持 Unicode。

Unicode 标准的目标很简单，给世界上每一种文字系统里的每一个字符都分配一个唯一的整数，这些整数就叫做代码点（Code Points）。根据 Unicode 编码规则，总共有 1114112 个代码点，编号从 0X0 到 0X10FFFF。换句话说，如果每个代码点都能够代表一个有效字符的话，Unicode 标准最多能够编码 1114112 个字符。

新的问题又出现了，如果统一成 Unicode 编码，文本全部是英文的话，用 Unicode 编码比 ASCII 编码需要多一倍的存储空间，在存储和传输上就十分不划算。为了使国际间信息交流更加方便，国际 ISO 组织又制定了 Unicode 字符集，为各种语言中的每一个字符设定了统一并且唯一的数字编号，以满足跨语言、跨平台进行文本转换处理的要求。Unicode 字符集包含了各种语言中使用到的所有"字符",这其中对于程序运算比较重要的有 UTF-8 和 UTF-16,即八进制和十六进制。

由于数据在计算机中最终以二进制的形式存在,用二进制数表达 100 是 0000000000000000001100100,显然太长,编程语言里一般采用十六进制或八进制。UTF-8 编码把一个 Unicode 字符根据不同的数字大小编码成 1—6 个字节,常用的英文字母被编码成 1 个字节,汉字通常是 3 个字节。如果你要传输的文本包含大量英文字符,用 UTF-8 编码就能节省空间。UTF-8 是对 Unicode 编码的压缩和优化,最大的特点是不再是最少使用 2 个字节,而是将所有的字符进行分类,它采用了变长的编码方式。

UTF-16 进制(Hex Number System)则变得更简洁,将每位上的数字用"0,1,2,3,4,5,6,7,8,9,A,B,C,D,E,F"一共 16 个符号表示。十六进制与十进制的对应关系是 0 到 9 对应 0 到 9,A 到 F 对应 10 到 15。就是逢 16 进 1,比如十六进制 11 表示十进制的 17,十六进制 2B 表示十进制的 43。

中国人是最早使用十六进制的。从前的 1 市斤等于 16 两,故有成语"半斤八两",直至 1959 年才统一为 10 两 500 克。十六进制对于软件编程语言来说更方便,特别是用在加解密运算程序上。选择十六进制,是因为 8 位二进制的数字可以方便地转换为 2 个十六进制的数字,十六进制的每一位表示四位二进制。进制越大,数的表达长度也就越短。如 2、8、16 分别是 2 的 1 次方、3 次方、4 次方。举例说明,中文字符"李"的 Unicode 代码点十进制为 26446,二进制为 0110011101001110,十六进制为 674E。

二进制、十进制、十六进制等进制之间可以非常直接地互相转换,八进制或十六进制缩短了二进制数,但保持了二进制的计算机特点,为下一步数学算法形成的密码加解密技术在计算机上的运算扫除了障碍。

2.2.2 对称密码

所谓对称密码,就是双方使用同一算法加密和解密。

随着计算机的广泛应用,人类进入了现代密码学的阶段。现代密码和古典密码的主要区别在于加密和解密算法无须保密,信息的安全性主要依赖于对密钥的保密。对称算法其实是一组数学计算规则，可以面向二进制供计算机使用，综合运用了置换、代替、代数等基本密码技术。因为同一个密钥可以同时用来加密和解密，这种对称加密方法也称为单密钥加密。

DES（Data Encryption Standard）加密算法就是一种典型的加密算法，一直以来被世界上各个国家的政府和银行等广泛使用。DES 算法把 64 位的明文输入块变为数据长度为 64 位的密文输出块，其中 8 位为奇偶校验位，另外 56 位作为密码的长度。首先，DES 把输入的 64 位数据块按位重新组合，并把输出分为 L0、R0 两部分，每部分各长 32 位，并进行前后置换，最终由 L0 输出左 32 位，R0 输出右 32 位，根据这个法则经过 16 次迭代运算后，得到 L16、R16，将此作为输入，进行与初始置换相反的逆置换，即得到密文输出。

3DES（Triple DES）是基于 DES，对数据用三个不同的密钥进行三次加密，从而强度更高。

随着技术的发展，美国国家标准局倡导的 AES 作为新标准取代了 DES。AES（Advanced Encryption Standard）是更为高级的单向加密算法，综合运用了逐字节替换、平移行、混合列、与轮密钥进行加密，支持 128、192、256、512 位密钥的加密。

对称加密算法的缺点是：

（1）在数据加密传送前，发送方和接收方必须商定好密钥，然后都能保存好密钥。因此如果一方的密钥被泄露，那么加密信息也就不安全了。

（2）另外，用户每次使用对称加密算法时，都需要使用其他人不知道的独一密钥，这会使得收、发双方所拥有的钥匙数量巨大，密钥管理成为双方的负担。

（3）随着计算机计算能力的增强，有的对称加密算法已经能够在短时间内被暴力破解，安全性较低。

对称加密算法在电子商务交易过程中还存在几个问题：

一是要求提供一条安全的渠道使通信双方在首次通信时协商一个共同的密钥。直接的面对面协商是不现实而且难于实施的，所以双方可能需要借助于邮件和电话等其他相对不够安全的手段来进行协商。

二是经常变换的用户组织不能使用它们，因为每有一个用户离开这个组织，其他的用户就必须改换另外不同的算法。如果有人泄露了这个秘密，所有人都必须改变他们的算法。

三是密钥的数目难于管理。因为对于每一个交易者都需要使用不同的密钥，很难适应开放社会中大量的信息交流。

四是对称加密算法不能提供信息完整性的鉴别，无法验证发送者和接受者的身份，即不能进行数字签名。

但是对称加密算法由于加密速度较快，能够对数据进行预处理，因此并没有过时或被淘汰。事实上，任何加密方案的安全性都依赖于算法和密钥长度，因此加密算法凭借自身的优势，依然发挥着重要的作用，比如在混合加密方式中。

2.2.3 哈希算法

哈希（Hash）一般翻译作"散列""摘要"或者"杂凑"，就是把任意长度的信息通过散列算法变换成固定长度的输出，该输出通常称作哈希值、散列值、数字指纹或消息摘要。

哈希算法最早是美国国家标准技术研究所（NIST）所开发的一系列加密散列函数，后来由于哈希算法的作用越来越大，研究的人也越来越多。美国国家安全局（NSA）也一直都是哈希算法标准方面的先驱之一，他们最早提出安全哈希算法 SHA1，这个算法输出的是 160 位固定长度的字符串。

加密学上的哈希算法被用于各行各业，从密码储存到文件验证系统。无论消息有多大，都可以"杂凑"生成一个固定长度的"摘要数值"，这个摘要数值可以用来校验消息是否被篡改。只要消息被修改了一个字节校验就会失败，换言之，就是输入中的任何一点的改变都会导致输出变得完全不同。

哈希算法在安全上的作用非常大。比如计算机的登录密码，一般是一串字符。为了安全起见，计算机不会直接保存该字符串，而是保存该字符串的 Hash 值。当用户下次登录的时候，输入密码字符串，如果该密码字符串的 Hash 值与保存的 Hash 值一致，那么就认为用户输入了正确的密码。这样就算黑客闯入了数据库中的密码记录，他能看到的也只是密码的 Hash 值，因此黑客无法获知用户的密码。

哈希算法的处理过程是单向的，逆向操作难以完成。而且在哈希函数设置合理的情况下，发生碰撞（两个不同的输入产生相同的杂凑值）的概率非常小，所以不可能从散列值来逆向推出输入值。如 MD5 输出 128 bit 的散列值、SHA256 输出 256 bit 的散列值，常见的哈希算法有 MD4、MD5、SHA1、SHA256、SHA512 等，我国数学家在 2004 年破解了早期的 MD5 后，现在基本使用的是更为复杂的哈希算法。

哈希算法主要是由哈希函数和哈希表组成的。哈希表（Hash Table，也叫散列表）是根据关键码值而直接进行访问的数据结构或存放记录的数组。使用哈希表能够快速地按照关键字查找数据对应记录。也就是说，它通过把关键码值映射到表中一个位置来做访问记录，以加快查找的速度。哈希表是从一个集合 A 到另一个集合 B 的映射。映射是一种对应关系，而且集合 A 的某个元素只能对应集合 B 中的一个元素，同时 B 中的元素只能对应 A 中的一个元素，即一一映射。

哈希表数值的核心关联是基于哈希函数（Hash Function）。这个函数规定了集合 A 中的元素如何对应到集合 B 中的元素，也可称为映射规则或算法公式。哈希函数主要由以下几种方法"杂凑"产生：

（1）余数法。即用存储数据的 key 值除以哈希表的总长度，得到的余数就是它的哈希值。常识告诉我们，当一个数除以一个素数的时候，会产生最分散的不同余数。因此哈希表的长度一般选择素数，这样就会尽可能地产生不同余数的哈希值。

（2）折叠法。这种方法是针对原始值为数字时使用，将原始值分为若干部分，然后将各部分叠加，得到的最后四个数字（或者取其他位数的数字都可以）作为哈希值。

（3）基数转换法。当原始值是数字时，可以将原始值的数制基数转为一个不同的数字。例如，可以将十进制的原始值转为十六进制的哈希值。为了使哈希值的长度相同，可以省略高位数字。

（4）数据重排法。这种方法只是简单地将原始值中的数据打乱排序。比如可以将第三位到第六位的数字逆序排列，然后利用重排后的数字作为哈希值。当然实际运用时还面临着数据量增长的情况，可以引入一致性哈希环（Hash-ring）等方法，这里不再赘述。

哈希算法理论上存在冲突。解决哈希冲突比较常用的算法是链地址法和开放地址法。

链地址法是使用一个链表数组来存储相应数据，当 Hash 遇到冲突的时候依次添加到链表的后面进行处理。链地址处理的流程如下：添加一个元素的时候，首先计算元素 key 的 Hash 值，确定插入数组中的位置。如果当前位置下没有重复数据，则直接添加到当前位置；当遇到冲突的时候，添加到同一个 Hash 值的元素后面，形成一个分链表。Java 编程中广泛使用的 HashMap 工具就是使用的这种方法来处理冲突。

开放地址法是指大小为 M 的数组保存 N 个键值对，其中 $M>N$。我们需要依靠数组中的空位解决碰撞冲突。基于这种策略的所有方法被统称为"开放地址"哈希表。线性探测法就是比较常用的一种"开放地址"哈希表的实现方式。线性探测法的核心思想是当冲突发生时，顺序查看表中下一单元，直到找出一个空单元或查遍全表。简单来说就是一旦发生冲突，就去寻找下一个空的散列表地址，只要散列表足够大，空的散列地址总能找到。

一个安全的哈希算法应该至少满足以下几个条件：

（1）输入长度是任意的；

（2）输出长度是固定的；

（3）对每一个给定的输入，计算输出即杂凑值是很容易的；

（4）根据目前的计算技术应至少取 128 bits 长，即找到两个不同的输入消息杂凑到同一个值在计算上是不可行的。

举例说明，我们使用 32 位的 MD5 哈希算法运算之后：

（1）输入"123"这三个字符后，按照设计好的哈希算法生成的 32 位的哈希值为"202cb962ac59075b964b07152d234b70"；

（2）但输入整部《红楼梦》小说的全文，按照算法依然会生成一个 32 位的哈希值。

哈希算法是一种目前应用最为广泛的对称加密算法，一般可以在安全要求不高的场景中单独使用，或者在安全要求较高或者需要签名的场景中与非对称密码算法混合使用。

2.2.4 非对称密码

20 世纪 70 年代后期，在数学家们不断的研究下，诞生了划时代的公钥密码学。1976 年，美国斯坦福大学的 Whitfield Diffie 与 Martin Hellman 发表了《密码学的新方向》一文。他们在论文中提出了一种崭新的构思：加密和解密可以使用不同的规则（非对称加密），从而在不直接传递密钥的情况下完成解密。

论文中的公钥密码思想和密钥交换协议在密码学中具有划时代的意义，公私钥的出现成功解决了密钥传递问题，它们是互联网安全协议的基础，也是互联网能够获得如此成功的重要原因。该论文还以公钥密码思想为核心，预测了密码学未来的发展方向：利用计算复杂性问题构造单向陷门函数，进一步可以构造公钥密码学，而公钥密码学可以实现加密和认证功能。

电子交易的主要技术困难是在见不到面的互联网上如何确认对方的真实身份、保障交易内容的不可篡改、维护数据传输的安全保密。公钥算法的诞生，解决了这些问题和困难。公钥算法依托于某些数学运算规则，即这些规则使得正向运算很简单，但是逆向运算却很难甚至不可能。那么其运算参数就成为了不可破解的密钥。

在公钥密码阶段，加密密钥可以公开，解密密钥保密。其中对外公开的密钥称为公钥，不对外公开的密钥称为私钥，从公钥可以验证私钥。

非对称密码的应用流程是首先发送者和接收者分别持有对方的公钥和自己的私钥，然后发送者使用自己的私钥签名，再用对方的公钥加密；接收者收到数据后使用发送者的公钥进行身份验证，再使用自己的私钥解密。

非对称加密算法的优点是解决了对称加密算法的密钥传递、密钥管理复杂问题，大大减少密钥持有量，提供了对称密码技术无法或很难提供的服务（数字签名），缺点是计算复杂、耗用资源大，导致得到的密文变长。

因此在实际应用中，为减少计算量，常采用混合加密方法，即信息采用 DES 或哈希算法加密，生成较短的数据，然后使用 RSA 加密哈希摘要。对方收到信息后，用不同的密钥解密并可核对信息摘要。非对称算法最为广泛的应用就是 RSA 算法和 ECC 椭圆曲线算法。

2.2.5　RSA 算法

公钥算法中著名的 RSA 算法是 1977 年由麻省理工的 Ron Rivest、Adi Shamir 和 Leonard Adleman 一起提出的（RSA 就是由他们三人姓氏开头字母组成),RSA算法是公钥密码的杰出代表和里程碑。

RSA算法主要是基于素数原理(素数,也称为质数,即只能被1和它自身相除的正整数)。素数的研究可以称得上是数学领域的明珠,著名的哥德巴赫猜想、黎曼猜想等都是来自素数的研究,自然数越大,寻找分解素数就越难。

RSA算法密钥生成原理是:

第一步,先随机找两个大质数 A 和 B,A 和 B 越大越难被破解。比如 $A=71$,$B=67$,计算乘积 $n=A\times B=4757$,n 转为二进制为 1001010010101(13位),该加密算法即为13位(但是我们实际运用的 RSA 算法一般是 1024 位或 2048 位,其加密程度非常高,位数的增长使得算力呈指数级递增)。

第二步,再计算 n 的欧拉函数 $\varphi(n)$。$\varphi(n)$ 表示在小于等于 n 的正整数之中,与 n 构成互质关系的数的个数。比如8的欧拉函数为4,因为1与8之间形成互质关系的是1、3、5、7这样4个质数。按照欧拉定理和费马小定理,如果 $n=A\times B$,且 A 与 B 均为质数,则 $\varphi(n)=(A-1)\times(B-1)=4620$,这里记为 m。

第三步,再随机选择一个小于 m 的整数 e,e 与 m 互质(即公约数只有1的两个整数叫做互质整数),这里我们随机选择 $e=101$。同时设一个整数 x,可以使得 $e\times x$ 除以 m 的余数为1,即求解二元一次方程 $101x-4620y=1$,这个方程算出一组整数解 $(x,y)=(1601,35)$,即 $x=1601$。到此 RSA 密钥对生成完毕。实际中可以选择不同的 e 生成不同的 x,可以生成无数个密钥对。

上述 RSA 算法中,生成的公钥即为 $(n,e)=(4757,101)$,私钥即为 $(n,x)=(4757,1601)$,仅公钥 $(4757,101)$ 是公开的,私钥 $(4757,1601)$ 不公开。

RSA算法实际加密过程如下:

甲方向乙方发送一段明文。我们先通过计算机通用的 UTF-8 规则、字符串按照 ASCII 或 Unicode 规则将明文(实际中往往运用哈希算法将明文先转换为固定长度的信息以优化运算)进行变换编码后,再转为十进制生成一组数字字节 [246,373,185]。

我们使用公布的公钥 $(n,e)=(4757,101)$ 对该明文进行加密计算逆元得出:

$$246^{101}\%4757=4248$$
$$373^{101}\%4757=2475$$
$$185^{101}\%4757=3237$$

即 [246,373,185] 加密后得到密文 [4248,2475,3237]。

而 RSA 算法实际解密过程是：

乙方收到甲方的密文 [4248,2475,3237]，并用自己的私钥$(n,x)=(4757,1601)$解密。解密过程按下列公式计算逆元得出：

$$4248\textasciicircum 1601\%4757=246$$
$$2475\textasciicircum 1601\%4757=373$$
$$3237\textasciicircum 1601\%4757=185$$

即密文 [4248,2475,3237] 解密后得到 [246,373,185]。再将 [246,373,185] 按照原来的编码规则变换后，就得到甲方发送的明文。

从上述加解密的过程中我们可以看出，如果只有 4757 和 101，只能靠穷举法算出 1601。

因为根据以上密钥生成过程和原理，如果想知道 x 首先需要知道欧拉函数 $\varphi(n)$；如果想知道 $\varphi(n)$ 还需要知道 A 和 B；要知道 A 和 B 还需要先对 n 进行质因数分解。

但对大整数的质因数分解是一件很困难的事情。对极大整数做质因数分解的难度决定了 RSA 算法的可靠性。换言之，对一极大整数做素数分解愈困难，RSA 算法愈可靠。只要其数值的长度足够长，用 RSA 加密的信息实际上是难以被破解的。

RSA 算法是第一个能同时用于加密和数字签名的算法，也易于理解和操作。RSA 也是被研究得最广泛的公钥算法，从提出到现今的三十多年里，经历了各种攻击的考验，逐渐为人们接受，被普遍认为是最优秀的公钥方案之一。

从密码学的角度来分析，RSA 的安全性是基于对大数做质因数分解的难度。但随着计算机算力的不断提升和深入研究，RSA 的可靠性正在下降，长度较短的 RSA 密钥已经被破解。目前可公开查询到的计算机破解进展已经达到 768 位（即 232 个十进制，768 个二进制），因此 RSA 算法正在被其他更安全的算法如 ECC 算法所替代。

2.2.6 椭圆曲线算法

椭圆曲线加密算法是在 1985 年由 Neal Koblitz 和 Victor Miller 分别独立提

出的,它是一种基于椭圆曲线方程的非对称加密算法,其安全性依赖于解决椭圆曲线离散对数问题的困难性。椭圆曲线加密算法(Elliptic Curve Cryptography)一般简称 ECC 算法。椭圆曲线算法用在公钥数字签名时,简称 ECDSA。其中 EC 是"椭圆曲线"的简称,DSA 是"数字签名算法"的简称。椭圆曲线加密算法的主要优势在于,使用更小的密钥可以提供与 RSA 加密算法相当的或更高等级的安全。

相比 RSA,椭圆曲线算法较难理解。事实上,数学上讨论的椭圆曲线的形状并不是人们日常理解的椭圆形状,只是因为椭圆曲线上的运算规则类似于计算一个椭圆周长的魏尔斯特拉斯方程故而得名。

简单地说,就是用 X 和 Y 坐标线画一个不太规则的椭圆曲线,这条椭圆曲线有两个重要定理:(1)任意一条非垂直的直线与曲线相交于两点,那该直线必与曲线相交于第三点;(2)任意一条非垂直的曲线的切线必与曲线相交于另一点。椭圆曲线一般可以用过椭圆曲线画一条直线,找到直线与椭圆曲线的所有交点。

但是椭圆曲线是连续的,因此并不适合用于加密。所以我们要把椭圆曲线定义在有限域上,把选取的一段椭圆曲线的所有点变成离散的点,给出一个有限素数域。通过选取的标准确定域上的椭圆曲线的离散点的表示,运算和验证后生成密钥对。当给定交点时,求其对数并不困难;反之,已知离散对数值,求其交点则非常困难,此即为椭圆曲线加密算法背后的数学原理。

再简单一点说,也就是我们从出发点按照阿贝尔群规则可以找到最终点位置,但是,从最终点却无法推导出发点位置,因为这是单向函数。此处出发点位置值(x_1,y_1)即为私钥,最终点位置值(x_2,y_2)即为公钥。

但是这个椭圆曲线怎么画,需要一套参数来确定,这一套参数确定了椭圆或者曲线的形状和走向,不同的参数得到不同的形状,也就是不同的椭圆曲线密码算法。

椭圆曲线的参数包括有限域的选取,椭圆曲线方程参数、椭圆曲线基点的选取等。这套参数就是一个魏尔斯特拉斯方程的设置,即二元三阶方程 $y^2=x^3+ax+b$(且 $4a^3+27b^2\neq0$)的图像在坐标上就是一条椭圆曲线。

区块链中的比特币加密算法就是椭圆曲线算法,其选用了一条 secp256k1 标准的椭圆曲线（图2-2），即定义了 a 等于0，b 等于7，也就是说比特币的ECC算法方程是 $y^2=x^3+7$，并且公布了有限域的阶为 $2^{256}-2^{32}-2^9-2^8-2^7-2^6-2^4-2^0$，以及其中大质数参数和基准点参数的位置值。我国公布的商用密码算法中的SM2椭圆曲线算法也类似，如我国二代身份证的加密就选用了256位的椭圆曲线算法。

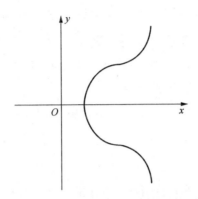

图2-2　比特币采用的椭圆曲线

ECC密钥系统在实际运行时，首先采用伪随机数发生器产生一个256位的二进制（10的77次方）的私钥 P，按照设定好的椭圆曲线算法得出公钥 D。

这一算法过程如下：设E为定义在有限域 F_q 上的椭圆曲线。在 $E(F_q)$ 中选一个点 P 为基点，记 P 的阶为 n，要求 n 是一个大素数。每个用户随机选取一个整数 e（$1<e<n$）作为其私钥，而以点 D（$D=eP$）作为其公钥，这样就形成一个ECC椭圆曲线公钥密码系统。定义E的方程为 $y^2=x^3+ax+b$，基域 F_q 和基点 P 及其阶 n，以及每个用户的公钥都是该系统的公开参数，但随机生成的每个用户的私钥都是保密的。

椭圆曲线算法的加解密过程是：

假设用户A将明文 m 加密后发送给B。A首先要查得B的公钥 D_B，然后进行以下的加密运算（实际计算时都采用大随机数，并编码和经过哈希算法后将字符转换为二进制，计算离散对数过程省略）：

(1) 取大随机数 k，计算 $kP=(x_1, y_1)$；

(2) 计算 $kD_B=(x_2, y_2)$；

(3) 计算 m 拼接 x_2，得到密文 c，将 (c, x_1, y_1) 发送给B。

B 收到 A 发来的信息后，进行下述的运算：

（1）计算 $e_B(x_1, y_1) = (x_2, y_2)$，$e_B$ 为 B 的私钥；

（2）计算 c 拼接 x_2 得到明文 m，因为 $e_B(x_1, y_1) = e_B kP = kD_B = (x_2, y_2)$，上述解密是正确的。

椭圆曲线算法的数字签名过程是：

假设用户 A 对信息 m 作 ECC 数字签名，A 随机选取大随机数 k，计算 kP，令 $r = (kP)$（即 kP 的 x 坐标），计算出满足下列条件的 s，即 sk 减去 $(m + re_A)$ 等于 n。这里 e_A 是 A 的私钥，则 (m, r, s) 就是签名后 A 发出的密文。

任一用户收到 A 发出的密文 (m, r, s)，查得 A 的公钥 D_A，运算 $r = x[s^{-1}(mP + rD_A)]$ 是否成立。如果成立，则签名得到验证；否则不能通过验证。由于 $skP = mP + re_A = mP + rD_A$，所以 $kP = s^{-1}(mP + rD_A)$，因此上述证明是正确的。

比较 RSA 和 ECC 这两种优秀的、基于数学难题的主流公钥算法：RSA 是基于大数分解问题，"理论上可以攻破，但要很长时间"；ECC 是基于曲线离散对数问题，"理论上难以被攻破"。

同时 ECC 算法的优势是密钥计算容量小，处理速度快，存储空间和传输带宽占用较小。在 RSA 算法中，由于安全性的问题，参数 $N = pq$ 中的素数 p 和 q 不能任意选择，越大越好；而椭圆曲线密码体制中，可以在不影响安全性的情况下选择合适的有限域和具体的椭圆曲线。这样椭圆曲线的倍点运算类似于 RSA 里面的分解大整数 N 的幂运算，但是曲线点的加法和减法的计算量是相当的，因此在倍点运算中可以使用加减法，而分解 N 的幂运算中，其逆运算比乘法运算要慢得多。

按照计算对比，164 位 ECC 加密算力相当于 1024 位 RSA 加密，210 位 ECC 加密算力相当于 2048 位 RSA 加密。因此目前 ECC 取代 RSA 的速度正在加快。

由于对称加密、非对称加密各有优缺点，所以在实际应用中采用混合加密方式来对数据进行加密和签名。

混合加密实现方式一般为信息明文采用哈希加密得到密文，使用非对称加密前面经过哈希运算后的密文得到公私钥，再将密文和公钥进行传递，对方接收到信息后采用发送方的公钥解密，最终就可以得到我们要的信息明文（见图 2-3）。

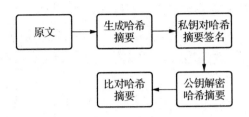

图 2-3 混合加密的签名流程

举个通俗的例子来说明混合加密的签名流程：刘备给诸葛亮发送一份采用数字签名的委托书。他写完后先用 Hash 函数，生成委托书的哈希值，然后刘备使用私钥对哈希值加密，生成数字签名，刘备将这个签名与委托书一起发给诸葛亮；诸葛亮收信后，用刘备的公钥解密数字签名，得到委托书的哈希值，由此证明这封信确实是刘备发出的。诸葛亮再对委托书使用同样的 Hash 函数，将得到的哈希值与收到的哈希值进行对比，如果两者一致，就证明这封信未被篡改过。

2.3 PKI 体系支撑

2.3.1 PKI 与 CA

1) PKI 的产生

人们逐渐意识到公钥密码算法可以解决密钥分发，从而完成身份认证和网上签名的问题，因此需要建立一个发放和保管公钥的商用机构和运行体制。

20 世纪 90 年代，美国率先提出 PKI（Public Key Infrastructure）架构，并在各个电子签名相关法律的立法中做出了相应规定。华盛顿州《电子认证法》（Washington Electronic Authentication Act）对 PKI 认证的定义是"颁发证书的自然人或法人"，凡是合法注册的认证机构如果违反法定义务而导致证书信用遭受损害，认证验证者可依法向认证机构请求赔偿。

这一基于公钥体系的基础设施一般由三部分组成，即政府监管部门-公钥发放机构(CA)-授权认证机构（RA），是提供公钥加密和数字签名服务的系统或平台，目的是为了管理公私密钥和存放密钥的证书。

通过采用PKI框架管理密钥和证书可以建立一个安全的网络环境，目前绝大多数具备电子签名基础条件的国家和地区均认可和采用了这一体系，确定认证体系可以发挥下述两个方面的作用，保障电子商务交易的安全性：

一是证明私钥、私钥持有人和公钥之间有唯一对应关系，并通过法律约束力的公示，可以让交易者产生信任。

二是证明私钥持有人进行了相关意思表达，通过严格的认证和发布程序，体系可以担保使用者的真实性，进而为表达的意思承担相应的法律责任。

随着互联网应用在我国的不断普及和深入，特别是政府和企业个人之间、企业内部、企业与企业之间、区域性服务网络、跨境电子商务交易都离不开PKI的技术和解决方案。网络应用中的机密性、真实性、完整性、不可否认性和存取控制等安全需求，只有以数字证书为核心的PKI技术才能满足。作为一个网络发展大国，我国的安全认证市场方兴未艾。为保证客户之间在网上传递信息的安全性、真实性、可靠性、完整性和不可抵赖性，不仅需要对客户的身份真实性进行验证，也需要有一个具有权威性、公正性的机构，负责向电子商务的各个主体颁发并管理符合国内、国际标准的数字证书。

目前我国在国家密码管理部门和信息化管理部门的监督管理下，已经诞生了40多家具备合法资质的权威认证机构（CA），颁发数字证书数十亿张，极大地促进了电子政务和电子商务的发展。

2) PKI的构成

PKI是利用公开密钥技术建立的提供信息安全服务的在线基础设施。它利用加密、数字签名、数字证书来保护通信或业务处理的安全。PKI是一个包括硬件、软件、人员、策略和规程的集合，用来实现基于公钥密码体制的密钥和数字证书的产生、管理、存储、分发和撤销等功能。

如同公共体系一样，PKI为各种电子签名应用提供安全保障和网络信任基础。完整的PKI系统必须具有权威认证机构（CA）、证书注册机构（RA）、数字证书库（LDAP）、密钥管理系统（KMC）、证书作废系统（CRL）、在线证书查询（OCSP）、应用接口（API）等基本组成部分，构建PKI体系也将围绕着这七大系统来着手构建。

(1) CA（Certificate Authority，证书颁发机构）是PKI系统的核心。CA的

作用包括处理证书申请、发放证书、更新证书、证书查询、撤销证书和发布证书吊销列表（CRL）、数字证书归档等。CA 机构管理层次分明，便于集中管理、政策制定和实施提高 CA 中心的总体性能、减少瓶颈，有充分的灵活性和可扩展性，有利于保证 CA 中心的证书验证效率。

CA 中心主要职责是颁发和管理数字证书，并履行用户身份认证的责任。CA 中心在安全责任分散、运行安全管理、系统安全、物理安全、数据库安全、人员安全、密钥管理等方面，需要十分严格的政策和规程，要有完善的安全机制。另外要有完善的安全审计、运行监控、容灾备份、事故快速反应等实施措施，对身份认证、访问控制、防病毒防攻击等方面也要有强大的工具支撑。

（2）RA（Registration Authority，证书注册机构）是 CA 的证书注册机构，进行证书申请者的身份认证，向 CA 提交证书申请请求，验证接收到的 CA 签发的证书，并将之发放给证书申请者，必要时，还协助证书作废。RA 类似于申请身份证的公安机关，负责对证书申请者进行资格审查，并决定是否同意给该申请者发放证书，因此，它应由能够承担这些责任的机构担任。身份审核通过后，证书操作部门负责为已授权的申请者制作、发放和管理证书，并承担因操作运营错误所产生的一切后果，包括失密和为没有授权者发放证书等。

（3）KMC（Key Manage Center，密钥管理中心）是 CA 机构负责生产和管理密钥对的密码生产系统，也是整个 CA 机构最为核心的部分。KMC 可为客户提供密钥对的生成服务。

我国对密码实行分类管理，分为核心密码、普通密码和商用密码，核心密码、普通密码属于国家秘密。我国《密码法》第八条规定，"商用密码用于保护不属于国家秘密的信息。公民、法人和其他组织可以依法使用商用密码保护网络与信息安全"。商用密码应采用推荐性国家标准、行业标准，提升商用密码的防护能力，维护用户的合法权益。

CA 认证中心生成的密码等级是商业密码。它采用集中或分布式的方式进行。在集中的情形下，KMC 可使用硬件加密服务器，为多个客户申请成批的生成密钥对，然后采用安全的信道分发给客户。从根 CA 开始到直接给客户发放证书的各层次 CA，都有其自身的密钥对。

KMC 的密钥对一般由硬件加密服务器在机器内直接产生，并存储于加密硬件内，或以一定的加密形式存放于密钥数据库内。加密备份于存储介质中，并以高等级的物理安全措施保护起来。需要强调的是，KMC 密钥的安全性至关重要，它的泄露意味着整个公钥信任体系的崩溃，所以 CA 的密钥保护必须按照最高安全级的保护方式来进行设置和管理。法律、行政法规和国家有关规定要求使用商用密码进行保护的关键信息基础设施，其运营者应当使用商用密码进行保护，自行或者委托商用密码检测机构开展商用密码应用安全性评估。

（4）CRL（Certificate Revocation List，证书撤销列表）也称"证书黑名单"，在证书的有效期期间，因为某种原因如人员调动、过期、私钥泄露等导致相应的数字证书内容不再是真实可信而进行证书撤销，说明该证书无效。CRL 中列出了被撤销的证书序列号，即吊销列表。

（5）OCSP（Online Certificate Status Protocol，在线证书状态协议）是为了方便同步吊销列表信息而制定的。支持该协议的服务可以实时在线查询吊销的证书列表信息。

（6）LDAP（Lightweight Directory Access Protocol，轻量目录访问协议），证书的存储库，提供了证书的保存、修改、删除和获取的能力。CA 采用 LDAP 标准的目录服务存放证书，其作用与数据库相同，可供公众查询访问。

（7）API 应用接口（API 接口），PKI 的价值在于使用户能够方便地使用加密、数字签名等安全服务，因此一个完整的 PKI 必须提供良好的 API 应用接口系统，使得各种各样的应用能够以安全、一致、可信的方式与 PKI 交互，确保安全网络环境的完整性和易用性。

3）CA 机构的运营管理

简单总结来说，CA 的任务就是两点：一是确定证书持有人的真实性，二是确定证书的真实性。

目前在各国对于涉及 CA 认证机构的立法管理中，基本都规定了较高的准入条件，这些条件主要涵盖了业务许可、经营条件、申请程序、资质登记、变更登记、年度审查、停止经营等方面。

CA 机构在我国也被称为电子认证服务机构，监督管理部门专门出台了《电子认证服务机构管理办法》。CA 机构使用的商业密码需国家密码管理部门审核批准后，由国务院信息管理部门颁发许可牌照方可运营。按照我国《电子签名法》和《电子认证服务管理办法》的规定，电子认证服务机构应当具备下列条件：

（1）具有独立的企业法人资格。

（2）具有与提供电子认证服务相适应的人员。从事电子认证服务的专业技术人员、运营管理人员、安全管理人员和客户服务人员不少于三十名，并且应当符合相应岗位技能要求。

（3）注册资本不低于人民币三千万元。

（4）具有固定的经营场所和满足电子认证服务要求的物理环境。

（5）具有符合国家有关安全标准的技术和设备。

（6）具有国家密码管理机构同意使用密码的证明文件。

（7）法律、行政法规规定的其他条件。

按照国务院信息管理部门颁布的《电子认证服务管理办法》，电子认证服务机构应当保证提供下列服务：

（1）制作、签发、管理电子签名认证证书。

（2）确认签发的电子签名认证证书的真实性。

（3）提供电子签名认证证书目录信息查询服务。

（4）提供电子签名认证证书状态信息查询服务。

（5）保证电子签名认证证书内容在有效期内完整、准确。

（6）保证电子签名依赖方能够证实或者了解电子签名认证证书所载内容及其他有关事项。

（7）妥善保存与电子认证服务相关的信息。

CA机构还应该制定和发布自己的认证规则和证书策略，也称之为CP（Certificate Policy）。CP内容为向服务的对象郑重声明本CA机构的认证政策、安全的措施、服务的范围、服务的质量、承担的责任、操作流程等条款。CP策略类似企业的产品说明书和质量承诺书，是PKI服务的核心内容。证书申请人、证书持有人以及证书依赖方应认真阅读以作出判断和选择。

CA机构应当向社会公开披露以下内容并保证该内容的完整准确：用户的公钥、认证业务说明、作废证书名单、其他任何影响数字证书安全性能或电子认证服务提供者服务能力的事实。但CA机构不得披露：数字证书持有人和申请人的身份信息及其相关信息、用户委托 CA 机构保管的私钥等信息。

CA 机构的安全服务能力包括可以通过数字证书的服务，保障用户的数据电文归属，保障数据电文的传递、接收和存储过程的完整性和不可篡改性。同时 CA 机构还应具有合理的安全措施，保障 CA 系统提供正常运营服务的能力，避免被侵入或人为破坏。

2.3.2 数字证书

1) 数字证书的功能和内容

前面说到公钥密码算法的诞生可以实现数字签名，那么实现数字签名首先需要一个"容器"存放各类密钥和相关运算信息，这个"容器"我们就称之为数字证书。

简单来说，数字证书就是标志网络用户身份信息的一系列数据，用来在网络通信中识别通信各方的身份，即要在 Internet 上解决"我是谁"的问题，就如同现实中我们每人都要拥有一张证明个人身份的身份证或驾驶执照以表明我们的身份或某种资格。数字证书的两个主要网上应用就是身份认证和电子签名。

数字证书是一个经 CA 认证机构认证过的包含公开密钥拥有者信息以及公开密钥的文件。数字证书采用公钥体制，即利用一对互相匹配的公私密钥进行加密解密或签名验签。每个用户自己设定一把特定的仅为本人所知的私有密钥（私钥），用它进行解密和签名；同时设定一把公共密钥（公钥）并由本人公开，为一组用户所共享，用于加密和验证签名。当发送一份保密文件时，发送方使用接收方的公钥对数据加密，而接收方则使用自己的私钥解密，这样信息就可以安全无误地到达目的地了。通过数字的手段保证加密过程是一个不可逆过程，即只有用私有密钥才能解密。

以数字证书为核心的加密技术（加密传输、数字签名、数字信封等安全技术）可以对网络上传输的信息进行加密和解密、数字签名和签名验证，确保网上传递信息的真实性、机密性、完整性及不可抵赖性，这就是数字证书的四大功能。

数字证书一般需要包括如下内容：颁证机构、证书持有者的名字、证书持有者的公私钥、证书有效期、证书颁发机构签名等。

数字证书各不相同，按照算法和应用场景不同，每种证书可提供不同级别的可信度。数字证书按照使用场景和需承担的不同法律责任，可以由权威公正的第三方机构，例如获得主管部门许可的 CA 中心签发，也可以由内部的企业级 CA 系统进行签发。比如我们可以打开自己的浏览器工具→Internet 选项→内容→证书，就可以看到浏览器里预置的各类数字证书。

目前数字证书使用最广泛的标准为 ITU 和 ISO 联合制定的 X.509 的 v3 版本规范（RFC 5280），其中定义了如下证书信息域：

(1) 证书的版本信息；

(2) 证书的唯一序列号；

(3) 证书所使用的签名算法；

(4) 证书的发行机构名称；

(5) 证书的有效期（一般采用 UTC 时间格式）；

(6) 证书所有人的名称；

(7) 证书所有人的私钥；

(8) 证书发行者对证书的签名；

(9) 证书的扩展项等。

证书申请人收到数字证书后，应仔细审查以下证书关键信息是否准确（表 2-1）：

表 2-1　X.509 证书项及其释义

项目	释义
证书 DN 项	证书颁发机构的名称
证书存续时间（Validity Period）	证书的有效期
证书的 OU 项	证书颁发机构的名称
证书的 CN 项	证书所有人的身份信息

PKCS（Public Key Cryptography Standards）是 RSA 发布的第 15 个证书标准，符合 X.509 数字证书的基本规范，而 PKCS#7 标准和 PKCS#12 标准则是两个实现规范，P7 用于数字信封，P12 则是带有私钥的证书实现规范。实际上 PKCS#7、PKCS#10、PKCS#12 都是 PKCS 系列标准的一部分，相互之间并不是替代的关系，而是对不同使用场景的定义。

我国为了保障商用密码的安全，制定颁布了系列 SM（商用密码简称 SM）

标准，目前得到了广泛应用。其中 SM1、SM4、SM7 是对称算法，SM2、SM9 是非对称算法，SM3 是哈希算法。

目前，这些算法已广泛应用于各个领域中。其中 SM1、SM7 算法以 IP 核的形式存在于芯片、智能 IC 卡、智能密码钥匙、加密卡、加密机等安全产品中，调用该算法需通过加密芯片的接口进行调用。

SM2 证书数据和 RSA 算法证书一样遵循 X.509 证书标准，包含证书版本、序列号、颁发者、使用者主体信息、使用者公钥、有效期、证书扩展项等。

SM2 证书的公钥算法是使用 ECC 算法的 OID 标识，然后公钥参数使用 SM2 国密算法的 OID 标识。SM2 证书配套的签名算法是基于 SM3 哈希算法的 SM2 签名算法，另外 SM2 国密算法还支持 SHA1、SHA256 的签名，以及使用 SM3 算法的 RSA 的签名。数字证书的每项都有对象标识 OID，SM2 数字证书与 RSA 数字证书的主要区别就是公钥算法、公钥参数、签名算法标识不一样，其余的都是 X.509 标准项。

SM 国密数字证书常见的对象标识如表 2-2：

表 2-2 SM 国密数字证书 OID 项释义

OID 对象标识符（Object Identifier）	释义
rsaEncryption	RSA 算法标识符
SHA1 with RSAEncryption	SHA1 的 RSA 签名
ECC	ECC 算法标识符
SM2	主要国密算法 SM2 的标识符
SM3 with SM2	SM3 的 SM2 签名
SHA1 with SM2	基于 SHA1 的国密算法 SM2 签名
SM3 with RSA Encryption	国密哈希算法的 RSA 签名
SHA256 with SM2	基于 SHA256 的国密算法 SM2 签名
Common name	证书持有人
CRL distribution Points	CRL 分发点
CP	数字证书策略
extkey Usage	扩展密钥用法

国密 SM 数字证书使用 ASN.1 编码，证书文件以二进制或 Base64 编码格式

存放，数据格式使用 TLV（Tag Length Value）形式，T 代表类型标识符，L 是长度值标识符，V 代表值编。数字证书中的每一项都有个对应的类型 T，一个数字证书就是一个 TLV 序列。国密算法的签名数据由 2 个 BigInteger 大数组成，再使用 Der 编码存放签名数据。

证书的签名数据由根证书私钥进行签名，使用根证书公钥验证，顶级根证书使用自己的证书公钥验证，即证书的"自签名"。

我国的 SM2、SM3、SM4、SM9 国密算法已经相继成为 ISO/IEC 国际密码标准。

2）数字证书的使用

具备资质的 CA 认证中心颁发数字证书的过程一般为：

（1）申请人提交申请；

（2）认证中心核实申请人身份；

（3）密钥生成系统生成一组公私密钥对，将公钥及部分个人身份信息传送给认证中心；

（4）认证中心发给用户一个数字证书，该证书内包含用户的个人信息和私钥，同时还附有认证中心的签名信息。

用户至此就可以使用自己的数字证书进行相关身份认证和数字签名应用。

数字证书按照证书持有人身份的不同可分为个人数字证书、机构数字证书、服务器证书三种。

按照证书的存储介质不同又可分为软件证书和硬件介质证书。

按照应用场景的不同还可以分为更多证书，包括代码签名证书、一次性事件证书、SSL（Secure Socket Layer）加密证书，等等。

其中服务器证书可以被安装于服务器上，用来证明服务器的身份，进行通信加密和电子签名，一般被机构用来进行批处理。如服务器证书可以用来防止欺诈钓鱼网站，客户端浏览器可以与服务器证书建立 SSL 连接，在 SSL 连接上传输的任何数据都会被加密。同时，浏览器会自动验证服务器证书是否有效，验证所访问的站点是否是假冒站点，可以保护站点的安全性，进行密码登录、订单处理、网上交易等。一般按照服务器身份认证的不同可分为三种：（1）DV 证书（Domain Validation Certificate），审核域名的所有权而颁发； （2）OV 证书

(Organization Validation Certificate)，审核机构身份及域名所有权而颁发；

（3）EV 证书（Extended Validation Certificate），不仅审核机构身份及网站所有权，还需委托第三方进行身份信息审核，确保证书的真实性。

目前软件证书更多是以移动端的一次性证书（事件证书，也称场景证书）发放为主。用户可随用随申请，用完之后该软件证书即作废，以保证安全性。

其中密级较高的个人和单位证书被存储于专用的 usbkey 硬件介质中，这样存储于 key 中的私钥不能被导出或复制，且 key 使用时需要输入 key 的保护密码。

另外值得注意的是，按照我国密码管理部门的要求，CA 机构一般颁发的应是双证书，即加密证书和签名证书。用户在使用时可按照不同功能分别选择加密或签名使用。

证书应支付使用费用，遗失后应立即申请挂失并补办。但加密证书遗失后，补办的新加密证书是无法解密原加密证书加密的文件的。数字证书在使用之前必须通过 SVS（Signature Verification System）对证书进行签名验签，以验证证书中公钥、上级根证书签名、证书有效期、CRL 黑名单或 OCSP，以便确认证书的有效性。验证上级根证书就是寻找当前证书是否被上一个证书签名，一旦验证后，就提取该证书中的公钥用于检验其签名，直至验签最终根证书的签名。

数字证书进行数字签名，其具体使用方式为：

（1）对原始数据先采用双方约定的对称加密方式（目前一般是哈希算法）进行哈希算法，形成固定长度的摘要值；

（2）然后对该哈希值使用私钥进行数据加密后发送给对方；

（3）由于公钥和私钥是成对使用的，使用私钥加密就必须公钥才能解密。反过来说，只要使用公钥能进行解密的，那么就必然是和公钥所配对的私钥进行加密的，这样就能确定签名者的身份。

（4）数字签名时，对数据进行过哈希算法，假如数据经过篡改，那么其哈希值就会产生变化，最终就会导致数字验签失败，这样就能很容易地发现原数据是否被改动过。

（5）由于数字证书是 CA 机构审核申请者真实身份信息后，使用了自己的私钥对申请者的证书进行签名后才发放。因此签名者不可抵赖。

数字证书加密应用流程：诸葛亮给刘备写一封密信，写完后用刘备的公钥加密，就可以达到保密的效果；刘备收到密信后，用自己的私钥解密，就看到了信件内容。因为只要刘备的私钥不泄露，这封信就是安全的，即使落在别人手里也无法解密（图2-4）。

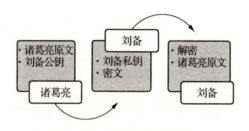

图2-4　数字证书加密流程

———— 问题讨论 ————

1. 编码技术是如何在计算机加解密中发挥作用的？
2. 对称加密方式被淘汰了吗？为什么？
3. 哈希算法有什么作用？
4. 非对称加密方式的重大意义是什么？
5. 在商用密码领域主要应用的非对称加密算法有哪两种？
6. PKI体系由哪些部分构成？它的主要作用是什么？
7. CA主要的职责是哪两个方面？
8. 数字证书的使用流程是什么？
9. 谈谈您对公钥算法原理的理解。

第 3 章　电子签名的差异性应用

进入互联网时代之后，纸质签名与电子签名相比的缺点是显而易见的。由于必须以纸质为媒介，因此纸质签名在签名实现、签名频率、签名送达这三个方面与电子签名相比，效率很低，成本较高，不能满足网络时代的需求。而电子签名是现代网络技术的概念，是一种电子信息认证手段，可以快速实现签名和送达，迅速提升各类业务效率，满足网络时代的需求。

但是在现实场景里，电子签名的应用环境不尽相同，签名主体也千差万别，造成电子签名手段五花八门。总的看来，影响到采取不同电子签名方式的原因可分为环境差异、角色差异、认知差异和安全差异。

按照电子签名参与角色来区分，电子签名可分为单方签名和多方签名。单方签名是指仅需一方签署即可成立或者生效的电子文件，如电子政务中的上级向下级、政府向外部对象发文，或者单方签署的电子承诺书、电子表单等。在实际应用中，单方签名的个性化需求往往超过安全性需求，这是因为单方签名人所面对的文件受理人可能根据独占资源或相关规定掌握电子签名形式的解释权和追索权，甚至受理人就是业务的控制人，因此其电子签名方式也较为个性化。多方签名是指两方及更多方参与的签名行为，如一份电子合同。多方电子签名必然要通过各自不同的互联网环境来达成。

按照电子签名使用环境来区分，电子签名又可分为内部网络签名和开放网络签名。内部网络签名是指签名行为发生在一个封闭的网络环境中（如办公内网）。在内部网络中使用电子签名对于法律效力的要求比较低甚至根本无须法律效力要求，电子签名只不过是一个可视化的表达形式，因此可以采取安全程度较低的电子签名方式。而开放网络签名是指签名行为发生在公开的互联网上，其面临着严峻复杂的信息安全挑战。为了保证签名行为的真实性、完整性和不可篡改性，开放网络签名必须采用最高等级的安全密码技术、最为完善的数据交换流程，才可以满足法律效力的要求并保障签名各方的根本利益。

按照对电子签名的认知水平来区分，电子签名人可被分为高认知群体和低认知群体。高认知群体接受和了解电子签名的安全风险和法律风险，并能够做出稳妥的技术选择；而低认知群体则恰恰相反，安全成本或其他因素往往对其电子签名的选择方式形成阻碍并构成风险。

按照安全程度来对目前常见的电子签名形式进行区分，可分为可识电子签名和数字电子签名。可识电子签名是指从电子签名的可视化形式上可以识别签名人和其对内容的认可，但是不能从技术上保证其安全可靠，此类签名在数字世界中易受攻击，安全性较弱；数字电子签名是指采用了包括公钥算法在内的、以密码技术为基础的电子签名，其安全性较强。

在以"差异法"为立法基础的国家或地区，按照法律效力的不同，电子签名又可分为一般电子签名和可靠电子签名两大类别。一般电子签名是指在法律上可享受"非歧视原则"的各类电子签名形式；可靠电子签名是指法律效力上可等同于纸质签名或盖章的电子签名形式。

本章将结合相关技术手段和法律规定，分析目前常见的电子合同中的电子签名形式和手段，以及如何实现完全等同于纸质效力的可靠电子签名。

3.1 可识电子签名

可识电子签名泛指可以识别出的、与数据电文产生认证的任何可视化的文字符号或外在联接。

很多国家或地区的法律在定义电子签名时普遍考虑了签名人所处客观环境的不同情况，认可了电子签名的技术中立性原则和最低限度原则，即凡是能在电子通信中起到证明当事人的身份、证明当事人对文件内容的认可的电子技术手段，都可被称为电子签名。从目前电子签名立法趋势来看，各国政府为了推动社会快速发展和产业升级，鼓励采用电子签名技术进行电子交易，因此制定法律法规时设置了较低的门槛。我国《电子签名法》规定，"电子签名，是指数据电文中以电子形式所含、所附用于识别签名人身份并表明签名人认可其中内容的数据"。从法律提交证据的角度来说，只要符合上述定义的电子签名，都可成为司法证据。这就是电子签名立法中的"非歧视原则"。

这类采用了最低技术门槛的电子签名被称为可识电子签名。可识电子签名可以实现的两个基本功能为：

（1）识别签名人身份信息；

（2）表明签名人对内容的认可。

3.1.1 图形签名

一般来说，签字可以是名字、手写、打印或其他符号，乃至于使用机械印章。但这些可视化的文字符号图形本身不产生"签字"的效果，只有将其有意识的，无论在实际上还是在形式上，与某份文件联系起来进行认证，才具备法律意义。《美国统一商法典》中将"签字"定义为"任何符号"，"只要是当事人有意用此来认证一份文件"。

法律往往来自长久以来形成的社会共识和惯例。我国《票据法》明确要求汇票、本票、支票持票人行使权利必须在票据上签章；我国《会计法》要求会计报告必须经过单位负责人和财务负责人签字并盖章；我国《国家行政机关公文处理办法》中规定了印章是公文的组成要件。因此数据电文中的符号成为签名，具有历史基础和现实法律基础，但物理中的上述符号、印章等采用电子手段表达时必须重新定义。

我国《电子签名法》定义的数据电文是"以电子、光学、磁或者类似手段生成、发送、接收或者储存的信息"。在数据电文中，可视化签名实质上是计算机二进制所形成的图形，电子图章和触屏手写方式就是两种最为常见的图形签名。电子图章指的是物理图章的电子图片；触屏手写是指电子签名人在支持手写的计算机屏幕上直接使用手指触压或者电子笔触压进行签名。从技术上说，它们在实施签名后，形成了单独嵌入在指定电子合同上的签名盖章图片及其存储数据电文的载体。

在实际应用中，软件系统里上传的电子图章作为系统的一部分，普遍遵循了传统实物印章的集中管理模式，通过程序设计对用章的过程进行审批，同时保存用章记录。因此电子图章系统一般包括客户端签章应用软件和服务器端管理两大部分。现在一般只有在安全可信的业务环境，或者封闭的板式文件系统（独立文件格式）等场景中使用，如单方文件落款签名、公文发布等。

触屏手写，是指在液晶显示器上采用电磁技术（电磁笔）或电阻压感技术（手指）实现电子签名的书写软件系统，触屏手写本质上也是形成电子图片单独嵌入在文件中，目前在安全性要求不高的场景具有较多的应用。其缺点是除了与电子图章一样容易被复制以外，还与实际纸面手写签名的效果差距过大。

密码口令以及包括指纹识别、虹膜识别、声音识别、人脸识别等在内的生物特征识别技术，因为不能和电子文件内容本身有机地结合在一起（如果连接也只能采取单独嵌入的方式），仅能作为身份认证的方式，因此从电子签名的角度来看，某种意义上也是一种图形签名。

从形式上来说，使用图形化电子签名的方式可以识别签名人的身份信息，一定程度上展示了签名人对内容的认可，符合传统使用习惯，符合"广义法"中对电子签名最低限度的定义，即"任何字母、符号、数目或其他非数字符号以电子形式相连或逻辑地相关联于一电子记录，用以鉴别或同意该电子记录"。

但是现代计算机技术可以模仿任何形式的图片。如果签名和文件之间不能以算法方式有机紧密地结合在一起，不能辨别唯一控制和一一对应的关系，那么图形签名均容易被造假而不具备安全说服力。除非有其他方式可以证明签名过程，或者证明其实际签名时的一一对应关系，否则在电子文件签名发生纠纷时，无法有力保障当事人的权益。

3.1.2 邮箱签名

采用电子邮件（E-mail）和 EDI 电子数据交换等方式进行电子商务活动并配合数据留痕，也是一种可识电子签名的表达方式。实现身份确认的方式包括电子邮箱地址、登录口令、界面确认、电子单据等。

电子邮件是一种用电子手段提供信息交换的通信方式，是互联网应用最广的服务。通过网络，用户可以与世界上任何一个角落的网络用户联系。电子邮件可以是文字、图像、声音等多种形式。电子邮件协议有以下几种：SMTP（简单邮件传输协议）、POP3（邮局协议）、IMAP（Internet 邮件访问协议）。这几种协议都是由 TCP/IP 协议族定义的。电子邮件系统的硬盘作为信箱的存储介质，在硬盘上为用户分出一定的存储空间作为用户的"信箱"，每位用户都有属于自己的一个电子信箱，并确定一个用户名和用户可以自己随意修改的口令。存储空间包含存放所收信件、编辑信件以及信件存档三部分空间，用户使用口令开启自己的信箱，并进行发信、读信、编辑、转发、存档等各种操作。

电子邮件的通信是在个体信箱之间进行的。发送方通过邮件客户程序，将编辑好的电子邮件向邮局服务器（SMTP 服务器）发送。邮局服务器识别接收者的地址，并向管理该地址的邮件服务器（POP3 服务器）发送消息。邮件服务器将消息存放在接收者的电子信箱内，并告知接收者有新邮件到来。接收者通过邮件客户程序连接到服务器后，就会看到服务器的通知，进而打开自己的电子信箱来查收邮件。

每个用户的电子信箱实际上就是用户所申请的账号名，在该邮件系统中具有身份唯一性，用户还可以自动添加签名实现自动签名功能。因此电子邮件的邮箱地址可以起到身份识别认证的功能，并且邮件内部可设置可视化电子图片完成签名。

电子邮件生效时间的确认也有基本的法律约束。在联合国《电子商务示范法》和多个国家或地区的相关法律中，使用邮箱系统和电子邮件进行电子商务活动，符合"指定特定系统"的概念。美国《统一电子交易法》规定，"确认接收人可以指定在特定交易中应使用的电子邮件地址或系统"，并且按照《电子商务示范法》第 15 条第 2 款的规则，发送到指定特定系统的电文，在该电文进入该系统时即为收到。

目前包括我国在内的大部分国家或地区均遵循了这一原则。我国《电子签名法》第十一条第二款规定，"收件人指定特定系统接收数据电文的，数据电文进入该特定系统的时间，视为该数据电文的接收时间；未指定特定系统的，数据电文进入收件人的任何系统的首次时间，视为该数据电文的接收时间"。

因此在开放的网络环境中，采用电子邮件方式订立或者执行电子合同，可以在最低安全限度下，解决电子合同中的身份确认和时间确认问题。

3.1.3 订单签名

BtoB 领域常见的 EDI 电子数据交换也是较为成熟和使用范围广泛的电子商务应用系统，由计算机自动生成商业单据，例如订单、发票等，然后直接通过网络传输到商业伙伴的计算机里，只要这些计算机相互保持经常性的带有结构性的数据的交换。EDI 系统可以节省时间，节省费用，减少错误，减少库存，改善现金流动，以及获取多方面的营销优势等。EDI 最早在商业上的应用就是开始于纸面单据及其信息的标准化。

总体来说，EDI 在企业中的应用，尤其在电子商务和供应链方面会带来多方面效益，其中包括：

（1）降低与业务处理相关的人工低耗品开支。使用 EDI 可以消除计算机人工输入的错误，并在很大程度上减少诸如分类、汇总、配套以及协调、邮寄等手工工作。EDI 能够节省用于支持企业之间传递业务信息所采用的各种原材料和设备。

（2）提高信息交换和处理的效率。EDI 传输事务比书面报文更加准确完整，同时在传输之前还经过程序的严格检查。利用 EDI 可以消除邮寄服务，并缩短贸易事务处理所需的时间。

（3）缩短业务循环周期。接收方接收 EDI 订单事务能够做到快速、准确和完整，那么商品的提货、装运等就可以快速实现。

（4）降低财务成本。EDI 将更快地授权银行等金融机构进行付款，企业能够收到比书面发票更快的电子发票，就可以及时核对收到的发票，授权支付，并在折扣期内付款。这对贸易伙伴双方都有利。

（5）增进贸易伙伴间的联系。采用 EDI 处理业务可以改善和扩大信息共享程度，跟踪和保证所有的通信数据都准确无误地传输和接收。

由于 EDI 是基本封闭的、伙伴之间的电子数据交换系统，可以称之为一种虚拟形式的企业内网。同时 EDI 系统内的参与者之间具有良好的信任关系和长久的合作关系，一般是供应链上下游的紧密环节，EDI 一笔业务的流程往往涉及各个环节的数据方可完成，这些数据相互佐证可以形成证据链条，因此自身安全风险不高。

联合国于 1991 年成立了 EDIFACT 安全联合工作组，进行了有关标准的制定。安全标准体系保护范围包括经 EDI 传输的商业信息、技术秘密、流程管控、支付金额、订货数量、物流信息等业务内容,通过一系列安全保密规范来防止数据的被篡改和遗失。

EDI 安全标准体系包括 EDI 安全规范、电子签名规范、电文认证规范、密钥管理规范、X.435 安全服务规范、X.509 鉴别规范等。

按照 EDI 的安全标准规范,在整个相对独立的 EDI 系统中添加数字证书、身份登录和电子签名的基本手段,形成一系列的订单业务电子证据链,一般可以满足订单型电子合同的证据的法律效力要求。

3.2 数字电子签名

在古代,为了提升纸质签名的安全性,人们就曾普遍使用"花押"(即画押)。花押不是草书,是古人以自己的名字、字号或者其他元素,再综合书法习惯设计而成的,其复杂程度远高于普通汉字,以达到防伪的效果。

花押最早出现在春秋战国,盛于唐朝。到了宋朝,人们签订各种契约必须要画押,否则被视为无效(图 3-1)。清朝时候,官员上任第一件事就是去吏部备案自己的花押。

图 3-1 《辛丑条约》里的李鸿章花押(左)和庆亲王花押(右)

同样，为了提升电子签名的安全性而采用的数字电子签名（简称数字签名）也是一种采取了密码算法的、满足网络安全需求的加密电子签名。与电子签名的广泛性定义不同的是，法律上对于数字电子签名的定义则非常明确，尤其是"数字法"立法的国家或地区。

如美国伊利诺伊州《电子商务安全法》（Electronic Commerce Security Act）将电子签名分为安全签名和一般签名两种，明确将数字签名纳入安全签名（Secure Electronic Signature）中，并定义为"数字签名是指利用非对称加密算法与哈希函数所转换的电子记录而构成的电子签名，以使某人可以利用原文与签署者的公钥验证该项转换是否经由签署者的私钥所生成的，以及该原文在转换后是否被篡改。电子签名是一种安全程序"。

采用数字算法实现电子签名有多种方式和不同体现，以下列举几种应用最广的典型方式。

3.2.1 时间戳

时间戳（Time-stamp）技术是电子签名技术的一种重要手段。简单地说，就是"对时间的签名"。在传统的纸质签约交易场合中，除了要签名盖章之外，签署时间也是必不可少的。同样在电子商务交易中，电子合同数据到达和发出的时间也是十分重要的信息，必须在数据电文中得到体现。

在电子缔约方式中，缔约时间指的并不是电子合同书面文本中标注的时间。电子书面文件的时间是由签署人自己写上的，而时间戳则不然，它是由时间戳服务来"加盖"的，确定的是电子合同缔约数据在系统中的出发和到达时间。

我国《电子签名法》第十一条规定，"数据电文进入发件人控制之外的某个信息系统的时间，视为该数据电文的发送时间。收件人指定特定系统接收数据电文的，数据电文进入该特定系统的时间，视为该数据电文的接收时间；未指定特定系统的，数据电文进入收件人的任何系统的首次时间，视为该数据电文的接收时间"。由于计算机终端本身时间的可靠性较弱，因此一般采用时间戳技术来确定重要时间。

时间戳服务，即 DTS（Digital Time-stamp Service），也称之为 TSA（Time Service Authority），是一个能表示一份数据在某个特定时间之前已经存在的、完整的、可验证的一串字符序列数据，能够唯一标识某一刻的时间。以系统的时间戳服务收到文件的时间为依据，能提供电子文件的日期和时间信息的安全保护（图3-2）。

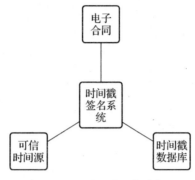

图3-2 时间戳业务流程

时间戳的可信时间最初来源，应来自国家权威时间部门（如国家授时中心），或者使用权威时间部门认可的硬件和方法获得的时间。目前行业要求采取下列三种规范方法：通过无线接收方式获取北斗卫星时间信号、使用时间同步协议从国家权威发布的时间网址获得、通过国家认可的硬件方式如原子钟等获得。

时间戳是一个经加密后形成的电子凭证，它包括三个部分：需加时间戳的文件哈希摘要、收到文件的时间和DTS或TSA的私钥签名。

一般来说，时间戳产生的过程为：用户首先将需要加时间戳的文件用Hash编码形成加密摘要，然后将该摘要发送到DTS，DTS在收到文件摘要后加入时间信息，再使用自己的私钥对该文件进行数字签名后送回用户。

时间戳广泛运用在合同签字、数据存证、网上交易等领域，通常所说的电子存证其实就是时间戳存证。时间戳在电子合同签名应用中的地位独特而无法替代，可以在电子签名应用中与其他电子签名方式结合使用。

3.2.2 电子印章

电子印章也称为电子签章，是指采取数字证书调取印鉴图片嵌入书面文件，并使用数字证书私钥对其哈希值进行数字签名的电子签名方式。可以发现，如果对原文加入可视化图章并进行数字签名后所形成的包括原文、印鉴图章、签名值、数字证书等信息在内的不可分割的数据集，其安全性将大幅提升。

2019年4月26日《国务院关于在线政务服务的若干规定》第九条规定，"国家建立权威、规范、可信的统一电子印章系统。国务院有关部门、地方人民政府及其有关部门使用国家统一电子印章系统制发的电子印章。电子印章与实物印章具有同等法律效力，加盖电子印章的电子材料合法有效"。其后公安部、财政部、交通运输部、海关总署、国家市场监督管理总局、国家税务总局、人力资源和社会保障部等各个部委相继出台了在电子政务中政府部门可以使用政府电子印章并具备法律效力的规定。

国家政府部门对于电子政务应用范畴内的电子签名或电子印章的法律效力和使用方式可以有自主决定权，这是来自我国《电子签名法》第三十五条的规定："国务院或者国务院规定的部门可以依据本法制定政务活动和其他社会活动中使用电子签名、数据电文的具体办法。"

此类电子印章应用，具体实现有两种技术路径：

第一种是依托于业务系统实现盖章。通过基于数据库的电子印章MS系统，可以将印章图片和签名人的数字证书一对一或一对多地绑定在一起，即签名人只有通过数字证书登录系统后，才可以从存储载体中提取相应权限印章图片信息，从而保证签名人签盖电子图章图片或手写签名形式的真实性。

第二种是将印章图片存储于数字证书的介质中，盖章人可以通过浏览器加载的读取软件输入数字证书密码口令后调用印章图片进行盖章、哈希运算和签名。

电子印章使用的共同之处是使用数字证书将与其绑定的一个印鉴或多个印鉴的图片调用，嵌入目标原文中形成电子签名；不同之处是，有的系统在嵌入后再使用数字证书私钥对全部原文进行运算哈希和签名，而有的系统不再进行哈希运算和签名，那么数字证书等手段就仅起到身份认证的作用，安全性和法律效力将下降。

因此在评估电子印章作为电子签名手段的安全等级时，主要需要评估数字证书在系统中的使用方式，包括是否使用了有效的数字证书、数字证书是否与印鉴进行了绑定、是否使用了私钥签名等。

电子印章在电子政务中的应用，可以按照国家有权部门规定的办法执行。但是在电子商务领域，应坚持选择印章图片与哈希算法、私钥签名相结合的方式。

3.2.3 区块链存证

从实际应用的角度来说,区块链技术实质上就是电子存证的一种特殊方式,因此也具体称之为"区块链存证"。

区块链(Block Chain)主要是基于密码技术的独特应用程序。狭义来说,区块链是将数据打包成区块的一种链式数据结构,并以密码技术保证不可篡改和不可伪造的分布式账本;广义来说,区块链是利用块链式数据结构和密码算法来验证和存储数据、利用分布式节点和共识算法来生成和更新数据、利用密码技术保证数据传输和访问安全、利用自动化代码组成的智能合同来操作数据的系统。

区块链初始应用比特币系统的主要目的,就是要实现数字货币数据的信任存证,从而保障数字货币数据在网络上安全存储、放心交易、彼此可信。这一存证程序集合了去中心化、公钥密码、哈希运算、时间戳、智能合同、共识机制等元素,打造了一个参与者(节点)的共识信任体系。

我们可以看到,可信的数据存证就是区块链技术的基本实现目标,在此基础上才可以实现数据的保护、授权和交易。区块链技术应用在不同的领域,可能存证的是不同的数据信息。比如数字货币数据的存证、电子合同数据的存证、金融供应链的数据存证甚至有机农产品数据的存证,等等。

用一句话来总结,区块链存证就是通过密码算法和共识算法实现数据的鉴权后,通过分布式存储进行数据的存证,并可以结合智能合同实现数据的交换。

1)区块链存证的业务流程

以比特币应用的客户端(钱包)为例,区块链在用户界面展示的客户端的安全实现路径一般为:

(1)使用伪随机数发生器生成一个 256 bits 的私钥存储在一个客户终端里,这就是所谓的"钱包";

(2)私钥经过 SECP 256K1 椭圆曲线算法处理生成其公钥;

(3)公钥经过 SHA 256 哈希算法和 RIPEMD 160 哈希算法进行两次哈希运算,得到公钥哈希值;

(4)使用规定的 BASE 58 编码规则对公钥哈希值进行编码,就得到了钱包地址,如"2A1zP1eP5QGefi2DMPTfTL5SLmv7DivfNa"。钱包地址是公开的。

由此可以看出,所谓"钱包"地址就是存证人的客户端公开账户,是由私钥生成公钥转化而来的。只要私钥不泄露,就具有牢固的安全度。存证人通过"钱包"这一客户端可以查询到存证在区块链上的每条数据,以便进行下一步交易。

以电子合同数据区块链存证为例,区块链内部数据处理的流程一般为:

(1) 电子合同数据上传(此处上链之前的电子合同数据的真实性和完整性应另行判断)。

(2) 哈希运算。可以将电子档案、电子文件、图片、影音资料等电子数据经过哈希运算后生成固定长度的哈希值。

(3) 时间戳/电子签名。存证方可以使用自己区块链客户端的私钥签名生成哈希值。

(4) 写入区块。发送到区块链网络的存证哈希数据会经过预置的共识后打包成区块,并同步给区块链中的各个节点采用签名后进行分布式存储。

(5) 出证。当用户需要对存储的数据进行证明时,或者联盟节点需要查询或验证用户数据时,区块链节点上的公信力机构(如第三方平台、公证处、鉴定机构、征信机构、监管部门等)可以出具区块链数据存证报告(图3-3)。

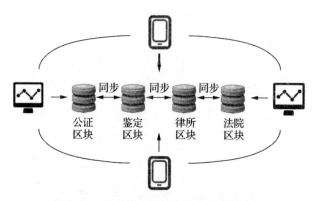

图3-3 基于联盟链的电子合同数据存证

2) 区块链存证的优势和风险

电子存证可以运用到知识产权保护、数据保全等方面,但传统电子存证的缺点是数据仅仅存储在中心化的数据库中。

区块链存证是传统电子存证的一种新型升级方式。可以通过受委托的区块链系统对提交的电子数据采用时间戳或数字签名进行共识算法处理后，生成摘要值存储在各自的区块中，从生成之日就起到不可篡改的证明作用。同时我们也应了解到，由于受到区块链本身的"不可能三角"，即去中心化、安全性、运算效率三因子不可并存的条件制约，一般的区块链数据存证的并不是数据原文，而是数据哈希值。

我们可以看到，区块链存证在传统中心化电子存证的基础上做了升级，区块链存证是电子合同数据的一种加强性的保障手段。其主要优势在于：

首先，通过共识机制和分布式账户系统增加了存储节点。同一条数据在存储时，就经过区块链上参与节点的共同背书签名，信任度大幅上升。

其次，更为重要的是可以快速共享数据。由于参与存证的节点往往是存证数据的依赖方，如律师事务所、会计师事务所、法院、仲裁机构、公证鉴定机构等，这样无须通过传统的中心化数据库就可以便捷地在自己的节点上获得有公信力的数据。

2018年9月7日，最高人民法院发布《最高人民法院关于互联网法院审理案件若干问题的规定》，指出可以用区块链来解决电子证据的存证问题，解决司法行业痛点，为区块链在司法领域电子存证领域的应用提供政策保障。区块链存证的主要优势在于后期验证或查询数据真伪时，区块链各个节点或是依赖方可以基于自身分布式账户迅速查证哈希值，无须通过中心化数据库。

区块链存证和传统电子存证一样，也存在同样的风险问题，即在电子合同应用中的不足之处在于，难以证明数据上链存证之前的真实性，也同样无法证明数据上链之前的完整性。单纯使用区块链或者电子存证作为取代纸质合同的手段，显然强度不够。

因此区块链存证如果应用到电子合同中，应该保证或者可以提供电子合同订立时（上链之前）的真实意思和数据完整性的证明或者验证手段。

区块链技术中还存在另外一个重要概念，就是智能合同，也称智能合约。1994年，密码学家Nick Szabo首次提出了智能合同的概念。他认为智能合同是一套以数字形式定义的承诺，包括合约参与方可以在上面执行这些承诺的协议。数字形式就是合同中体现的权利与义务关系可以写入计算机的可读代码中，只要合同各方达成与权利义务相关的协议，就可以自动触发预先编辑好的条件，计算机就可以自动执行程序，完成业务的履行。这一智能合同理论后来在区块链以太坊系统中得到了很好的应用。

不过应该注意到，区块链概念中的智能合同与本书讨论的电子合同概念不完全相同。区块链智能合同是一个可自动执行的程序，只能和纯粹的数字资产相结合。

而一般意义上的电子合同是指某个具体物的业务采用电子形式订立的合同，如一份电子采购合同。智能合同和现实具体业务难以绑定是因为存在两个问题：一是智能合同难以控制实物资产，无法保证合同的有效执行；二是信任问题，具体物的所有者有条件或者有可能随时随地篡改物的初始状态，从而造成智能合同和线下实物的信息不同步。

我们从上述分析可以看到，未来的电子合同要向智能合同发展，从客观上需要满足两个方面的基本条件：(1)资产数字化。资产数字化之后才能解决线上线下的信息对称问题。(2)角色去中心化。交易各方和交易依赖方都可以享受同等的权利以实现信任。

3.3 可靠的电子签名

一个签字者在纸质文件上进行了签名，那么这个纸质签名至少能够体现四种基本功能：一是表明签名者的身份信息；二是表明文件来源，即来自签名者；三是表明认证，即签字者已确认文件的内容；四是能构成证明签字者对文件内容正确性和完整性负责的证据。电子签名替代传统的纸面签名后，同时具备上述同样的基本功能，就可以成为可靠的电子签名。

3.3.1 开放性和原则性

我国《电子签名法》不是"数字法"，没有指定使用公钥数字签名的唯一性地位，也没有确定数字签名就可以等同于可靠的电子签名，或等同于纸质效力。《电子签名法》仅在两处法律条文中提及"密码"技术和"公钥"技术：第十七条第五款提及电子认证机构须"具有国家密码管理机构同意使用密码的证明文件";第三十四条定义"电子签名验证数据,是指用于验证电子签名的数据,包括代码、口令、算法或者公钥等"。

从上述法律表述中,显然我们应该理解为,以公钥技术为基础的数字签名是实现可靠电子签名的条件之一,但不是充要条件或者唯一条件。

从电子签名概念诞生以来,由于包括我国在内的大部分国家和地区持有的技术中立态度,因此从不同的技术路线出发,实现电子签名的方式五花八门,包括密码口令、电子图章、电子印章、刷脸、触屏手写、时间戳、电子存证、区块链等方式。

上述方式各有特点,但也存在不同的缺陷或者安全性不高的问题。这些看不见的隐藏技术漏洞衍生出的法律风险,造成使用者的电子签名并不能完全取代纸质签名。

也可以理解为,在实际业务中,由于主观因素或者客观因素的制约,电子合同缔约人可能采用了"不可靠的电子签名"或者"不太可靠的电子签名"作为电子签名方式进行电子缔约,这种电子签名方式可以获得非歧视的法律地位。但采用这些"不可靠的电子签名"或者"不太可靠的电子签名"方式一旦引起法律纠纷或者诉讼,因其存在安全性漏洞而不能天然地获得法律的完全认可,其法律效力不能完全等同于传统纸质方式,因此可能需要司法部门进一步判别和鉴定其法律效力。

大多数国家和地区的法律法规在明确各种电子签名都享有"非歧视原则"之外,还进一步规定了部分安全可靠的电子签名享有与传统纸质签名的"同等效力"。但可靠的电子签名在享有同等效力时,基本都设置了明确的前置条件和原则,其用意在于避免伪造签名等安全风险现象的发生。

这些前置条件和原则一般包括但不限于:
(1) 签名必须可以认定与签名人身份之间存在必然关系;
(2) 对使用签名人来说,签名具有唯一对应性;
(3) 足以认证签名人身份和信息内容;
(4) 签名在签名人唯一控制下;
(5) 签名与数据之间存在关联,即如果数据资料被篡改,则该签名发生变化而失效等。

我国《电子签名法》规定的"同等效力原则",就是第十四条的"可靠的电子签名与手写签名或者盖章具有同等的法律效力"的重要论述,但前提条件是必须要满足"可靠的电子签名"原则。

可靠的电子签名与按照安全等级来区分的"可识电子签名""数字电子签名"相比较,虽然都被称为电子签名,但是相互之间的内涵和外延的定义是不同的。

(1)"可识电子签名"和"数字电子签名"是从技术角度定义的,任何可以满足和实现电子签名基本功能的电子技术手段,可称为可识电子签名;而采用了数学算法或者公钥密码技术,通过难以破解的技术手段来对数据真实性和数据完整性提供高等级的技术安全保护,可称为数字电子签名。

(2)"可靠的电子签名"并不是某一种技术形式的电子签名的称谓。"可靠的电子签名"是一个法律专有名词,技术上是中立的,是任何可以确认签名人真实意思和签名内容未经篡改的电子签名手段的统称,其安全性和法律保障性最强,可以等同于纸质签名。

(3)"可靠的电子签名"是一个开放的概念,任何电子签名在其所处的一定环境中满足了法律的特定要求,即可成为《电子签名法》所规定的"可靠的电子签名"。也就是说,如果满足法定的条件,安全等级较低的可识电子签名甚至同样也可以成为可靠的电子签名;但如果存在安全问题,数字签名也不一定就是可靠的电子签名。

3.3.2 具体实现目标

在绝大部分电子商务应用场景中,当事人都具有实现可靠电子签名的诉求。那么实现可靠的电子签名,首先必须明确知悉可靠的电子签名在商业交易中所能体现的作用,即其具体可以实现的目标。

我国《民法典》第一百四十三条规定,"具备下列条件的民事法律行为有效:(一)行为人具有相应的民事行为能力;(二)意思表示真实;(三)不违反法律、行政法规的强制性规定,不违背公序良俗"。同时第一百四十六条规定,"行为人与相对人以虚假的意思表示实施的民事法律行为无效。以虚假的意思表示隐藏的民事法律行为的效力,依照有关法律规定处理"。

我们还可以发现,法律规定中关于可靠电子签名所体现出的"真实意思"的实质性诉求，世界各国法律已普遍达成一致。联合国《电子签名示范法》第6条规定，"1. 凡法律规定要求有一人的签名时，如果根据各种情况判断，包括根据任何有关协议，使用电子签名适合生产或传递数据电文所要达到的目的，而且也同样可靠，则对于该数据电文而言，即满足了该项签名要求。2. 无论第1款提及的要求是否作为一项义务，或者法律只规定了没有签名的后果，第1款均适用。3. 就满足第1款所述要求而言，符合下列条件的电子签名视为可靠的电子签名：（a）签名制作数据在其使用的范围内与签名人而不是还与其他任何人相关联；（b）签名制作数据在签名时处于签名人而不是还处于其他任何人的控制之中；（c）凡是签名后对电子签名的任何篡改均可被发现；（d）如果签名的法律要求目的是对签名涉及的信息的完整性提供保证，那么凡在签名后对该信息的任何篡改均可被发现"。

从上述法律规定中可以看到，在订立合同这一民事法律行为中，"意思表示真实"是订立合同的核心诉求，合同方可具备法律效力。在不见面的网络世界，依据一个电子签名从而确定对方的"意思表示真实"，这就是电子合同法律效力的本质要求。换句话说，这就是可靠电子签名原则要求的出发点，或者说是可靠电子签名实现的目标。

电子签名是通过电子技术手段来实现的。那么从技术上实现"意思表示真实"，从而符合可靠电子签名的要求，又必须细分成下面四个方面的具体实现目标，才能完整地组成"意思表示真实"（表3-1）：

（1）身份真实，即签署人在签署时的身份真实可靠，不存在虚假身份的可能；

（2）过程真实，即签署人的签署行为真实可靠，是合法自主的行为表达；

（3）签名真实，即签署人的签名真实可靠，原始签名信息未被篡改；

（4）内容真实，即签署人签署的内容真实可靠，签署内容未被篡改。

这四个方面的真实性在法律上的表示，可以一一对应《电子签名法》第十三条中的关键规定："电子签名同时符合下列条件的，视为可靠的电子签名：（一）电子签名制作数据用于电子签名时，属于电子签名人专有；（二）签署时电子签名制作数据仅由电子签名人控制；（三）签署后对电子签名的任何改动能够被发现；（四）签署后对数据电文内容和形式的任何改动能够被发现。当事人也可以选择使用符合其约定的可靠条件的电子签名。"

表 3-1 可靠的电子签名实现目标

	法律性要求	实现目标
1	电子签名制作数据用于电子签名时，属于电子签名人专有	身份真实可靠
2	签署时电子签名制作数据仅由电子签名人控制	过程真实可靠
3	签署后对电子签名的任何改动能够被发现	签名真实可靠
4	签署后对数据电文内容和形式的任何改动能够被发现	内容真实可靠

3.3.3 具体实现方式

可靠电子签名的具体实现方法针对性较强，在具体实践中往往集合了若干手段来满足对于身份真实可靠、过程真实可靠、签名真实可靠、内容真实可靠的要求。但是按照《电子签名法》等法律要求，这些手段不应该是强制性或者唯一指定性，可以在不同的应用场景选择不同的实现方式，以达到法律所规定的开放性和原则性要求。

本节针对安全性较低、法律风险较大的开放网络环境进行可靠电子签名的实践性探讨。

1）身份真实的实现

实现电子签名身份真实认证的目的是建立起签名人与其行为的真实关联。这一真实认证包括电子签名人身份的真实认证和电子签名制作数据的关联性认证两个方面。

（1）在实务中，电子签名人身份的真实认证又包括三个方面的具体真实性要求：身份信息的真实性、身份信息的有效性和身份信息的一致性。在完成上述认证之后，身份认证不再是一般的"实名"认证，而是"实人"认证。

① 身份信息的真实性审核是指身份信息的真实存在性。其审核一般依托于身份数据库的信息核查。目前常见的包括以身份证件和数字证书这两种方式来证明身份的真实性。因为在提交身份证据或数字证书时，第三方服务平台或者委托的线下办理机构已经按照法律规定审核了身份数据库中申请人的身份之后才能发放，所以我们据此可以认定签名人提交的身份信息是真实存在的。

② 身份信息的有效性审核分为两种情况：如果签名人提交的是身份证认证，那么可以查询公安部门的实时认证数据库（如居民二代身份证网络应用系统，简称 CTID），可以查询是否为最新的身份证件，这样就杜绝了遗失作废的身份证件的二次冒用情况；如果签名人提交的是数字证书，那么在数字证书每次使用前，可以验签查询 CA 机构的 CRL 列表和证书有效期，确定当前数字证书的有效性（未被挂失或吊销）。

③ 身份信息的一致性审核是指确认当事人是否为身份信息的唯一归属人，即"人证合一"。当事人身份的一致性审核是传统线下身份审核的关注重点，但却一直是网络身份审核的难点和漏洞。近年来，随着信息安全的不断提升和技术手段的进步，网络身份的一致性审核正逐步得到解决。目前网络身份一致性审核中比较可靠的办法包括：（a）依托运营商办理手机或者办理数字证书时的线下实名审核成果，向当事人预留的手机发送短信验证码认证方式完成一致性审核；（b）采用手机 APP 的实时刷脸技术完成一致性审核。

（2）电子签名制作数据的关联性认证是指通过技术手段将电子签名人与电子签名数据进行有效关联起来。《电子签名法》对于电子签名制作数据的说明是"电子签名制作数据，是指在电子签名过程中使用的，将电子签名与电子签名人可靠地联系起来的字符、编码等数据"。尽管《电子签名法》采用了技术中立的原则，但是依据目前的技术阶段和可以展望的技术发展前景来看，只有公钥数学算法中的公私钥一一对应的技术特性才能安全可靠地将电子签名与电子签名人联系起来。

据此结合《电子签名法》上下文中的规定可以理解，如果使用数字证书，那么数字证书所含的公私钥等密码算法相关信息就是一个电子签名的预制作数据；使用数字证书对原文处理后形成的哈希摘要值并使用数字证书私钥对哈希值进行算法运算后形成的数字签名文件就是电子签名制作数据，未来可以通过数字证书公钥验证得到归属数字证书持有人的唯一对应关系。

小结：通过采用规范的公钥算法数字证书进行数字签名操作后，可以满足《电子签名法》第十三条第一款中的"电子签名制作数据用于电子签名时，属于电子签名人专有"的规定。

2）过程真实的实现

从《民法典》等民事法律角度来说，当事人签名行为的真实存在是其真实意思表达的重要组成部分。其中又包括两个方面的证明：一是可以证明是当事人亲自签名操作；二是提供当事人在签名操作时的行为记录。

一般来说通过签名系统的协助，可以较好地证明当事人在上述两个方面的真实意思表达行为。当事人通过输入预先设置的数字证书登录密码或者输入第三方系统发送的签名验证码可以证明仅有当事人可以亲自操作签名；同时可以留存双方签名人的签名过程操作数据，如图片、签名、日志等数据。如果在具备条件的情况下，第三方还可以提供当事人签名操作时的实时录像作为辅助证明。

小结：采用数字证书签署密码设置以及留存签名过程中的数据等技术手段提供上述两个方面的证明数据，可以满足《电子签名法》第十三条第一款中的"签署时电子签名制作数据仅由电子签名人控制"的规定。

3）签名真实的实现

我们已经知道，电子签名的手段和方式多种多样。在当前技术条件下，除了使用以公钥密码算法为基础的数字证书签名之外，网络上其他任何方式的签名都有可能被篡改或存在漏洞，无法可靠地保证签名真实未被篡改。更严格地说，该数字证书应该使用电子认证服务机构颁发的并使用国家密码管理部门认定的密码算法。

小结：使用合规的数字证书进行电子签名，可以满足《电子签名法》第十三条第一款中的"签署后对电子签名的任何改动能够被发现"的规定。

4）内容真实的实现

本条目标的实现方式同样明确：签名人使用数字加密证书对电子合同内容进行加密传输、使用数字签名证书的哈希算法对全部签名内容进行哈希处理后实施数字签名，就可以实现内容的真实不可篡改。使用其他任何的技术手段都不能满足本条要求。

小结：通过符合规范的密码算法建立加密通道，采用数字证书的私钥对电子合同文件进行数字签名，并通过数字证书的公钥等技术手段对签名后的文件进行验证，就可以满足《电子签名法》第十三条第一款中的"签署后对数据电文内容和形式的任何改动能够被发现"的规定。

5）可靠电子签名整体实现方式

结合完善的身份认证、国家标准规范和数字证书技术，是实现可靠电子签名的整体路径。上述技术手段的实现，是主要针对《电子签名法》的四项原则要求来实现"可靠的电子签名"的。但是如果从《民法典》《电子商务法》《民事诉讼法》等相关法律的角度来说，电子证据可靠性认定依然是从证据形成过程的真实性和证据形成结果的不可篡改性两个方面来判定，其中证据形成过程的真实性还可以分为身份的真实性和签署过程的真实性（表3-2）。

这些法律要求实质上与可靠电子签名的四项法律要求内涵完全一致，只不过表述角度不同而已。因此采取上述技术手段也可以同时满足其他法律法规的要求。

表3-2 开放网络环境的可靠电子签名实现方式

阶段	目标	介质手段	实现方式（推荐）	受益指数（Benefit Rating）
身份真实	身份信息真实性认证	身份证件	公安部CTID认证	＊＊＊＊
	身份证件有效期认证		公安部CTID认证	＊＊＊＊
	身份一致性认证		公安部CTID刷脸、手机验证码	＊＊＊＊＊
签名真实	合规数字证书	数字证书	具备资质CA颁发	＊＊＊＊＊
	可视化印章和签名	存储	缔约人实时调用	＊＊＊＊＊
过程真实	签署验证	密码登录	登录密码、短信验证码、证书密码	＊＊＊
	签署留痕	存储	图片、视频、签名、日志	＊＊＊＊
内容真实	加密	哈希算法	数字加密证书	＊＊＊＊＊
	不可篡改	公钥算法	数字签名证书	＊＊＊＊＊

———— 问题讨论 ————

1. 电子签名的形式有哪些？
2. 可识签名与数字签名的区别是什么？
3. 某单位有一办公网络，将公章图片都存储在系统中，办事人员使用数字证书登录系统，并调用公章在文档上盖印。请您从电子签名技术和法律规定两个方面，给予该单位建议。

4. 时间戳在电子合同订立过程中起到的作用是什么？

5. 区块链技术对于电子合同实务的促进作用是什么？

6. 区块链存证的应用流程是什么？

7. 与"广义法"相比，我国《电子签名法》中关于"可靠的电子签名"的法律定义有什么特点？

8. 数字签名就是可靠的电子签名吗？为什么？

9. 实现可靠电子签名的具体指标有哪些？

10. 在开放的网络环境里，实现可靠电子签名的具体手段有哪些？

第 4 章　电子合同的平台建设

从法律的角度,电子合同缔约人及其电子缔约业务依赖方都希望采用可靠的电子签名方式来订立电子合同,使得可靠电子签名所附着的电子合同可以获得等同纸质合同的效力。

但是在电子缔约的实际应用中,订立一份电子合同,是由电子签名人、电子签名方式、电子合同订立平台等多种因素以及网络数据交互传输等一系列操作行为所组成的。其中电子合同订立平台的存在方式多种多样,如邮件系统、EDI 系统、电子采购系统、电子商务网站等。因此在互联网这一复杂环境中,需要依托一套能够提供安全保障的信息系统来为电子缔约业务保驾护航(图 4-1)。

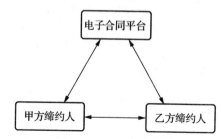

图 4-1　电子合同平台在电子合同订立中的作用

4.1　电子缔约的安全保障

电子缔约的安全保障服务,是指在电子缔约过程中按照可靠电子签名的基本原则,采用了一系列符合信息安全规范和电子合同订立流程规范的电子缔约流程,其实施主体是电子合同服务平台。

4.1.1 电子合同平台的重要作用

电子合同服务平台是指独立于合同缔约人，具备身份认证、谈判磋商、电子签名、合同存储与调用等功能，能实现电子合同在线订立及处理的信息系统。其中符合可靠电子签名原则、遵循电子合同订立标准，从而可以实现电子合同纸质效力的电子合同平台可称为电子缔约安全保障服务平台。

虽然形成一份电子合同纸质效力的前提是符合可靠电子签名的原则，但可靠电子签名在电子合同订立实务中的落实与否，必须借助电子合同订立服务平台制定的安全流程和标准规范来实现。在电子合同整个生命周期过程中，电子合同平台尤其是安全保障服务平台的重要性主要体现在以下几个方面：

（1）电子合同是一种信息技术的软件实现方式，归根到底是通过信息系统才能订立的。没有电子合同订立平台这一信息系统，就无法实现电子合同的签署。

电子合同订立系统的定义较为广泛，包括简易的电子邮件系统、EDI 交换系统、第三方电子合同订立服务平台，等等。安全保障功能完备的电子合同平台可以实现电子合同内容的真实性与不可篡改性，为进一步实现可靠电子签名发挥桥梁和纽带的作用。

（2）电子合同订立平台可以为订立电子合同提供多种技术服务，包括身份认证、谈判磋商、审批流转、数字签名、时间戳、数据存储、鉴定验真等功能。如合同的签署时间是一份合同生效的重要标志之一，随着计算机的复杂风险日益增长，由第三方电子合同平台出具缔约人签署时间戳越来越有必要性。同时电子合同平台还可以承担不同 CA 机构之间数字证书的互联互通功能，验证各自的数字证书公钥，保障其权威性、合法性和有效性。

目前市场上逐渐成为主流的第三方电子合同平台的功能较为强大，以即接即用、云端存储、方便低廉并具备公信力受到绝大部分用户的欢迎。

（3）电子合同平台的定位在法律中得到认可。如《民法典》中的"指定的特定系统"、《电子商务法》中的"自动信息系统"等都指的是电子合同订立平台。

《电子商务法》第五十条规定，"电子商务经营者应当清晰、全面、明确地告知用户订立合同的步骤、注意事项、下载方法等事项"。显而易见，在电子合同平台上订立电子合同可以受到我国法律的保障。离开电子合同平台订立的电子合同，可谓丧失了安全保障的土壤。

（4）电子缔约安全保障服务平台可以规范电子合同订立过程的数据交互流程并遵循相关订立标准，为满足可靠电子签名原则提供强大的支撑。

在面对不安全的互联网环境时，任何不规范的操作或疏忽大意都可能形成安全漏洞，从而造成电子合同依赖方对电子合同法律效力的质疑。同样采用数字证书进行电子签名，不同的签名使用方式可以导致不同的结果。数字证书的签名方式或使用流程是否符合相关规范，往往离不开电子合同平台的技术实现，比如对于签名的格式、签名的范围、签名的次数、哈希值的保存等。

（5）电子缔约安全保障服务平台可以为电子合同提供司法保障服务，包括提供电子合同数据存证、电子合同验证、快捷司法通道等。

符合规范的电子缔约安全保障服务平台可以最大限度地降低法律风险，维护自身权益，在后续的电子合同生命周期中一旦发生法律纠纷能够迅速予以解决和维权，对于满足可靠电子签名的法律要求、保障电子合同纸质效力的形成起到了决定性的作用。

4.1.2 可靠电子签名与纸质效力

电子合同的纸质效力是指电子合同具备等同纸质合同的完备法律效力。在电子合同应用中，可靠电子签名与纸质效力之间的关系为：前者是电子合同应用原则，后者是电子合同应用结果。即在电子缔约中，电子合同的纸质效力是采用可靠的电子签名所要达成的最终目的。

实现电子合同的纸质效力这一目标，需同时遵循和满足两个方面的条件：

一是遵循和满足可靠电子签名的订立技术。一般电子形式的签名仅仅是电子合同的组成部分之一，而可靠电子签名已经突破了一般电子签名的形式和逻辑范畴，在身份真实、过程真实、签名真实和内容真实方面都提供了可靠的支撑，构成了电子合同纸质效力的核心内涵和应用表达。

二是遵循和满足电子合同订立的规范标准。《电子签名法》对于可靠电子签名仅做了原则性的表述，电子合同是在互联网这一环境中诞生的，互联网的开放性和复杂性给电子合同数据的形成和交换带来层出不穷的网络安全风险，如不同CA机构颁发的数字证书是否可信与互信、数字证书是否列入黑名单、过期或挂失、传输通道是否安全、签名行为与时间是否真实、签名内容是否被篡改，等等。因此在实际电子合同订立应用中，只有通过遵循订立流程的国家标准和行业规范才能够达到可靠电子签名的原则性要求。

4.1.3 纸质效力的应用表达

一份电子合同是否满足可靠电子签名的原则并遵循电子合同订立标准规范从而获得纸质效力，事实上是通过软件代码方式实现的，这些技术手段往往看不见，摸不到。

与一般电子签名相比，电子合同缔约人及其依赖方通常更希望获得可靠的电子签名，并在电子合同订立的各个阶段获得实现电子合同纸质效力的应用表达，增强电子缔约的可信任度，这也是我们常说的用户体验和用户需求。事实上，电子合同纸质效力可以在电子合同缔约人、电子合同本身、电子缔约安全保障服务平台、电子合同依赖方、司法及第三方机构等多种媒介渠道进行表达。

一份具备纸质效力的电子合同可以在以下三个阶段（图4-2）向服务对象表达其符合可靠电子签名原则、电子合同订立标准规范所带来的高度法律效力信任：

1）缔约前的信任表达

电子合同缔约人可选择采用可靠电子签名技术方式的电子缔约安全保障服务平台。在身份认证方面，安全保障服务平台公开并遵循其依托的网络身份认证手段，如手机号码认证、银行卡认证、身份证多因素认证、生物识别认证、数字证书认证等；在CA认证方面，安全保障服务平台公开并遵循其接纳的数字证书服务机构、采用的密码算法及其CP策略；在检验检测方面，安全保障服务平台公示其获得的信息安全认证资质、涉及可靠电子签名的资质认证或有权机构的相关评估报告；在遵循标准方面，安全保障服务平台公示其遵循的国家标准、行业标准或团体标准的具体标准规范内容；在商业承保方面，安全保障服务平台公示其能够提供的对于电子缔约人及其电子合同依赖方的商业保险相关策略。

2）缔约中的信任表达

在电子合同缔约服务过程中，安全保障服务平台应采用高等级的信息安全规范和措施，如ISO 27001、安全等级保护等。在缔约系统登录、数字证书登录、确认签署登录三个系统安全入口，应结合用户体验采用高强度的密码保护措施；在身份认证方面应强调权威身份数据源，获得身份证数据有权部门的授权通道并结合活体生物技术进行实时验证；在数字证书验证方面，应验证数字证书的公钥、黑名单及有效期，杜绝数字证书的失效风险；在电子合同订立的时效性方面，应提供权威的第三方时间戳背书；在电子签名方面，安全保障服务平台还可以提供电子合同数字信封的"封签"，以提升电子合同的可信度。

3）缔约后的信任表达

电子缔约完成后，安全保障服务平台提供下载的、订立完成后的纸质效力电子合同可以成为高效力的司法证据。在电子合同内容展示方面，下载的电子合同应为包括合同原文、电子签名值等在内完整、独立的数据存储格式，如HTML压缩包，OFD、PDF格式文件等；在电子签名展示方面，除显示可视化电子签名外，同时还应该显示出数字证书持有人、颁发机构、数字签名的次数、时间戳信息等；在电子合同验证获取方面，应可以支持电子合同依赖方在线上传电子合同并自助获得电子合同验证报告；在电子合同验证报告内容方面，应标示电子合同遵循的标准、数字证书信息、电子缔约人信息、完整性和不可篡改性的检测结果等，一旦发生法律纠纷时，或在各方意见不一致的情况下，安全保障服务平台出具的验证报告就可以很大程度上为电子合同各方当事人和法庭提供相应法律证据的举证和其他司法协助，其公信力可以保障当事人的合法权益，从而快速解决纠纷。

尤其是采用电子合同国家标准规范的电子缔约安全保障服务平台，其电子合同纸质效力的表达可以获得更为有效的法律支撑。《司法鉴定程序通则》第二十三条规定："司法鉴定人进行鉴定，应当依下列顺序遵守和采用该专业领域的技术标准、技术规范和技术方法：（一）国家标准；（二）行业标准和技术规范；（三）该专业领域多数专家认可的技术方法。"

图 4-2　电子合同纸质效力的表达

4.2 电子合同平台的设计

电子合同平台与通常使用的财务软件、OA 软件、ERP 软件、电子商务软件不同的是，电子合同平台软件或者说电子合同系统除了必须满足一般软件的快捷、准确、省力等基本要素外，还必须具备的关键前提就是具备法律效力。如果不具备法律效力，或者法律效力和安全风险与使用者的业务要求不相匹配，那么这样的电子合同必将带来很大的隐患。

电子签名及其电子合同法律效力的基础支撑来自信息安全，而信息安全遵循"木桶短板效应"。木桶的盛水量受限于木桶的短板高度，同理，信息系统的总体安全性受制于系统中最不安全的因素。因此我们在选择和使用电子合同缔约平台之前，应事先进行法律审查、业务审查、技术审查和服务审查，从而获得电子缔约的安全保障服务。

4.2.1 平台建设的事先审查

1) 法律审查

电子合同缔约人在选择或建设电子合同平台之前，首先要围绕电子合同平台的法律效力进行以下三个方面的重要评估：

（1）评估可靠电子签名的满足程度。电子缔约人应综合考虑自身业务所处的网络环境风险、当事人接受程度和其他相关因素，评估和确定电子合同平台提供电子签名的方式及其是否满足可靠电子签名的法律要求，或者电子合同平台是否具备相关可靠电子签名的资质认定，从而为电子合同的法律效力奠定坚实基础。

（2）评估平台独立性的满足程度。按照《最高人民法院关于民事诉讼证据的若干规定》第九十四条第二款的规定，电子数据"由记录和保存电子数据的中立第三方平台提供或者确认的"，人民法院可以确认其真实性。

上述证据真实性的支撑力，主要来自于《民法典》里"指定特定系统"的表述。电子合同订立方式通过"指定特定系统"的表述，其中包含了第三方或者独立性的概念。任何受邀的被要约电子缔约人在签署电子合同时，应注意到电子合同平台的第三方独立性或是否明示了其第三方属性。

如果电子合同平台不具备第三方的独立性，电子合同平台应提供其独立性声明或责任清单，获得相关依赖方的同意。

(3) 评估符合电子合同标准的情况。电子合同订立平台为电子缔约人提供的电子合同订立流程应符合国家标准和规范，采用规范的电子合同订立交互流程，杜绝安全风险和法律风险的隐患。按照我国《民法典》第五百一十一条规定，"质量要求不明确的，按照强制性国家标准履行；没有强制性国家标准的，按照推荐性国家标准履行；没有推荐性国家标准的，按照行业标准履行；没有国家标准、行业标准的，按照通常标准或者符合合同目的的特定标准履行"。

电子合同缔约应用方在完成了上述法律效力风险的评估和选择后，才可以具体考虑电子合同系统的业务流程环节和技术建设环节。

2) 业务审查

电子合同缔约人应根据自身的业务发展现状和未来发展情况，审查在使用电子合同时以下方面的实际业务需求：

(1) 自身业务需求的缔约方位置（即自身主要是要约方还是受要约方）；

(2) 电子合同缔约发起的频率；

(3) 电子合同数据存储的方式（如倾向于自身保存数据还是第三方保存数据）；

(4) 根据网络环境以及业务风险等级，考虑电子签名方式的选择，如可视化需求、批量化需求、数字签名和时间戳的需求、可靠电子签名的需求等；

(5) 从便利性的原则出发，电子缔约操作人在使用电子合同服务平台时，所需的数字证书和时间戳均应由电子合同服务平台在用户通过实人认证之后，从系统后台为用户自动向CA机构申请、下发、使用和注销，操作体验度佳。

(6) 数字证书是否委托电子合同服务平台向CA机构申请办理或缔约人自行办理。

3) 技术审查

在完成了电子合同服务平台的业务审查之后，还应进行技术审查，即电子合同的需求方应考虑电子合同服务平台是否满足以下的技术原则：

(1) 完整性和实用性。电子合同服务平台功能应覆盖身份注册、身份认证、电子合同订立、电子合同管理等过程，并针对合同业务过程中的每项业务进行线上流程再现和流程优化，符合相关标准规范的规定。

（2）松耦合和易扩展性。电子合同服务平台应采用松耦合、模块化的平台设计思路，为各个外接功能模块提供灵活、安全、稳定的接口服务，保证平台的模块较易扩展，利于平台未来升级。在平台建设过程中可根据不同用户的需求和新出现的业务类型进行功能模块的扩展。

（3）易操作和易维护性。电子合同服务平台建设应充分考虑行业特点及用户的操作习惯，同时提供针对平台的各个功能模块以及接口的可监控机制，便于及时发现错误并排除故障。

（4）安全和可靠性。电子合同服务平台的建设和管理应具备完善可靠的、逻辑严密的安全管理机制，加强对敏感数据的管控，在保障可用性的基础上为业务数据提供完整性和保密性保护。在平台运行方面应保证系统无单一隐患点，确保运行稳定，包括对密码算法、数字证书机构的合规性审查。

（5）自身技术能力。电子合同需求方应对自身业务平台的现状或未来建设水平进行评估，比如是否具备电子商务运营能力以及一定的技术对接水平、对接时间等。

4）服务审查

服务审查主要是指电子合同服务平台与服务对象之间订立的服务协议审查。电子合同缔约人须与电子合同平台订立注册及使用电子合同的服务协议。审查电子合同平台提供的电子合同服务协议，主要应着重审查下列四个方面的服务约定：

（1）关于数字证书的服务约定。须审查电子合同服务平台关于数字证书申请、注册、颁发、获取等相关约定，厘清服务协议中涉及的身份认证责任和安全保障责任。

（2）关于电子合同数据存储的服务约定。须审查关于电子合同数据的存储位置、电子合同数据的存储方式、依据存储方式所形成的责任约定、电子合同数据存储期限等相关约定。

（3）关于电子合同数据隐私保护的承诺。须审查电子合同平台对于电子合同数据的隐私承诺、其隐私承诺是否符合国家信息安全保护的相关法律法规。

(4) 关于采用或遵循电子合同标准规范的承诺。须审查电子合同平台出具的服务协议中是否明确承诺和罗列了采用的国家标准、行业标准的内容。

4.2.2 平台应用的流程设计

电子合同的业务应用主要包括服务领域的应用和贸易领域的应用两大方面，可以说涉及社会经济活动的各个角落。电子合同服务平台人性化的前端设计使用体验和完善的后台功能设计是电子合同的生命力。

下面分别选取了具有典型特点的服务领域和贸易领域的应用案例，阐述电子合同平台搭建后产生的电子合同业务流程。

1) 服务领域的前端应用设计

以一家可能来自银行、旅游、金融、保险、中介、教育、人力资源等行业的服务性企业为例：

企业的主要收入来自服务性收入，日常面对大量的客户业务，客户类型多种多样，企业维护的销售业务渠道也基本涵盖了线上渠道和线下渠道，通常都需签署大量的纸质合同协议，包括各种类型的借款合同、服务协议、担保协议、转让协议、劳务合同、委托协议、服务合同、代理协议等。

那么企业对于采用电子合同的转型决策应考虑到不同业务渠道的应用场景和不同类型的客户体验。早期可以采取双轨并行，即纸质签约的旧方式依然有效，鼓励客户采用电子签约的新方式。电子合同签约应用可以覆盖服务业的全部业务渠道，可以采取如下方案：

(1) 门市签约渠道

客户到门市以后，门市顾问可以与客人讲解、磋商合同，为客户答疑解惑。合同协议洽谈结束以后，与达成电子签约意向的客户进行电子合同签署。

A 方式：引导客户在自己的手机 APP 端进入"我的订单"页面，从订单中直接点击"同意电子合同签约"，触发第三方短信服务商发送短信验证码到客户手机，客户输入验证码，同时在手机上触屏手签，完成电子合同签约操作。

B 方式：如果客户无 APP 客户端，门市顾问可从后台订单中触发电子签约短信，客户可通过手机收到的短信链接入口进入"我的订单"中，从订单中直接点击"同意电子合同签约"，系统触发短信验证码发送到客户手机，客户输入验证码，同时在手机上触屏手签，完成电子合同签约操作。

C方式：门市顾问登录后台订单系统，生成签约二维码的页面，由客人用手机扫码，成功后进入"我的订单"中，从订单中直接点击"同意电子合同签约"，系统会触发短信验证码给客人手机，客人录入验证码，完成手写电子签约操作。

D方式：如果客户无手机，门市顾问可手持PAD登录后台订单系统，邀请客户预览电子合同后引导客户在PAD上触屏手写签名，也可辅助拍照或录像记录过程。客户登录在"我的订单"也可获得该份电子合同。

（2）在线签约渠道

引导客户在APP端或者PC端登录订单业务系统，进行电子合同签约。在单方签署业务上，可对"我同意服务协议"或"信用查询授权书"等作电子签章、手写签名；在双方签署业务上，可对形成的订单或者合同直接签署，后台业务系统批量或手动签署。

2）贸易领域的后端应用设计

电子合同在贸易领域的应用包括供应链业务和大宗批发业务等，基本覆盖了每家企业的采购或者需要订立文本合同的批发业务。

以一家大型企业的供应链业务为例，电子合同模块可以接入其原有业务平台，完成真正的ERP无纸化业务闭环。这些应用功能包括：

（1）电子签约模块对接ERP统一认证平台，ERP系统同步用户数据至电子签约平台。

（2）供应商经申请后获得CA数字证书，供应商使用CA证书登录电子签约平台后，激活电子签约账号。

（3）可根据业务需求设置电子合同的创建流程，比如设置一对一创建、批量合同创建（对应多个合同）、一对多创建（多方合同）等。

（4）可根据业务需求设置电子合同的审批功能，并可采取AI智能功能自动检查合同文本，支持合同文本的编辑。

（5）审批流设置。创建合同之后，发起审批流，指派审批人，审批人审批合同后，发起提醒至下一审批人。

（6）分级内部审批授权设置。审批人有授权功能，可以自定义设置，如按照全部、时间段、合同类型、合同金额等自行选择；审批人确认合同后，邮件发送提醒下一审批人。所有审批人审批结束后，更新审批流状态。

(7) 财务审批设置。财务审批通过后，电子签约系统发送邮件给授权签署人，签署人点击链接后直接进入调用印章签署合同。

(8) 签署结束。审批任务状态更新为已完成，发送提醒供应商签署合同。

(9) 可设置自动或批量合同签署。电子签约系统可以根据CA证书批量签署合同，节省签约时间、提高签约效率。

(10) 合同查询功能。供应商登录电子签约系统，根据条件和条件组合形式查询合同，包括市场/法人、时间段、责任人、乙方、合同类型、合同金额、合同状态、签署日期等，查询出合同列表，并且可以按条件模糊查询。

(11) 合同预览功能。供应商可以登录电子签约系统，查看合同的详情，包括合同正文内容、签署人、签署时间、合同状态等情况。

(12) 合同下载。供应商可以登录电子签约系统，下载双方都签署完成的合同。

(13) 合同统计报表。电子签约系统可提供查询功能，可以根据查询之后的结果生成可视化饼形图、柱形图等统计报表。

(14) 用户信息变更。电子签约系统可支持更新的用户信息，包括邮箱、手机号码等。

(15) 提醒功能设置。如果系统发送两次提醒至下一签署人，仍未签署，则发送邮件提醒至备份提醒人，需设置备份提醒人。

(16) 图章管理。用户进入图章管理界面之后，可以自行上传和管理公章和私章。

(17) 账号管理。权限管理可以给不同用户设置不同范围权限，如市场部、职能部门、采购类别等；功能权限管理包括合同查询、下载等。

(18) 证书管理。CA证书由认证机构颁发，系统支持证书绑定，证书与用户绑定之后，才可以签署合同；系统可以对各用户的CA证书的使用追踪统计。

(19) 模板管理模块。可以自定义多个合同HTML格式的模板，在调用接口的时候装填参数。

(20) 系统配置。包括系统参数设置、接口运维设置、平台接口访问权限设置。

（21）日志功能模块。具备合同签署系统日志管理，电子合同签约平台普通日志、异常日志等操作详情管理的功能；具备后台系统操作日志，后台管理系统普通日志、异常日志等操作详情管理的功能。

4.3 电子合同平台的功能

电子合同服务平台在提供实际应用时，应该坚持的原则是：前台便捷化，后台规范化。电子合同是新型网络电子化应用，给人们带来的就是方便和快捷，提升工作效率。如果在日常使用中设置各种门槛和限制，显然不利于普及和推广，更与技术发展趋势和法律营造环境的本意相违背；在便捷化的同时，平台系统设计应遵循各项法律法规和国家标准，以高等级的技术规范性和安全性给用户带来电子合同的法律效力。

电子合同平台的主要业务模块框架主要应包括用户身份管理、电子合同业务管理、电子合同归档与存储管理、电子合同利用和系统维护（图4-3）。

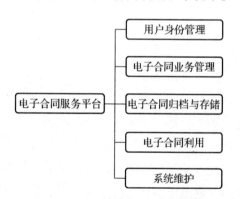

图4-3 电子合同服务平台功能模块

（1）用户身份管理模块。用户身份管理的功能设计应包括身份登记、身份认证、身份变更与注销等。其中身份登记应包括数字证书申请和发放功能，身份认证应提供证件实时认证和数字证书认证等功能。

（2）电子合同业务管理模块。电子合同业务管理的功能设计应包括创建合同、起草合同、签署合同、变更合同、合同验证等。

（3）电子合同归档与存储。电子合同归档与存储的功能设计应包括电子合同归档管理、存储与备份管理等。

（4）电子合同利用模块。电子合同利用的功能设计应包括电子合同的调阅功能、周期跟踪、阅读打印、查询、统计等。

（5）系统维护功能模块。电子合同服务平台系统维护模块的功能设计应包括用户管理、权限管理、日志管理、分类管理、模板管理、审批流管理、接口管理以及安全管理等。

4.3.1 用户身份管理

符合国家标准和行业服务标准规范的用户身份管理功能模块应具备的基本功能包括如下几方面：

1）身份登记功能

电子合同服务平台应支持对于用户（电子合同要约人和电子合同受要约人）的身份登记。身份登记功能应包括但不限于：

（1）支持对于用户（电子合同要约人和电子合同受要约人）所包含的自然人及其所属机构等的身份信息进行登记；

（2）支持对于身份登记过程中所涉及的相关证明文件进行上传，上传文件应采用较为通用的文件存储格式；

（3）用户（电子合同要约人和电子合同受要约人）在身份登记的过程中，可支持对于数字证书的申请和绑定；

（4）在用户（电子合同要约人和电子合同受要约人）确认提交身份登记申请的情况下，提供对于身份登记信息审核机制，对身份登记信息的完整性、合法性进行验证，并支持以短信或电子邮件方式向用户（电子合同要约人和电子合同受要约人）发送身份登记结果的通知。

2）身份认证功能

电子合同服务平台应支持对于通过身份登记并需要签署合同的用户（电子合同要约人或电子合同受要约人）进行身份认证。身份认证功能应包括但不限于：

（1）对于持有数字证书的用户（电子合同要约人和电子合同受要约人），支持对数字证书的状态、有效期等内容进行审核；

（2）对于未持有数字证书的用户（电子合同要约人和电子合同受要约人），电子合同服务平台应提供合法、可靠的身份认证方式进行审核。

（3）支持以短信或电子邮件等方式向用户（电子合同要约人和电子合同受要约人）发送身份认证结果的通知。

3）身份变更与注销功能

电子合同服务平台应支持对于通过身份登记及身份认证的用户（电子合同要约人、电子合同受要约人、电子合同缔约人、电子合同缔约相对人）进行身份信息变更与注销。身份信息变更与注销功能应包括但不限于：

（1）提供对于提出变更或注销申请的用户（电子合同缔约人、电子合同缔约相对人）进行合同履行情况的审核；

（2）支持对于用户（电子合同要约人、电子合同受要约人、电子合同缔约人、电子合同缔约相对人）的自然人以及所属机构等身份信息进行变更；

（3）支持对于身份变更过程中所涉及的相关证明文件进行上传，上传文件应采用较为通用的文件存储格式；

（4）支持以短信或电子邮件等方式向用户（电子合同要约人、电子合同受要约人、电子合同缔约人、电子合同缔约相对人）发送身份变更或注销结果的通知。

4）订立电子合同服务协议

电子合同服务平台应与用户（电子合同要约人、电子合同受要约人、电子合同缔约人、电子合同缔约相对人）签订使用协议，就电子合同服务内容达成一致，包括且不限于以下内容：

（1）电子合同服务平台经由缔约一方当事人提供时，应在首次使用该系统前明确告知缔约相对方；

（2）电子合同服务平台服务商应向用户（电子合同要约人、电子合同受要约人、电子合同缔约人、电子合同缔约相对人）披露系统的管理制度，不应隐瞒系统缺陷和技术潜在风险，也不应对系统安全性及保密性作虚假或误导性陈述；

（3）电子合同服务平台服务商应向用户（电子合同要约人、电子合同受要约人、电子合同缔约人、电子合同缔约相对人）告知该电子合同服务平台所遵循的法律法规、标准规范，以及提供的电子合同订立服务的法律效力保障或法律效力风险；

（4）电子合同服务平台服务商应向用户（电子合同要约人、电子合同受要约人、电子合同缔约人、电子合同缔约相对人）承诺信息保密义务，以及因泄密造成用户损失所承担的赔偿。

4.3.2 电子合同业务管理

符合国家标准和行业服务标准规范的电子合同业务管理模块应具备的基本功能包括如下几方面：

1）创建合同

（1）签署申请。在创建电子合同过程中，第三方电子合同服务平台应支持对于用户（电子合同要约人和电子合同受要约人）在平台中提出电子合同的签署申请的审核。

签署申请环节的功能应包括但不限于：

受理用户（电子合同要约人和电子合同受要约人）所发出的签署申请，并以短信或电子邮件等方式向用户发送受理通知；

对提交电子合同签署申请的用户（电子合同要约人和电子合同受要约人）的身份登记信息的审核。

（2）起草合同。电子合同签署申请通过后，平台应支持用户（电子合同要约人）调用电子合同起草功能模块，其功能应包括但不限于：

① 支持各类型电子合同模板预览，用户（电子合同要约人）可根据业务需求进行选择；

② 根据用户（电子合同要约人）选择的合同模板，生成电子合同的起草页面，并允许用户（电子合同要约人）填写合同信息；

③ 在电子合同的起草页面中，禁止用户（电子合同要约人）对无权修改的合同信息进行修改，同时允许用户（电子合同要约人）对可修改的合同信息进行修改；

④ 支持在电子合同起草页面中将电子合同要约人的地址、法定代表人、联系电话等必填信息向用户（电子合同要约人）发出提示；

⑤ 支持用户（电子合同要约人）上传附件（包括文本、图片）；

⑥ 完成创建电子合同并提交时，支持对合同信息的完整性、正确性以及上传附件的格式进行自动审核。如果通过审核，应向用户（电子合同受要约人）进行告知。如果合同信息及上传附件存在缺失、错误等问题，应向用户（电子合同要约人）发出警报。

2）签署合同

用户（电子合同要约人和电子合同受要约人）对合同信息达成一致，平台应支持用户（电子合同要约人和电子合同受要约人）调用签署合同功能模块，其功能应包括但不限于：

（1）提供国家标准规定的电子合同数据交互流程和规范，支持电子合同进行可靠电子签名的签署，保证电子合同的安全性和纸质效力；

（2）根据业务需求，支持添加时间戳，保证电子合同签署的过程有效性；

（3）支持签署过程中的身份认证调用功能，在用户（电子合同要约人和电子合同受要约人）授权情况下，支持合同的委托代签；

（4）签署完成的电子合同，平台应支持自动分配唯一编号，确定操作权限；

（5）根据电子合同类型，应按照法律监管的要求，将完成签署的电子合同数据通过合法监管途径获得。

3）变更合同

用户（电子合同缔约人或电子合同缔约相对人）对正在履行的电子合同的相关内容信息进行变更，其功能应包括但不限于：

（1）支持对提出申请的用户（电子合同缔约人或电子合同缔约相对人）的身份进行验证，若身份验证不通过，应不受理申请，并发出警报；

（2）支持对于电子合同状态不符合要求的情况应不受理申请，并向用户（电子合同缔约人或电子合同缔约相对人）发出警报；

（3）支持对电子合同的内容进行编辑，即变更申请通过，允许提出变更申请一方对电子合同中允许用户进行修改的部分进行变更，修改完成，应通知对方，若对方同意变更内容，则提交合同进行审核；

（4）如果缔约双方所签署的合同内容不同于正在履行的合同，系统提示其重新创建合同，并在新的电子合同完成签署后，将原电子合同终止。

4）延续合同

用户（电子合同缔约人或电子合同缔约相对人）对正在履行的合同申请延续，其功能应包括但不限于：

（1）支持对提出申请的用户（电子合同缔约人或电子合同缔约相对人）的身份进行验证，若身份验证不通过，应不受理申请，并发出警告；

（2）支持对于合同状态不符合要求的情况，应不受理申请，并向用户（电子合同缔约人或电子合同缔约相对人）发出警告；

（3）支持合同编辑，即延续申请通过，允许提出延续申请的一方对合同中允许用户修改的部分填写具体变更内容，应通知对方，若对方同意变更内容，则提交合同进行审核；

（4）如果缔约双方所签署的合同内容不同于正在履行的合同，系统应提示其重新创建合同，并在新合同完成签署后，将原电子合同作废。

5）终止合同

用户（电子合同缔约人或电子合同缔约相对人）对正在履行的合同提出终止申请，其功能应包括但不限于：

（1）支持对提出申请的用户（电子合同缔约人或电子合同缔约相对人）的身份进行验证，若身份验证不合格，应不受理申请，并发出警报；

（2）支持对于合同状态不符合要求的情况，应不受理申请，并向用户（电子合同缔约人或电子合同缔约相对人）发出警报；

（3）支持提出申请的用户（电子合同缔约人或电子合同缔约相对人）进行终止原因的填写；

（4）支持缔约双方对终止合同的操作进行确认。

6）合同验证管理

为确保电子合同的真实性、有效性以及完整性，保障用户的法律权益，降低司法成本，提升司法效率，电子合同服务平台应提供电子合同验证服务，其功能应包括但不限于：

（1）提供离线和在线两种验证方式；

（2）对于电子合同中的电子签名数字证书、电子合同内容、电子合同缔约人信息、电子合同缔约相对人信息等进行验证；

(3) 出具电子合同验证报告。

7) 合同谈判管理

电子合同管理系统宜提供在线谈判服务，其功能应包括但不限于：

(1) 支持谈判双方身份信息查看；

(2) 支持谈判内容的实时记录，并对谈判内容进行保密；

(3) 支持查询谈判内容。

4.3.3 电子合同归档与存储

符合国家标准和行业服务标准规范的电子合同归档与存储模块应具备的基本功能包括如下几方面：

1) 归档管理

电子合同缔约双方完成合同签署后，系统应支持对电子合同进行归档操作，其功能应包括但不限于：

(1) 按照已配置的分类方案可对电子合同进行自动分类，无法进行自动分类的合同系统应支持手动分类；

(2) 自动审核待归档电子合同等信息的完整性，如有缺失，应支持手动补充。

2) 存储与备份管理

系统应支持数据备份操作，其功能应包括但不限于：

(1) 支持完全备份、条件备份、增量备份等多种数据备份方式；

(2) 支持备份电子合同等数据；

(3) 提供有效的存储状态实时监控，并提供可视化的交互信息；

(4) 电子合同信息应完整储存，存储信息应包括但不限于合同内容、签约时间、合同缔约人主体信息、电子签名信息等；

(5) 自合同订立或存储之日起，电子合同的保存期限不应少于5年，合同当事人另有约定的除外。

4.3.4 电子合同利用

符合国家标准和行业服务标准规范的电子合同利用模块应具备的基本功能包

括如下几方面：

1）阅读功能

系统应支持对合同信息原文及相关签名信息等进行阅览，并提供打印服务，其功能应包括但不限于：

（1）支持在线阅读和离线阅读两种模式；

（2）允许对在线阅读所运用的嵌入式组件的外观进行设置，以保证组件与系统应用环境的协调性；

（3）支持在线阅读功能运行状态的实时监控；

（4）支持对电子合同的在线打印；

（5）支持对电子合同文本的下载。

2）查询功能

系统应提供电子合同查询、查询结果浏览以及管理等服务，其功能应包括但不限于：

（1）支持全文查询、条件查询等模式；

（2）支持签署时间、电子合同缔约人、电子合同缔约相对人、电子合同状态等字段的检索；

（3）提供查询进度的提示；

（4）支持对查询结果导出，并设置导出文件的格式。

3）统计功能

系统应提供电子合同文件数据统计以及报表生成等服务，其功能应包括但不限于：

（1）提供按签署时间、合同类型、合同状态等方面进行的统计；

（2）支持统计结果形成报表；

（3）支持统计报表的查看、打印和下载。

4.3.5 系统维护

符合国家标准和行业服务标准规范的电子合同系统维护功能模块应具备的基本功能包括如下几方面：

1）用户管理

应对使用系统的用户进行统一管理，其功能应包括但不限于：

（1）提供机构、部门、人员表的维护和管理；

（2）支持对机构、部门、人员信息的创建、修改、删除、查询。

2）权限管理

为实现用户使用系统功能的访问控制，保证有效用户正常使用的同时，防止非法用户和无权限用户对系统功能的使用及用户数据的访问，其功能应包括但不限于：

（1）支持对用户的权限进行新增、修改、删除和查询等操作；

（2）支持设置不同用户的访问和操作权限。

3）日志管理

为保证用户的行为是防篡改、防抵赖的，系统应支持对用户在系统中的操作行为和操作的数据进行记录，其功能应包括但不限于：

（1）支持对系统运行情况进行监控，并对时间、用户、角色、权限、行为等数据进行记录；

（2）日志记录应为只读，不允许进行修改或删除；

（3）可导出指定时间段的日志。

4）合同模板管理

为保证电子合同签署的便捷化、规范化，系统提供合同模板的管理服务，其功能应包括但不限于：

（1）支持新增电子合同模板，可对模板名称、类型、适用对象、正文等内容进行编辑；

（2）支持电子合同模板的预览；

（3）支持对电子合同模板的修改、删除；

（4）提供电子合同模板状态管理，包括草稿、启用等。

5）分类方案管理

为便于用户进行电子合同管理、检索、维护等操作，其功能应包括但不限于：

（1）可创建多种分类方案，支持用户进行自由选择；

（2）支持导入/导出分类方案，导出格式可为 XML（可扩展标记语言）、CSV（逗号分割值文件格式）等；

（3）支持对于下层级中无电子合同文件的分类方案删除。

6）接口管理

为完善服务功能、提升安全性，系统应提供各类功能接口，应包括但不限于：

（1）第三方身份认证接口；

（2）电子合同第三方存储服务商接口；

（3）电子邮箱接口；

（4）时间戳接口；

（5）数字证书接口；

（6）电子合同验证接口。

4.3.6 平台安全管理

电子合同服务平台的安全管理应遵循《中华人民共和国网络安全法》《信息安全等级保护管理办法》等国家网络安全管理和安全等级保护的相关规定，建立完善的数据安全防护机制，在保障可用性的基础上为业务运行提供安全性和保密性。平台安全管理的建设分为制度管理和技术管理两个方面。

1）安全制度管理

电子合同服务平台安全制度管理的建设包括但不限于：

（1）应制定信息安全的总体方针和安全策略，明确系统安全的总体目标、范围、原则和安全框架等，并定期组织专门内外部机构进行评审和修订。

（2）应对安全管理活动中的各类业务内容建立安全管理制度，包括安全评审制度、文件发布制度、教育培训制度、考核制度、场所访问制度、系统建设制度、软件开发制度、上线交付制度、环境和资产管理制度、系统运维制度、监控和防范制度、备份和恢复制度、安全事件处置制度等。

（3）应对管理人员和安全技术人员建立人员管理制度和岗位操作规程，包括明确相关职能部门、岗位技能和职责，以及建立授权、审批和执行流程。

2）安全技术管理

电子合同服务平台安全技术管理的建设包括但不限于：

（1）物理安全。

平台自有机房或选择的云机房，应按照区域至少分为主机房和监控区，机房建设满足访问控制、防盗窃和防破坏、防雷击、防火、防水和防潮、防静电、温湿度控制、电力供应、电磁防护等相关安全要求。

(2) 网络安全。

在结构安全上，保证主要网络设备和带宽满足业务高峰期需要，在业务终端与业务服务器之间建立安全访问路径。

在访问控制上，部署访问控制设备，根据会话状态信息为端口提供明确的允许/拒绝访问，对信息内容实现应用层 HTTP、FTP、TELNET、SMTP、POP3 等协议命令级的控制，重要网段应防止地址欺骗。

在安全审计上，对网络设备运行状况、网络流量、用户行为等进行日志记录，能够根据记录数据进行分析，并生成审计报表。

在边界完整性检查上，能够对非授权设备行为进行检查，并对其进行有效阻断。

在入侵防范上，监视端口扫描、强力攻击、木马后门攻击、拒绝服务攻击、缓冲区溢出攻击、IP 碎片攻击和网络蠕虫攻击等，在发生严重入侵事件时提供报警。

在恶意代码防范上，对恶意代码进行检测和清除，及时维护恶意代码库的升级和检测系统的更新。

在网络设备防护上，进行身份鉴别、登录地址限制、用户标识唯一、口令定期更换，实现设备特权用户的权限分离。

(3) 主机安全。

在身份鉴别上，应对登录操作系统和数据库系统的用户进行身份标识和鉴别，启用登录失败处理功能，防止信息被窃听，采用两种或两种以上组合的鉴别技术确保用户名具有唯一性。

在访问控制上，依据安全策略控制用户对资源的访问，根据管理用户的角色分配权限，实现操作系统和数据库特权用户的权限分离，对重要信息资源设置敏感标记，严格控制用户操作。

在安全审计上，审计范围应覆盖到服务器和重要客户端，审计内容应包括重要用户行为、系统资源的异常使用和重要系统命令的使用等重要的安全相关事件，审计记录应包括事件的日期、时间、类型、主体标识、客体标识和结果等，能够根据记录数据进行分析并生成审计报表,保护审计记录避免受到未预期的删除、修改或覆盖等。

在剩余信息保护上,保证操作系统和数据库用户的鉴别信息、系统内的文件、目录和数据库记录等资源所在存储空间被释放或重新分配给其他用户前得到完全清除。

在入侵防范上,能够检测到对重要服务器进行入侵的行为,能够记录入侵的源IP、攻击的类型、攻击的目的、攻击的时间,并在发生严重入侵事件时提供报警,能够对重要程序的完整性进行检测,并在检测到完整性受到破坏后具有恢复措施,操作系统仅安装需要的组件和应用程序,并通过设置升级服务器等方式保持系统补丁及时得到更新。

在恶意代码防范上,及时更新,防范恶意代码软件版本和恶意代码库。

在资源控制上,通过设定终端接入方式、网络地址范围等条件限制终端登录,应对重要服务器的CPU、硬盘、内存、网络等资源使用情况进行监视,在降低到预先规定的最小值时进行检测和报警。

(4) 应用安全。

在身份鉴别上,应提供专用登录控制模块对登录用户进行身份标识和鉴别,保证应用系统中不存在重复用户身份标识,并根据安全策略配置相关参数。

在访问控制上,依据安全策略控制用户对文件、数据库表等访问,由授权主体配置访问控制策略,并严格限制默认账户的访问权限。

在安全审计上,对应用系统重要安全事件进行审计,提供审计报表的功能。

在剩余信息保护上,保证用户鉴别信息、系统文件、目录和数据库记录等资源所在的存储空间被释放或重新分配给其他用户前得到完全清除。

在通信完整性上,采用密码技术保证通信过程中数据的完整性。

在通信保密性上,应利用密码技术进行会话初始化验证,对通信过程中的整个报文或会话过程进行加密。

在抗抵赖上,应具有在请求的情况下为数据原发者或接收者提供数据原发证据和数据接收证据的功能。

在资源控制上,能够对系统的最大并发连接数进行限制,能够对系统服务水平降低到预先规定的最小值进行检测和报警,根据安全策略设定访问账户或请求进程的优先级。

（5）数据安全。

在数据完整性上，能够检测到系统管理数据、鉴别信息和重要业务数据在传输过程和存储过程中完整性受到破坏，并采取必要的恢复措施。

在数据保密性上，采用加密或其他有效措施实现系统管理数据、鉴别信息和重要业务数据传输保密性和存储保密性。

在备份和恢复上，提供云机房和本地机房数据备份与恢复功能，完全数据备份至少每天一次，备份介质场外存放，提供异地数据备份功能，采用冗余技术设计网络拓扑结构，避免关键节点存在单点故障，提供主要网络设备、通信线路和数据处理系统的硬件冗余，保证系统的高可用性。

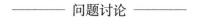

问题讨论

1. 电子合同的法律可靠性需求主要来自哪三个方面？
2. 审查电子合同平台的建设，应重点评估哪四个方面？
3. 电子合同服务平台的功能模块由哪几部分组成？
4. 电子合同服务平台对于电子合同的存储备份应该是多长时间？
5. 电子合同服务平台的独立性是指什么？应如何保障？
6. 请阐述可靠电子签名与电子合同纸质效力之间的关系。
7. 谈谈您所在的行业对电子合同服务平台的个性化需求。
8. 电子合同平台的安全管理主要体现在哪些方面？

第 5 章 电子合同的技术规范

按照《电子签名法》的法律规定，除了少数限制文件以外，其他一切纸质合同都可以采用电子签名的方式订立电子合同，包括采购合同、销售合同、服务合同、劳动合同、用户协议等。

从我国民法中的各项法律定义来看，满足合同订立基本要素的合同即具备法律效力；从《电子签名法》的角度来看，一般性的电子签名都有法律地位，其中"可靠的电子签名"可以等同纸质签名或盖章的效力，并且在订立过程中通过遵循各项国家标准，最终获得电子合同的纸质效力。

本章将结合可靠电子签名的基本原则和实现方式，按照电子合同相关行业标准的要求，以实现电子合同完全等同纸质合同效力为目标，介绍电子合同的主要技术订立规范。

5.1 电子合同订立信息

一份电子合同的订立信息可分为通用信息、当事人信息、标的信息、条款信息、状态信息、安全信息六大类。确定电子合同订立信息的规范性，对于下一步的订立和管理工作意义重大。

5.1.1 通用信息

电子合同中的通用信息包括合同类型、合同编号、合同名称、生效日期、总金额、付款方式、履行起始时间、履行终止时间、履行地点、履行方式、质量要求、违约责任、争议解决方式、签约网址、签约时间等（表 5-1）。

表 5-1　电子合同通用信息

中文名称	英文名称	说　明
通用信息	General information	电子合同具备的相关基本通用信息
合同类型	Contract type	根据合同主要内容划分的合同类型，包括买卖合同、赠与合同、租赁合同、融资租赁合同、承揽合同、建设工程合同、运输合同、技术合同、保管合同、仓储合同、委托合同、行纪合同、中介合同、其他合同
合同编号	Contract number	电子合同的编号
合同名称	Contract name	电子合同的名称
生效日期	Effective date	电子合同当事人约定的合同正式生效的日期
总金额	Gross amount	合同标的及相关费用的总计，当合同涉及金额时必备
付款方式	Payment method	合同中约定的付款方式
履行起始时间	Starting time of performance	合同中约定的生效期限届至时间
履行终止时间	Ending time of performance	合同中约定的终止期限届至时间
履行地点	Place of performance	合同中约定的履行合同内容的具体地点
履行方式	Method of performance	合同中约定的履行合同内容的具体方式
质量要求	Quality requirement	合同中约定的应达到的质量
违约责任	Responsibility for breach	合同中约定的当事人违约后需要承担的相应责任
争议解决方式	Dispute resolution method	合同中约定的解决争议的方式
签约网址	Website of signing a contract	电子合同签订的平台网址，当电子合同签订时涉及平台网址时为必备
签约时间	Time of signing a contract	电子合同签订的具体时间

5.1.2　当事人信息

电子合同当事人是指电子合同要约人、电子合同受要约人、电子合同订立过程中涉及的第三人等（表 5-2～表 5-7）。

当事人信息分为：

(1) 机构信息（机构名称、法定代表人、负责人、代理人、所在国家或地区、所在国家或地区代码、所在行政区划、所在行政区划代码、住所、统一社会信用代码、营业执照注册号、组织机构代码、网址）；

(2) 自然人信息（姓名、证件号码、居住地址）、联系信息（联系人姓名、联系电话、即时通信方式、即时通信账号、通信地址、邮政编码）；

(3) 银行账户信息（账户名称、开户银行名称、开户银行地址、银行账号）；

(4) 电子合同服务平台信息（平台名称、平台网址、ICP许可证编号、其他资质、平台所属企业名称）等。

表 5-2 电子合同当事人信息

中文名称	英文名称	说 明
当事人信息	Party information	与电子合同当事人相关的信息
当事人类型	Party type	当事人的类型
当事人编号	Party number	当事人在平台上注册后，平台赋予当事人的编号
当事人角色	Party character	当事人在合同订立过程中充当的角色
机构信息	Organization information	与机构相关的信息，当事人为机构时必备
自然人信息	Person information	与自然人相关的信息，当事人为自然人时必备
电子合同服务平台信息	Electronic contract service platform information	与电子合同服务平台相关的信息
联系信息	Contact information	与联系方式相关的信息
银行账户信息	Account information	与当事人账户相关的信息，当涉及付款信息时必备

表 5-3 电子合同机构信息

中文名称	英文名称	说 明
机构信息	Organization information	与机构相关的信息
机构名称	Organization name	机构的中文名称
法定代表人	Legal representative	机构登记机关或批准机关核发的有效证照或批文上的法定代表人的姓名
负责人	Principal	机构登记机关或批准机关核发的有效证照或批文上的负责人的姓名

续表

中文名称	英文名称	说　明
代理人	Agent	电子合同签订过程中，代理机构或代理人的姓名，当有代理人时为必备
所在国家或地区	Country or region	机构所在的国家或地区的名称
所在国家或地区代码	Country or region code	机构所在的国家或地区的名称代码
所在行政区划	Administrative division	机构所在的行政区划名称
所在行政区划代码	Administrative division code	机构所在的行政区划名称代码
住所	Domicile	机构进行生产、经营或服务活动的场所
统一社会信用代码	Unified social credit code	由政府主管部门为法人和其他组织发放的一个唯一的、终身不变的主体标识代码，并以其为载体采集、查询、共享、比对各类主体信用信息
网址	Website	机构的互联网网址

表5-4　电子合同自然人信息

中文名称	英文名称	说　明
自然人信息	Person information	与自然人相关的信息，当事人为自然人时必备
姓名	Person name	自然人的姓名
证件类型	Certificate type	自然人在签订电子合同时，能够用来证实身份的证件的类型
证件号码	Certificate number	自然人在签订电子合同时，能够用来证实身份的证件的编号
居住地址	Residential address	自然人在签订电子合同时，所居住的地址的详细描述，应包括国家、省、市、街道、门牌号等

表5-5　电子合同服务平台信息

中文名称	英文名称	说　明
平台信息	Platform information	与平台相关的信息
平台名称	Platform name	电子合同服务平台的名称
平台网址	Platform website	电子合同服务平台的完整网址
ICP许可证编号	Internet content provider number	提供经营性互联网信息服务的许可证编号

续表

中文名称	英文名称	说　明
其他资质	Other qualification	电子合同服务平台所具有的其他相关资质
平台所属企业名称	Name of attached enterprise	电子合同服务平台隶属的企业的完整名称

表5-6　电子合同联系人信息

中文名称	英文名称	说　明
联系信息	Contact information	与联系方式相关的信息
联系人姓名	Contact name	联系人的姓名
联系电话	Telephone number	联系人的电话号码
电子邮箱	E-mail	联系人的电子邮箱
即时通信方式	Mode of instant messaging	联系人所用的即时通信方式
即时通信账号	Account of instant messaging	联系人所用的即时通信方式的账号，当联系人选择使用即时通信时，则该元素为必备
通信地址	Mail address	联系人的详细通信地址
邮政编码	Postal code	联系人通信地址的邮政编码

表5-7　电子合同银行账户信息

中文名称	英文名称	说　明
银行账户信息	Bank account information	与当事人银行账户相关的信息
账户名称	Bank account name	当事人在银行开设账户时使用的具体名称
开户银行名称	Bank name	当事人开设账户的银行的具体名称
开户银行地址	Bank address	当事人开设账户的银行的具体地址
银行账号	Bank account number	当事人在银行开设账户的编号

5.1.3　标的信息

电子合同的标的信息包括标的编号、标的名称、标的说明、标的单价、标的数量、计量单位、标的金额（表5-8）。

表 5-8 电子合同标的信息

中文名称	英文名称	说明
标的信息	Contract object information	与标的相关的信息
标的编号	Contract object number	电子合同中标的的编号
标的名称	Contract object name	电子合同中标的的名称
标的说明	Contract object description	电子合同中对标的的特征等情况的具体描述
标的单价	Contract object unit price	电子合同中标的的单位数量的价格
标的数量	Contract object amount	电子合同中标的的总数量
计量单位	Unit of measurement	电子合同中标的的计量单位
标的金额	Contract object amount	电子合同中标的总金额，通常等于单价×数量

5.1.4 条款信息

电子合同的条款信息包括条款编号、条款名称、条款描述（表 5-9）。

表 5-9 电子合同条款信息

中文名称	英文名称	说明
条款信息	Item information	与电子合同条款相关的信息，通用信息、当事人信息、标的信息都可作为条款信息的具体内容
条款编号	Item number	电子合同条款的编号，如第一条，1.2，1.2.1 等
条款名称	Item name	电子合同某一条款的名称
条款描述	Item description	对条款内容的详细描述

5.1.5 状态信息

电子合同的状态信息分为状态类型、变更信息、中止信息、终止信息（表 5-10～表 5-13）。

变更信息分为变更原因、变更时间、变更前内容、变更后内容、变更申请人；

中止信息分为中止原因、中止起始时间、中止结束时间、中止申请人；

终止信息分为终止原因、终止时间、终止申请人。

表 5-10 电子合同状态信息

中文名称	英文名称	说明
状态信息	Status information	与电子合同状态相关的信息
状态类型	Status type	电子合同当前所处的状态,包括正常、变更、中止、终止、无效五种
变更信息	Change information	与电子合同变更相关的信息,当合同状态为变更时为必备
中止信息	Suspending information	与电子合同中止相关的信息,当合同状态为中止时必备
终止信息	Termination information	与电子合同终止相关的信息,当合同状态为终止时必备

表 5-11 电子合同变更信息

中文名称	英文名称	说明
变更信息	Change information	与电子合同变更相关的信息,当合同状态为变更时为必备
变更原因	Change reason	电子合同变更的原因
变更时间	Change time	电子合同变更的时间
变更前内容	Original content before change	电子合同变更前的内容
变更后内容	Content after change	电子合同变更后的内容
变更申请人	Change proposer	电子合同变更的申请人

表 5-12 电子合同中止信息

中文名称	英文名称	说明
中止信息	Suspending information	与电子合同中止相关的信息,当合同状态为中止时必备
中止原因	Suspending reason	电子合同中止的原因
中止起始时间	Starting time of suspending	电子合同中止的起始时间
中止结束时间	Ending time of suspending	电子合同中止的结束时间
中止申请人	Suspending proposer	电子合同中止的申请人

表 5-13 电子合同终止信息

中文名称	英文名称	说　　明
终止信息	Termination information	与电子合同终止相关的信息，当合同状态为终止时必备
终止原因	Termination reason	电子合同终止的原因
终止时间	Termination time	电子合同终止的时间
终止申请人	Termination proposer	电子合同终止的申请人

5.1.6　安全信息

电子合同的安全信息主要包括数字证书及其所形成的电子签名等（表5-14）。

表 5-14 电子合同安全信息

中文名称	英文名称	说　　明
安全信息	Security information	电子合同的数字安全信息
数字证书	Digital certificate	附加在数据单元上的一些数据，或是对数据单元所作的密码变换，这种数据和变换允许数据单元的接收者用以确认数据单元来源和数据单元的完整性，并保护数据，防止被篡改
电子签名	Electronic signature	标识电子合同及其相关当事人的电子签名

5.2　电子合同订立流程

电子合同订立流程规范是所有电子合同标准规范中的核心，也是电子合同能否符合可靠电子签名的原则、是否可以获得等同纸质合同效力的关键之处。

按照国家标准，电子合同订立流程包括电子合同的订立规范、身份登记规范、身份认证规范、电子合同签署的业务流程规范、电子合同查询规范、下载和验证的业务流程规范、电子合同变更及终止的业务流程规范等。

电子合同签署业务包括要约人签署和受要约人签署两个部分。身份认证成功后的电子合同要约人和受要约人进行电子合同签署时，由电子合同要约人通过电子合同服务平台向受要约人发起合同签署申请，同时要约人创建合同文本。

如果要约人持有数字证书，则要约人可直接对合同文本进行电子签名；如果要约人未持有数字证书，则要约人需要向有资质的数字证书颁发机构申请并获取数字证书后重新发起合同签署申请。

电子合同服务平台对电子合同要约人和受要约人的电子签名记录签署时间，并对其电子签名进行签名验签。

在电子合同签署过程中所使用的电子签名，还可以通过短信验证码、手写签名、刷脸认证等形式进行辅助签名。

电子合同签署流程还包括建立加密通道、文本创建、合同要素完整性判断、电子签名、记录签署时间、电子签名验签等一系列关键业务环节。

5.2.1 身份登记

电子合同缔约人在缔约前，应向电子合同服务平台提交身份登记申请（表5-15、图5-1）。电子合同服务平台受理缔约人的身份登记申请后，分别对缔约人提交的材料进行审查。审查材料是否齐全、是否真实。

表5-15 电子合同身份登记业务

业务环节名称	角色	交互文档/数据	输出结果
机构身份登记申请	电子合同要约人、电子合同受要约人	身份登记申请单，内容应包括机构名称、经营范围、住所、统一社会信用代码、许可经营证号、联系人或代理人、联系电话。机构身份证明附件材料包括统一社会信用代码证图片、许可经营证图片（可选）、联系人或代理人的机构授权书图片、其他相关证明材料图片	无
自然人身份登记申请	电子合同要约人、电子合同受要约人	身份登记申请单，内容应包括姓名、证件号码、联系方式、联系电话、电子邮件。自然人身份证明附件材料包括证件（身份证、护照、港澳台胞证、驾驶证、军官证）图片	无
材料审查	电子合同服务平台		材料齐全/不齐全；材料真实/不真实
绑定数字证书	电子合同服务平台	身份登记信息；数字证书信息	
身份登记结果通知	电子合同服务平台	身份登记成功通知/身份登记不成功通知	成功/不成功

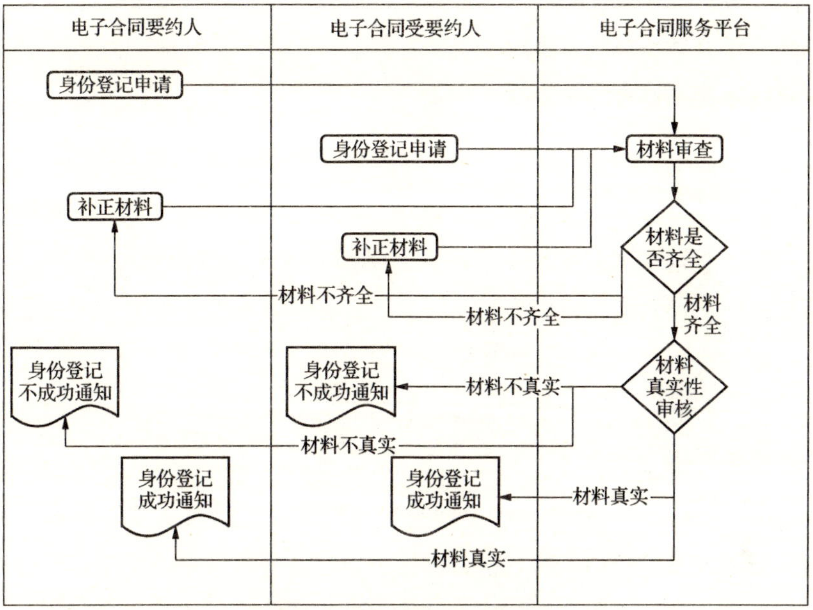

图 5-1 身份登记业务流程

如果材料不齐全,则要求缔约人补齐材料;

如果材料齐全并且材料符合法律规定,身份登记则成功。对持有数字证书的,进行数字证书绑定操作。电子合同服务平台将身份登记成功的通知发送给缔约人。

如果材料齐全,但材料不真实,则身份登记不成功,电子合同服务平台将身份登记不成功的通知发送给缔约人。

电子合同缔约人身份登记时应提交身份登记申请单。

其中机构的身份登记申请单内容应包括如下信息:机构名称、经营范围、住所、统一社会信用代码、许可经营证号、联系人或代理人、联系电话。机构身份证明附件材料包括统一社会信用代码证图片、许可经营证图片(可选)、联系人或代理人的机构授权书图片、其他相关证明材料图片等。

其中自然人的身份登记申请单内容应包括如下信息:姓名、证件号码、联系方式、联系电话、电子邮件。自然人身份证明附件材料包括证件(身份证、护照、港澳台胞证、驾驶证、军官证)图片等。

5.2.2 身份认证

身份登记成功的电子合同要约人和受要约人在通过电子合同服务平台签署电子合同前,还应进行身份认证。身份认证的业务流程如表5-16和图5-2所示。

对于持有数字证书的要约人或受要约人,则电子合同服务平台应查询在线证书状态信息(查询证书有效期、查询证书撤销列表、查询公钥证书链)。如果以上各项信息全部比对通过,则身份认证成功;如果以上信息中有一项或多项比对未通过,则身份认证不通过。

对于未持有数字证书的要约人或受要约人,可请求电子合同服务平台采取其他可信的身份认证方式进行身份认证,但所采取的其他认证方式应取得国家主管部门的认可(资质),并能对电子合同缔约人的身份进行真实性、有效性和一致性认证。要约人或受要约人的身份真实性是指其身份信息是否真实;要约人或受要约人的身份有效性是指其身份证件是否为最新证件;要约人或受要约人的身份一致性是指身份认证人是否与证件信息相符。

表5-16 电子合同身份认证业务

业务环节名称	角色	交互文档/数据	输出结果
身份认证申请	电子合同要约人与受要约人	身份认证申请单	无
数字证书认证	电子合同要约人与受要约人	数字证书	有证书/无证书
查询在线证书状态协议	电子合同服务平台	在线证书状态协议(符合X.509)	有效期内/有效期外
查询证书撤销列表	电子合同服务平台	证书撤销列表(符合X.509)	有记录/无记录
比对公钥证书链	电子合同服务平台	公钥证书链(符合X.509)	比对成功/比对不成功
通过身份认证	电子合同服务平台	身份认证成功通知	身份认证成功/身份认证不成功
请求其他认证方式	电子合同要约人与受要约人	交互下列文档/数据:居民身份证信息、密码信息、手机验证码信息等	无
用其他方式进行身份认证	电子合同服务平台	身份认证成功通知/身份认证未成功通知	身份认证成功/身份认证不成功

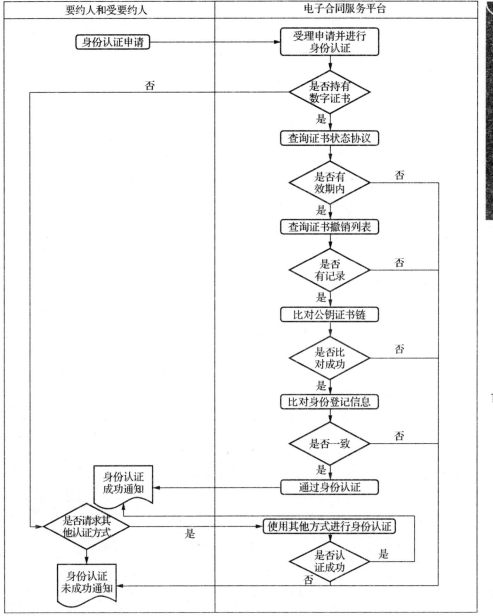

图 5-2 身份认证业务流程

5.2.3 要约签署

要约人发起签署业务时,电子合同要约人向电子合同服务平台提交电子合同签署申请（表5-17、图5-3），电子合同服务平台受理申请，建立加密通道后，由电子合同要约人创建合同文本并将创建后的电子合同文本提交电子合同服务平台，电子合同服务平台对合同文本进行合同要素完整性判断。

如果合同要素完整性判断未通过，则发给要约人合同要素不完整通知；

如果合同要素完整性判断通过，并且如果电子合同要约人持有数字证书，则由电子合同要约人直接对合同文本进行电子签名，电子合同服务平台记录签署时间，进行电子签名验签。

如果签名验签成功，则将要约人签名存入用户组签名中，形成不可篡改的电子合同数据，并将不可篡改的电子合同数据发送至受要约人；

电子签名验签不成功，则将验签未成功通知发送至要约人。

合同要素完整性判断通过，但如果电子合同要约人未持有数字证书，则要约人需要到有资质的数字证书颁发机构申请并获取数字证书后，按照上述流程进行。

表5-17 电子合同要约签署业务

业务环节名称	角色	交互文档/数据	输出结果
合同签署申请	电子合同要约人	电子合同签署申请单	无
受理申请	电子合同服务平台	受理通知	无
建立加密通道	电子合同服务平台	无	无
创建合同文本	电子合同要约人	电子合同文本	无
合同要素完整性判断	电子合同服务平台	电子合同文本，合同要素不完整通知	通过/未通过
进行电子签名	电子合同要约人	电子合同文本	无
记录签署时间	电子合同服务平台	电子合同文本，电子签名数据	无
电子合同签名验签	电子合同服务平台	验签成功通知/验签未成功通知	验签成功/不成功
要约人电子签名存入用户组签名	电子合同服务平台	要约人电子签名数据	无
形成不可篡改的电子合同数据	电子合同服务平台	电子合同文本，要约人电子签名数据，时间戳信息	无

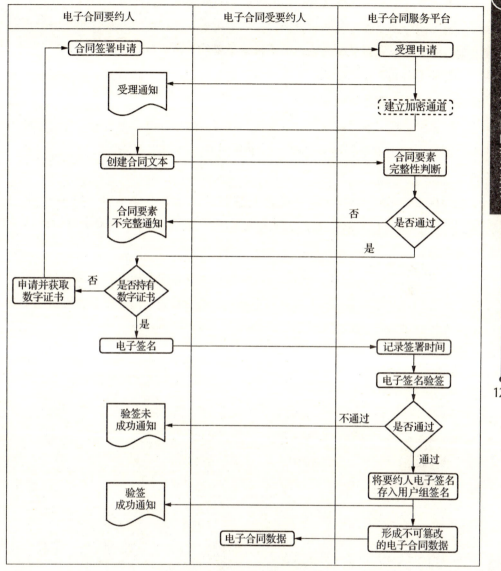

图 5-3 要约人签署业务流程

5.2.4 受要约人签署

受要约人签署业务流程包括电子合同数据接收、电子签名、记录签署时间、电子签名验签、电子合同生成、电子合同存储等业务环节（表 5-18、图 5-4）。

电子合同受要约人收到要约人的合同签署通知后,可向电子合同服务平台发起合同签署申请,电子合同服务平台受理申请后,将在要约人签署业务中形成的电子合同数据发送至受要约人,电子合同受要约人接收电子合同数据。

如果受要约人不同意签署,则终止签署流程,电子合同服务平台向要约人发送受要约人不同意签署通知。

如果受要约人同意签署,并且受要约人持有数字证书,则由电子合同受要约人直接对合同文本进行电子签名,电子合同服务平台记录签署时间,进行签名验签。

如果签名验收成功则将受要约人签名存入用户组签名中,生成电子合同,并将电子合同发送至要约人和受要约人,同时电子合同服务平台存储电子合同。

如果签名验收不成功,则将验签未成功通知发送至要约人和受要约人。

受要约人同意签署,但未持有数字证书,则受要约人需要到有资质的数字证书颁发机构申请并获取数字证书后,按照上述流程进行。

表 5-18 电子合同受要约人签署业务

业务环节名称	角色	交互文档/数据	输出结果
合同签署申请	电子合同受要约人	电子合同签署申请单	无
受理申请	电子合同服务平台	受理通知	无
接收电子合同数据	电子合同受要约人	电子合同数据	无
是否同意签署	电子合同受要约人	电子合同数据	同意/不同意签署
电子签名	电子合同受要约人	电子合同文本	无
记录签署时间	电子合同服务平台	电子合同文本,电子合同数据	无
电子合同签名验签	电子合同服务平台	验签成功通知/验签未成功通知	验签成功/不成功
受要约人电子签名存入用户组签名	电子合同服务平台	受要约人电子签名数据	无
生成电子合同	电子合同服务平台	电子合同文本,电子合同签名数据	无
发送电子合同	电子合同服务平台	电子合同	无

续表

业务环节名称	角色	交互文档/数据	输出结果
接收电子合同	电子合同要约人，电子合同受要约人	电子合同	无
电子合同存储	电子合同服务平台	电子合同	无

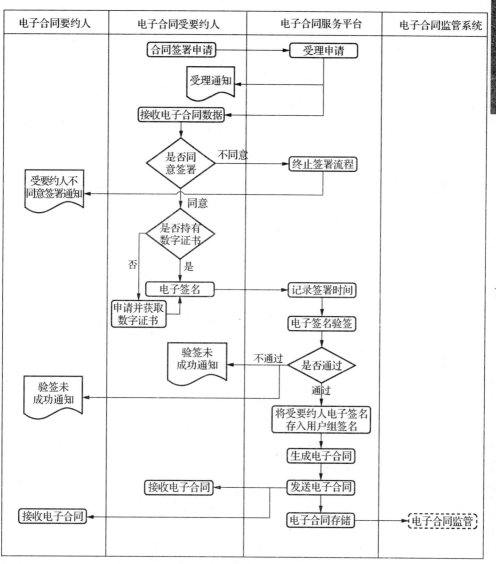

图 5-4 受要约人签署业务流程

5.3 电子合同订立管理

5.3.1 合同查询

电子合同缔约人或电子合同查询申请人向电子合同服务平台提交合同查询申请（表5-19、图5-5），电子合同服务平台受理申请，并查看申请人身份认证是否通过。

如果身份认证未通过，则发送身份认证未通过申请，并终止申请流程；如果身份认证通过，则电子合同服务平台发送经过验证的、不能篡改的电子合同给缔约人或查询申请人。

表5-19 电子合同查询业务

业务环节名称	角色	交互文档/数据	输出结果
电子合同查询申请	电子合同缔约人、电子合同查询申请人	电子合同查询申请单	无
受理申请	电子合同服务平台	受理通知	无
确认身份认证是否通过	电子合同服务平台	数字证书/其他身份认证方式	通过/不通过
发送验证后的电子合同	电子合同服务平台	合同履行状态，电子合同内容（合同文本内容、合同订立时间、电子签名信息等），电子合同缔约人的登记信息，查询人有效身份信息，其他备注信息	无
在线查看电子合同	电子合同缔约人、电子合同查询申请人	合同履行状态，电子合同内容（合同文本内容、合同订立时间、电子签名信息），电子合同缔约人的登记信息，查询人有效身份信息，其他备注信息	无

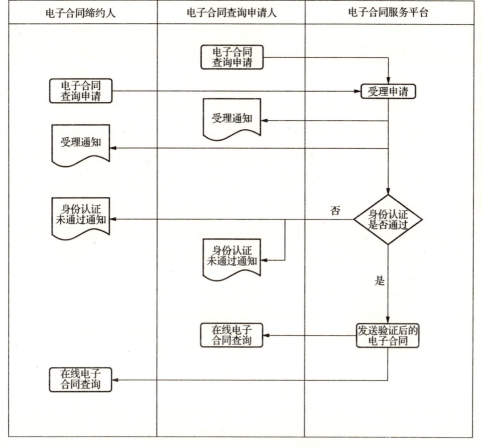

图 5-5 电子合同查询业务流程

5.3.2 合同变更

当电子合同签署成功后，缔约人有合同变更需求时，需要先向电子合同服务平台提出合同变更申请（表5-20、图5-6），电子合同服务平台受理申请后，需首先对提出合同变更申请的缔约人进行身份认证。

（1）提出合同变更申请的缔约人身份认证不通过，则给其发送身份认证未通过通知。

（2）提出合同变更申请的缔约人身份认证通过，则提出合同变更申请的缔约人给电子合同服务平台上传合同变更信息，平台将变更信息与原合同之间进行合同要素完整性判断。如果合同完整性判断未通过，则给其发送合同要素不完整通知；如果合同要素完整性判断通过，则把缔约人的合同变更申请发送至合同缔约相对人。

（3）合同缔约相对人不同意合同变更，则电子合同服务平台给提出合同变更申请的缔约人发送缔约相对人不同意变更合同通知。

（4）合同缔约相对人同意合同变更，则合同缔约相对人发送同意合同变更申请至电子合同服务平台，电子合同服务平台再将变更后的合同发送给合同缔约相对人。

（5）缔约相对人同意变更后，则缔约相对人进行电子签名，电子合同服务平台记录签名时间、电子签名验签，通过后则发送有缔约相对人电子签名的变更后的电子合同至缔约人。缔约人收到有缔约相对人的电子签名的电子合同后进行电子签名，电子合同服务平台记录变更时间和电子签名验签，如果通过则电子合同服务平台给缔约人和缔约相对人分别发送有双方电子签名的变更后的电子合同。

（6）缔约人或缔约相对人的电子签名验签未通过，则电子合同服务平台分别给他们发送电子签名未通过通知。

表 5-20 电子合同变更业务

业务环节名称	角色	交互文档/数据	输出结果
合同变更申请	电子合同缔约人	电子合同变更申请单	无
受理申请	电子合同服务平台	受理通知	无
查验身份认证是否通过	电子合同服务平台	数字证书信息/其他身份查验方式	通过/不通过
上传合同变更信息	电子合同缔约人	合同变更内容	无
合同要素完整性判断	电子合同服务平台	合同变更内容	通过/不通过
是否同意变更	电子合同缔约相对人	缔约人的合同变更申请单，合同变更内容	同意/不同意
电子签名	电子合同缔约相对人	合同变更内容，电子签名数据	无
记录签署时间/时间戳	电子合同服务平台	合同变更内容，电子签名数据，签署时间信息	无
电子签名验签	电子合同服务平台	合同变更内容，电子签名数据，签署时间信息	通过/不通过
电子签名	电子合同缔约人	合同变更内容，电子签名数据，签署时间信息	无
记录签署时间/时间戳	电子合同服务平台	合同变更内容，电子签名数据，签署时间信息	无

续表

业务环节名称	角色	交互文档/数据	输出结果
电子签名验签	电子合同服务平台	合同变更内容，电子签名数据，签署时间信息	通过/不通过
发送电子合同变更成功通知	电子合同服务平台	合同变更内容，电子签名数据，签署时间信息	无

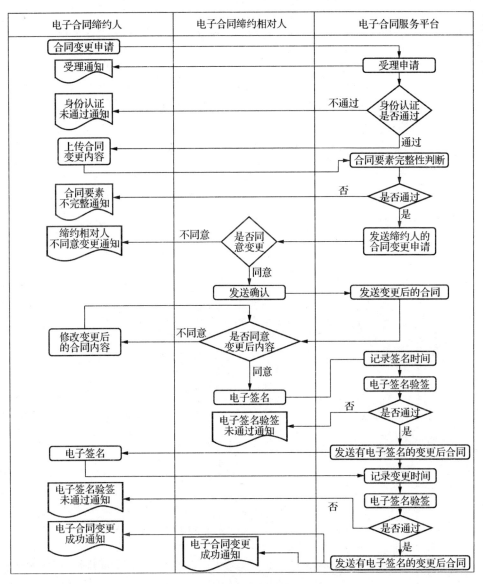

图 5-6 合同变更业务流程

5.3.3 身份变更

当电子合同缔约人发生了身份信息变更,可以进行电子合同服务平台的身份变更(表5-21、图5-7)。电子合同的身份信息变更不影响已经形成的合同主体的法律权利和法律义务。

当电子合同缔约人在身份管理机构登记的身份信息发生了变更,应当向电子合同服务平台及时提交身份信息变更申请。电子合同服务平台受理该申请,并进行材料审查:

(1)身份信息变更的材料不齐全,则需要补正材料;

(2)身份信息变更材料齐全,但是材料不真实,则电子合同服务平台给电子合同缔约人发生身份信息变更不成功通知;

(3)身份信息变更材料齐全,且材料真实,缔约人没有正在履行的合同,则电子合同服务平台给电子合同缔约人发送身份信息变更成功通知;

(4)身份信息变更材料齐全,且材料真实,缔约人有正在履行的合同,则电子合同服务平台给电子合同缔约相对人发送变更后的缔约人身份信息。

表5-21 电子合同身份信息变更业务

业务环节名称	角色	交互文档/数据	输出结果
机构身份信息变更申请	电子合同缔约人、电子合同服务平台	机构提交的电子合同身份信息变更申请表,应包括变更后的机构名称、变更后的机构信息、变更后的经营范围、变更后的住所、确认身份信息变更的官方证明材料图片、其他相关证明材料图片	无
自然人身份信息变更申请	电子合同缔约人、电子合同服务平台	自然人提交的电子合同身份信息变更申请表,应包括变更后的个人信息、变更后的姓名、变更后的证件号码、变更后的联系方式、变更后的联系电话、变更后的电子邮件、确认身份信息变更后的官方证明材料图片、其他相关证明材料图片	无
材料审查	电子合同服务平台		材料齐全/不齐全;材料真实/不真实

业务环节名称	角色	交互文档/数据	输出结果
合同履行情况监测	电子合同服务平台		有正在履行的合同/没有正在履行的合同
身份信息变更结果通知	电子合同缔约人、电子合同缔约相对人、电子合同服务平台	身份信息变更成功通知/身份信息变更不成功通知	材料真实齐全/材料不真实不齐全

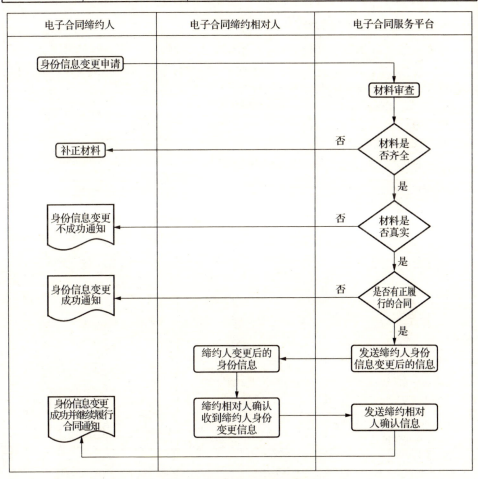

图 5-7 身份信息变更业务流程

5.3.4 身份注销

电子合同缔约人如果在相关部门进行了身份注销,则缔约人应向电子合同服务平台提交身份注销申请(表5-22、图5-8)。

电子合同服务平台受理缔约人的身份注销申请后,根据缔约人在平台上的合同履行情况,分别对缔约人的身份注销申请作出准予注销或不予注销的处理,并分别向缔约各方发出注销成功通知和不予注销通知。

表5-22 电子合同身份注销业务

业务环节名称	角色	交互文档/数据	输出结果
身份注销申请	电子合同缔约人	注销申请单	无
受理申请	电子合同服务平台	受理通知	无
合同履行情况监测	电子合同服务平台	缔约人合同履行情况证明,缔约相对人对合同履行情况的确认信息	有未履行完成的合同/没有未履行完成的合同
注销登记	电子合同服务平台	注销成功通知/不予注销通知	无

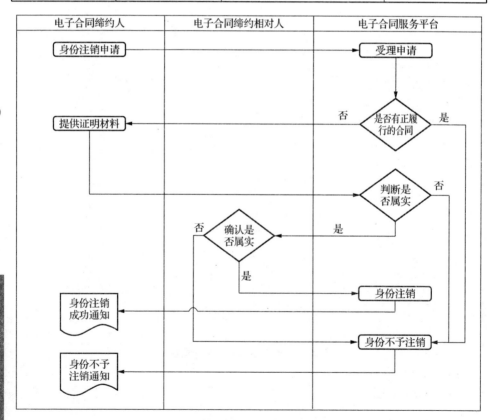

图5-8 身份注销业务流程

5.3.5 合同终止

电子合同签署成功后,缔约人有合同终止需求时,由电子合同缔约人向电子合同服务平台提出合同终止申请(表5-23、图5-9)。

电子合同服务平台受理申请后,查验提出合同终止申请的缔约人身份认证是否通过,不通过则给其发送身份认证不通过通知;身份认证通过,则把缔约人的合同终止申请发送给合同缔约相对人。具体规范如下:

(1)合同缔约相对人不同意终止合同,则电子合同服务平台给提出合同终止申请的缔约人发送合同缔约相对人不同意终止合同的通知。

(2)合同缔约相对人同意终止合同,则发送电子签名给电子合同服务平台,平台记录签署时间,进行电子签名验签。如果缔约相对人的电子签名不通过,则电子合同服务平台给缔约相对人发送电子签名验签不通过通知。如果缔约相对人电子签名通过,则电子合同缔约人进行电子签名,电子合同服务平台记录签署时间,进行电子签名验签。如果缔约人的电子签名不通过,则电子合同服务平台发送电子签名验签未通过通知;缔约人的电子签名通过了,则终止合同,电子合同服务平台给缔约人和缔约相对人分别发送电子合同终止成功通知。

表5-23 电子合同终止业务

业务环节名称	角色	交互文档/数据	输出结果
合同终止申请	电子合同缔约人	电子合同终止申请单	无
受理申请	电子合同服务平台	受理通知,电子合同终止协议	无
查验身份认证是否通过	电子合同服务平台	数字证书信息	通过/不通过
是否同意终止	电子合同缔约相对人	电子合同终止申请单,电子合同终止协议	同意/不同意
电子签名	电子合同缔约人/电子合同缔约相对人	电子合同终止协议,电子签名数据	无
记录签署时间/时间戳	电子合同服务平台	电子合同终止协议,电子签名数据,签署时间信息	无
电子签名验签	电子合同服务平台	电子合同终止协议,电子签名数据,签署时间信息	通过/不通过
电子签名	电子合同缔约人	电子合同终止协议,电子签名数据,签署时间信息	无
记录签署时间/时间戳	电子合同服务平台	电子合同终止协议,电子签名数据,签署时间信息	无

续表

业务环节名称	角色	交互文档/数据	输出结果
电子签名验签	电子合同服务平台	电子合同终止协议,电子签名数据,签署时间信息	通过/不通过
终止电子合同	电子合同服务平台	电子合同终止协议,电子签名数据,签署时间信息,电子合同终止成功通知	无

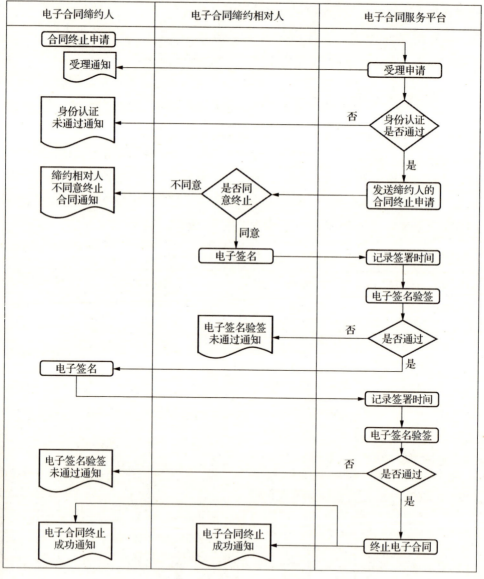

图 5-9 电子合同终止流程

5.3.6 合同下载

我国《电子商务法》第五十条规定，"电子商务经营者应当清晰、全面、明确地告知用户订立合同的步骤、注意事项、下载方法等事项，并保证用户能够便利、完整地阅览和下载"。

电子合同缔约人或电子合同下载申请人向电子合同服务平台提交合同下载申请，电子合同服务平台受理申请，并查看申请人身份认证是否通过（表5-24、图5-10）。

如果身份认证未通过，则发送身份认证未通过通知，并终止申请流程；如果身份认证通过，则电子合同服务平台发送经过验证的、不可篡改的电子合同给电子合同缔约人或下载申请人。

采用数字签名的电子合同，下载后应包括电子合同原文、所有电子签名的签名信息，其中电子合同缔约人的签名信息可存入用户签名组，时间戳等第三方的签名信息可存入服务签名组。

表5-24 电子合同下载业务

业务环节名称	角色	交互文档/数据	输出结果
电子合同下载申请	电子合同缔约人、电子合同下载申请人	电子合同下载申请单	无
受理申请	电子合同服务平台	受理通知	无
确认身份认证是否通过	电子合同服务平台	数字证书/其他身份认证方式	通过/不通过
发送验证后的电子合同	电子合同服务平台	合同履行状态，电子合同内容（合同文本内容、合同订立时间、电子签名信息等）、电子合同缔约人登记信息、身份登记申请环节中的交互文档/数据信息，下载申请人有效身份信息，其他备注信息	无
下载电子合同	电子合同缔约人、电子合同下载申请人	合同履行状态，电子合同内容（合同文本内容、合同订立时间、电子签名信息等）、电子合同缔约人登记信息、身份登记申请环节中的交互文档/数据信息，下载申请人有效身份信息，其他备注信息	无

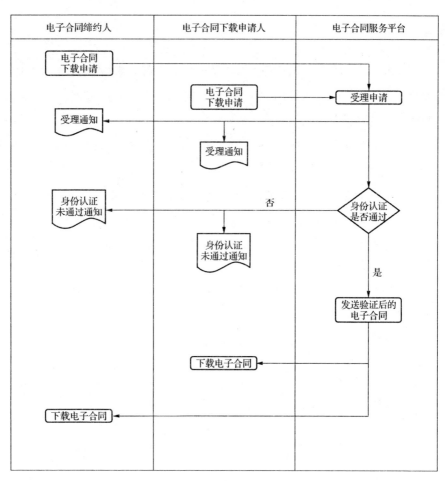

图 5-10 电子合同下载业务流程

———— 问题讨论 ————

1. 电子合同订立中，身份认证的环节有哪些？
2. 电子合同的状态分为哪几种？
3. 电子合同订立流程由哪几部分组成？
4. 电子合同的安全信息是指什么？
5. 电子合同下载信息包括哪些信息？
6. 一份电子合同中包含的电子签名信息有多少？

第 6 章 电子合同的司法保障

6.1 电子合同存证

《中华人民共和国民事诉讼法》(以下简称《民事诉讼法》)第六十四条第一款规定:"当事人对自己提出的主张,有责任提供证据。"《民事诉讼法》第六十三条又规定:"证据包括电子数据。"

合同纠纷一直是民事纠纷的高发区。出现合同纠纷时,如果不能提出自己的证据或者不能反驳对方的证据,显然无法获得法庭的支持。电子合同发生纠纷时,更加剧了电子证据效力的紧迫性和首要性,这是因为电子证据在证据法上的效力比其实体法上的效力更为重要。对于电子证据来说,它的本质目标是确定电子证据的归属人以及归属人对电子证据内容的认可。

6.1.1 电子证据规定

电子合同形成的过程真实性是电子合同缔约人极为重视的,没有形成过程中的电子数据作为证据,未来可能就无法更好地保障当事人的合法权益。

《最高人民法院关于民事诉讼证据的若干规定》第九十三条对于电子数据的真实性做出如下规定:

(1) 电子数据的生成、存储、传输所依赖的计算机系统的硬件、软件环境是否完整、可靠;

(2) 电子数据的生成、存储、传输所依赖的计算机系统的硬件、软件环境是否处于正常运行状态,或者不处于正常运行状态时对电子数据的生成、存储、传输是否有影响；

（3）电子数据的生成、存储、传输所依赖的计算机系统的硬件、软件环境是否具备有效的防止出错的监测、核查手段；

（4）电子数据是否被完整地保存、传输、提取，保存、传输、提取的方法是否可靠；

（5）电子数据是否在正常的往来活动中形成和存储；

（6）保存、传输、提取电子数据的主体是否适当；

（7）影响电子数据完整性和可靠性的其他因素。

符合《最高人民法院关于民事诉讼证据的若干规定》第九十四条相关存证规定的电子数据，人民法院一般可以确认其真实性。这些规定包括由当事人提交或者保管的于己不利的电子数据，由记录和保存电子数据的中立第三方平台提供或者确认的，在正常业务活动中形成的，以档案管理方式保管的，以当事人约定的方式保存、传输、提取的，等等。

关于电子合同证据的存证时间，商务部于2013年颁布的国内贸易行业标准中的《电子合同在线订立流程规范》规定，"自电子合同订立或存储之日起，电子合同的保存期限不应少于5年，合同当事人另有约定的除外"。一般来说，第三方平台提供的电子合同证据存储5年服务可以满足绝大部分合同的需求。

6.1.2 合同存证要点

电子合同证据在存证和存储时往往会面临两种情况：

一是在合同订立过程中已经采用了数字签名或时间戳等算法处理过的、具有哈希摘要的电子合同及其电子签名信息。

电子合同及其电子签名数据，一般通过电子商务平台或电子合同服务平台签署形成，已经具备了不可篡改的效力，当事人可自行下载后备份保存，一旦出现合同纠纷或者需要维权时可出示使用。同时，电子合同缔约人或电子合同当事人如通过第三方电子合同服务平台订立该电子合同，第三方电子合同服务平台应提供第三方存证服务。

二是未采用数字签名或时间戳等进行处理的电子合同原始数据。

未经算法哈希固化处理的电子合同原始数据，一般来自订单型电子合同数据或其他类型的交易数据文件等。电子合同缔约人或电子合同当事人对于上述电子合同交易数据应及时采取页面截图、数据下载等方式保留所有交易环节的相关数据，并可选择相关第三方电子数据存证平台进行存证或保全。

第三方电子数据存证方应是具有存储电子合同及相关电子数据能力的实体，包括但不限于电子认证服务机构、第三方电子合同服务平台、公证处、司法鉴定机构等。存证方可通过应用程序、系统或其他设备设施提供存证服务。

目前包括公证机关、社会机构等第三方电子数据存证平台或区块链存证平台，一般采取时间戳或者服务器证书签名的方式进行电子合同数据存证保全。

但是应当注意，如果电子合同缔约人在电子合同订立过程中未遵循相关订立过程中的标准规范或者留有过程线索记录，那么第三方数据存证保全服务仅能对该电子合同数据提交存证之时起的不可篡改性提供证明，并不能证明该电子合同提交存证之前的数据真实性和订立行为的真伪性，这就导致很多电子存证难以得到司法部门的认可。

比如公证机构出具的保全证明，仅证明该数据的当前状态，并不能判断和溯源数据的形成过程。这主要因为以下三个方面的原因：

一是原始载体难以核实。书证、物证、视听资料等法定证据种类，在司法应用上需要提供原始载体才能确信其真实性，但电子数据的载体具有多元化、可复制的属性，追踪原始载体往往存在相当的难度。如果无法出示、证明原始载体，存证就不具有公信力。

二是数据的可篡改、可删除、可复制的特征，以及对电子设备依赖性，导致电子数据作为司法证据时，极易被单方面破坏和篡改，从而影响到对事实的判断，这也导致数据第三方存证市场发展受限。

三是公证和保全业务规则遵循"所见即所得"，无法对未参与的事件佐证。

因此在实务中，采取电子存证的时间应尽量实时同步，或者在源头上就选择留痕规范的电子合同服务平台。这样电子合同服务平台其实就可以电子合同订立过程中的一个"第三方旁观者"的身份进行佐证。

6.2 电子合同验证

6.2.1 验证受理

对于包含采取数字电子签名信息的电子合同验证，电子合同缔约人或电子合同验证申请人可向电子合同服务平台（或其他有关验证机构）提交合同验证申请，电子合同服务平台受理申请（表6-1、图6-1）。

电子合同缔约人或电子合同验证申请人提交电子合同数据给电子合同服务平台，电子合同服务平台对提交的电子合同数据进行验证，验证结束后将验证报告发送给电子合同缔约人或电子合同验证申请人。

电子合同服务平台验证人对电子合同所含所附的电子签名的验证内容包括但不限于：

（1）数字证书或与之对应的电子签名制作数据是否属于电子合同缔约人专有；

（2）签署电子合同时，数字证书或与之对应的电子签名制作数据是否由电子合同缔约人控制；

（3）电子合同中所含所附的电子签名是否被改动；

（4）电子合同原文内容及形式是否被改动；

（5）电子签名算法；

（6）摘要及摘要的算法；

（7）时间戳或电子签章的有效性等。

如验证方并非当时提供服务的电子合同服务平台，那么还应对电子合同相关的形成内容进行验证，包括但不限于：

（1）生成电子合同的环境信息；

（2）电子合同发送方及接收方的信息；

（3）传递电子合同的方法及环境信息；

（4）存储电子合同的方法及环境信息；

(5) 与电子合同有关的时间信息；

(6) 其他可能影响电子合同真实性、完整性验证的信息等。

表6-1 电子合同验证业务

业务环节名称	角色	交互文档/数据	输出结果
电子合同验证申请	电子合同缔约人、电子合同验证申请人	电子合同验证申请单	无
受理验证申请	电子合同服务平台	电子合同验证申请单	无
上传电子合同	电子合同缔约人、电子合同验证申请人	电子合同	无
电子合同验证	电子合同服务平台	用户组电子签名，服务组电子签名，记录验证时间，缔约各方身份登记信息，电子合同验证报告	无

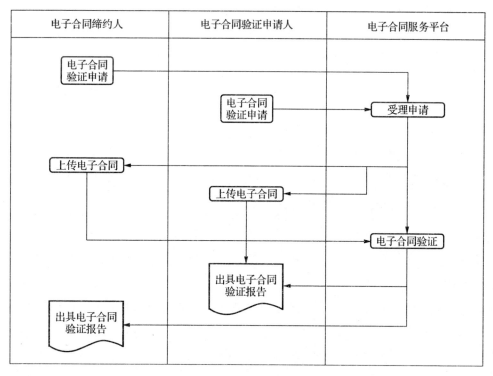

图6-1 电子合同验证业务流程

6.2.2 验证结论

为了保障电子合同当事人在后续的合同纠纷、举证、诉讼等法律行为中的正当权利，封堵电子合同缔约过程中可能出现的各种技术和法律漏洞，一份完整的合同验证报告应当包括以下几个方面的信息：

（1）出具平台名称；

（2）平台所属企业全称；

（3）验证遵循的技术标准规范；

（4）验证合同的技术文档编号；

（5）送验证的合同名称；

（6）送验证的合同编号；

（7）送验证合同的缔约人的名称、数字证书颁发机构、签署人名称、签署人联系方式、联系电话号码、签署时间（时间戳）；

（8）送验证合同的缔约相对人的名称、数字证书颁发机构、签署人名称、签署人联系方式、联系电话号码、签署时间（时间戳）；

（9）验证人姓名；

（10）验证结论。

电子合同验证报告中的验证结论一般应包括三个方面：

（1）该电子合同在电子合同服务平台上采用的是何种电子签名技术方式，如数字签名、手写签名、电子印章等；

（2）该电子合同的形成是否遵循了国家或者行业技术规范。《司法鉴定程序通则》第二十三条规定，司法鉴定人进行鉴定时应当依国家标准和行业标准为鉴定规范和技术标准；

（3）针对签署人身份认证结果、合同签署过程留痕、数据形成结果是否发生篡改等给予鉴定结论。

如验证申请人要求出具可靠电子签名的验证结论，那么验证方应对数字证书或与之对应的电子签名制作数据是否属于电子合同缔约方专有、签署电子合同时数字证书或与之对应的电子签名制作数据是否由电子合同缔约方控制、电子合同中所含所附电子签名是否被改动、电子合同原文内容及形式是否被改动四个方面给予明确的鉴定结论。

以甲乙双方采用云签约方式订立的供货合同为例，其云签合同的检测验证报告基本格式及内容如表6-2：

表6-2 电子合同检测验证报告模版

送检名称	******.pdf/******.zip		
检测依据	GB/T 36298—2018	《电子合同订立流程规范》	
	GB/T 36319—2018	《电子合同基础信息描述规范》	
检测信息	供货合同	合同编号	******
	发起签署方：**有限公司；数字证书颁发机构：**公司；发起签署人：***，身份证号************，手机号***********；到达时间戳：****年**月**日**时**分**秒		
	签署方：**有限公司；数字证书颁发机构：**公司；签署人：***，身份证号************，手机号***********；短信验证码：******；到达时间戳：****年**月**日**时**分**秒		
检测验证结论	上述送检的电子合同数据电文在获得可靠电子签名技术认证的第三方电子缔约安全保障服务平台订立形成，其订立流程符合相关国家标准。送检电子合同的数据电文内容真实且未经篡改		
检测验证机构	********（盖章）		
检测人	***（签字）		
检测时间	****年**月**日		

随着当前越来越多的行业开始使用电子合同，涉及电子合同的法律纠纷也开始出现，电子合同证据在诉讼案件中不断出现，严谨有效的电子合同验证报告被法院广泛采纳并有力地保护了当事人的权益。如2016年南京市鼓楼区人民法院在某采购合同纠纷民事判决书："……出具'国家标准电子合同检测验真报告'，检测结论为本案所涉采购合同在指定的MMEC第三方电子缔约系统中按照国家标准规范签署完成……以上事实，由原告举证的采购合同、'国家标准电子合同检测验真报告'以及本院庭审笔录等证据予以证实。"又如2017年北京市朝阳区人民法院关于某融资租赁回租合同纠纷的民事判决书："……出具第三方电子证据存证报告，载明电子证据提交方为***，提交存管时间为2017年3月27日，存管人采取的技术手段为第三方可靠电子签名、第三方时间戳。本院

认为，＊＊公司与＊＊＊签订的'融资租赁回租合同'经电子签名签订，系当事人真实意思表示。"

6.3 快捷司法通道

解决合同纠纷的法律机制有调解、仲裁和诉讼等。在传统纠纷解决机制尤其是传统诉讼中，处理时间较长，无论是立案、开庭审理、办理公证鉴定，还是等待程序文书的送达，一系列的流程缓慢而复杂。这个过程往往以月为单位，甚至长达一年。这个过程与电子合同对效率的要求南辕北辙，与电子合同的便捷性特点相悖。

同时，网络化、电子化的方式使得电子合同当事人可以足不出户与远在天边的另外一个合同当事人进行即时的沟通和交流，并拟定协议、进行电子交易，因此也难以通过确定物理地点来确定解决纠纷的管辖机构。

随着电子商务领域的电子合同纠纷的大量产生，目前在传统司法解决机制之外，还出现了新颖、快速的法律解决机制，如在线调解、在线仲裁和在线诉讼等。

6.3.1 在线调解

所谓在线争议解决方式（Online Dispute Resolution，ODR），是指运用计算机和网络技术以替代性争议解决方式的形式来解决争议。虽然在线争议解决方式基本上沿用了已有的替代性争议解决方式的形式，但是由于其运用了网络这一特殊的技术手段而成为具有相对独立性的争议解决方式。

根据 ODR 服务提供者的不同，ODR 模式可分为两类：一类是以电商自发演化而出现的机制，可以称之为内部 ODR；另一类是指第三方解决机制。

前者在订单型消费电子合同领域应用较为广泛。消费争议处理平台大多依赖于其大型电商平台或第三方支付平台的争议处理机制，不仅是我国大型电商平台，也包含美国著名的大型电商平台，都倾向于自行建立一套与司法处理并行的处理制度。其最显著的特点就是高效快速，且因为商家进驻电商平台都有各种形式的保证金，所以平台判断结果作出之后当事人主动履行方面成功率也很高。然而现有内部ODR机制也存在一定的争议。这种争议解决机制毕竟游离在司法体制之外，无法最终提供强制执行作为执行保障；同时缺乏第三方中立机构的裁判也是内部ODR目前发展中普遍存在的一个问题。

归根结底，内部ODR调处的电子合同纠纷是发生在纠纷平台本身，因此内部ODR虽然解决了电子合同纠纷解决所追求的效率目标，但不一定也实现了法律意义上的公平正义。

外部ODR的典型代表是《欧盟消费者ODR条例》及其实施细则的制定。为了进一步保护消费者权利，自2016年1月9日起在欧盟全境内实行《欧盟消费者ODR条例》和《欧盟ODR实施细则》。消费者或商家通过ODR平台解决在线纠纷的主要程序为：消费者在遇到电子商务纠纷时，可以登录一个由欧盟委员会研发、运行和维护的统一ODR平台，根据自己的语言习惯填写一份统一格式的争议解决申请表格。在表格填写完整后，ODR平台会将该表格以电子邮件等方式送达被申请人，通知被申请人纠纷处理的状态。双方当事人应在ODR平台提供的处理机构名单内共同选定一个机构作为在线纠纷的处理机构。处理机构应在90天内结束程序，并向ODR平台汇报纠纷处理结果。纠纷处理机构通过ODR平台解决消费者和商家之间的争议，并不要求双方或者他们的代表出席，除非其程序规定了这种可能性并且争议双方均表示同意。虽然这类ODR平台对争议的处理结果并不具有强制力，ODR程序完毕时，消费者或商家可以再去法院寻求权利，但是显然ODR形式的网络仲裁影响力巨大而且极具优势。

目前我国在网络纠纷调解机制的发展进程中，虽然还没有出现统一的外部机制和框架，但是也取得了一些重要和积极的成果，涌现了不少外部第三方的ODR平台和成功案例，解决了大量网络服务消费领域的纠纷或矛盾。

6.3.2 网络仲裁

网络仲裁是解决电子合同争议较好的方式。网络仲裁也称互联网仲裁，一般是指进行纠纷解决的仲裁在线上进行的方式。网络仲裁主要解决签订和履行行为全部在互联网上完成的在线纠纷和部分签订或履行行为在互联网上完成的纠纷，适配更多元的应用场景、更长远的发展时期及更广泛的用户群体。

2019年5月，国务院办公厅在《关于完善仲裁制度提高仲裁公信力的若干意见》中指出，适应互联网等新经济新业态发展需要，依托互联网金融技术，建立网络化的案件管理系统以及与电子商务和互联网金融等平台对接的仲裁平台，研究探索线上仲裁、智能仲裁，实现线上线下协同发展。

网络仲裁规则有四个方面的优势：

一是明确网络仲裁概念，克服过渡期滞后性；

二是设置快速程序流程，凸显网络仲裁高效性；

三是明确电子证据认定，连通区块链等新技术；

四是允许程序转换，保障线上线下仲裁程序转换需求。

我国仲裁机构对互联网仲裁已经展开了很多积极的探索和实践。如中国国际经济贸易仲裁委员会率先制定了《中国国际经济贸易仲裁委员会网上仲裁规则》，该网络仲裁规则采取和网下相结合的方式，以网上通信为主，现实与虚拟兼顾。还根据案件争议金额大小分别规定了简易程序和标准程序。

网络仲裁主要通过网络进行程序性事项，可以充分尊重当事人意思自治，高效快捷，大幅度降低仲裁费用，兼顾保密性，一裁终局。同时在线立案突破时间和地域的局限，节约立案资源，可以实时查看立案状态及立案审查反馈信息。此外，在明确电子证据认定中，可用电子签名、可信时间戳、哈希值校验、区块链等证据收集、固定和防篡改的技术手段。

鉴于当前在线仲裁和在线法院的技术标准和衔接流程尚未统一，在线仲裁裁决到司法审查阶段面临要转为线下审查的尴尬，这是在线争议解决下一步必然要打通的问题，未来在线仲裁的司法衔接与监督成为在线仲裁应用系统研究的重点并应通过技术标准予以规范。

未来在线纠纷解决的发展趋势将向线上审理案件、人工智能裁判和大数据纠纷预防发展，充分发挥仲裁制度与技术相结合的优势，不断完善仲裁机制，推动ODR的发展。同时，为了满足当事人对于争议解决的既有期待，应尊重当事人意思自治，充分保障程序协调机制的开展。

6.3.3 互联网法院

随着司法电子化浪潮席卷全球，电子化诉讼解决互联网争议正成为一种必然和现实。一是当前各类互联网平台迅猛发展，涉平台案件不断增加；二是涉网新类型权利案件不断增多，如侵犯个人信息、隐私权案件等为司法审判提出挑战；三是互联网人格侵权案件侵权与被侵权主体类型多样。

2018年9月6日，最高人民法院发布《最高人民法院关于互联网法院审理案件若干问题的规定》，该规定明确了互联网法院案件审理过程中各个环节的规范。自全国第一家互联网法院杭州互联网法院试点运行以来，为适应互联网发展应运而生的互联网法院这一新的司法机构形态在涉网案件司法审批程序和效率上得到了极大提升。

随着北京互联网法院、广州互联网法院等各地互联网法院相继成立，最高人民法院的这一规定对于互联网法院审理案件形成了相对标准化的规范和指引，互联网法院诉讼平台可降低诉讼成本和提升诉讼效率。

选择互联网法院进行快速诉讼，最为重要的一步就是电子证据的提交。互联网法院诉讼平台支持在线电子证据提交和证据勘验，共有三种证据提交方式：

一是当事人当场提交电子证据存证；

二是从未接入平台机构提交证据存证；

三是平台事前存证、自动验证。

以证据事先提交为例，可在互联网法院证据导入平台提交电子证据，获得生成证据编号；也可在互联网法院支持的其他电子证据平台提交，该证据编号将导入互联网法院平台。

目前当事人在互联网法院提请诉讼的流程一般为：

（1）登录互联网法院诉讼平台网址，申请注册，选择身份类型，填写相关信息；

（2）点击原告起诉，选择起诉的纠纷类型，确认和补充原告信息；

（3）进入原告提起诉讼页面，填写相关信息；

（4）点击导入存证证据，也可查询预先导入的证据存证编号，加载证据名称和证据内容等信息；

（5）导入证据，完成证据导入工作；

（6）预览受理提交，确定后进入调解阶段，并按照流程进行后续操作。

开通网上受理诉讼业务后，可以大大提高司法效力，更好地服务电子商务，尤其是对于一些小额借贷纠纷或者互联网纠纷，可以快速受理、快速审结。

6.4　跨境电子合同

随着跨境国际贸易迅速增长，跨境业务中能否采用电子合同，使用何种方式订立电子合同，电子签名的法律依据来自哪一方，电子合同出现争议采用哪一方的法律制度来确定电子签名的法律效力？上述问题是订立跨境电子合同时需要了解的核心问题。

跨境国际贸易一般存在路途遥远、见面沟通交流不便的客观情况，跨境交易的双方一直有着采用电子方式达成协议或者合同的历史，这些电子方式包括电传、传真、电子邮件甚至电话等，成为跨境合同交易手段的辅助甚至主要方式。越来越多的跨境交易者通过电子形式进行商业交易，大量的纸质文件已经被电子文件替代，或者两者同时并存，由此形成的合同就是电子合同。因此电子合同在跨境电商中早已是客观存在的现实，并且还在不断扩大。

1978年联合国《海上货物运输公约》第14条规定，海运提单的签字可以手写、传真、影印、打孔、印章、代号等方式，或以任何其他机械或电子方式做出。

在《国际律师协会关于国际商事仲裁的取证规则》（简称《IBA证据规则》）的定义中，将电子证据界定为书证，包括以电子、音频、视频等方式保存的信息、图片、图画、程序或数据。《国际商事仲裁中书证披露与证人提供指南》也将电子文件作为书证对待。

事实上，电子文件与纸质文件作为证据具有很大的共性。尤其是在国际商事仲裁中，书证出示的一般原则可以适用于电子文件的出示，加之国际商事仲裁所具有的灵活性，电子文件与纸质文件并不像在民事诉讼中那样有严格区分的必要。

从国际法、世界主要国家和地区的电子签名及电子商务法规来看，对于电子合同的订立技术手段一般采用技术中立的态度，或者差异化的模式。因此电子合同的缔约双方对于电子合同的订立方式、电子签名的使用手段可以采取在协商或明示的情况下自行做出选择。

新技术不断涌现，同时由于各个国家和地区存在地区差别和发展差别，法律制度也不尽相同，所以未来一旦发生合同争议就会面临进入司法程序的风险。电子合同缔约双方应该采用更为严谨的态度面对跨境贸易争议中的法律适用、证据取证和举证等问题，以及需要引起重视的方面。

6.4.1 电子签名互认

电子签名互认可以解决不同国家、不同地区之间电子签名的相互信任。如欧盟基于《电子身份认证与签名条例》（eIDAS）的规则，发布了信任服务列表（Trust Mark List），规定了经过欧盟委员会评估和认证过的信任服务可以得到欧盟各个成员国的承认，其中电子签名和印章生成服务机构（SigS）提供的"高级电子签名"及"合格电子签名"可以在欧盟内部互认。

我国《电子商务法》第七十三条规定，"国家推动建立与不同国家、地区之间跨境电子商务的交流合作，参与电子商务国际规则的制定，促进电子签名、电子身份等国际互认"。显然，如果自己的电子签名可以获得对方的完全信任，跨境电子合同的法律效力就可以得到保证。

实现电子签名互认首先要通过制度的互认。不同国家、不同地区之间实现电子签名互认必须通过法律法规或者有关贸易协议来约定。

我国《电子签名法》第二十六条规定，"经国务院信息产业主管部门根据有关协议或者对等原则核准后，中华人民共和国境外的电子认证服务提供者在境外签发的电子签名认证证书与依照本法设立的电子认证服务提供者签发的电子签名认证证书具有同等的法律效力"。

例如，2015年11月27日我国中央政府与香港特区政府签署了《内地与香港CEPA服务贸易协议》。CEPA（Closer Economic Partnership Arrangement），即关于建立更紧密经贸关系的安排，包括中央政府与香港特区政府签署的《内地与香港关于建立更紧密经贸关系的安排》、中央政府与澳门特区政府签署的《内地与澳门关于建立更紧密经贸关系的安排》。

在CEPA框架下，各方的电子认证机构就扫清了法律方面的互认障碍，着手解决技术上的互认。在世界范围内，由于普通采用的是PKI体系进行电子身份认证，因此主要是解决两个国家或地区基于 PKI 体系下的 CA 机构颁发的数字证书技术上的互联互通。

签字就代表了认可。电子签名互认具体的技术解决办法，实际上是两个互认的 CA 采用各自的私钥分别对对方根证书进行签名，这样双方的数字证书用户进行电子合同的电子签名时，就可以相互实现信任。

目前我国中央政府按照 CEPA 相关法律法规，已经实现了内地和香港特别行政区、澳门特别行政区的电子签名互认，即数字证书互联互通。实现了电子签名互认后，双方的数字证书实施的电子签名就可以自动获得对方的法律认可，一旦发生纠纷，电子合同的效力就可以得到最大限度的保证。

同时我国也正在推进与更多国家和地区的电子签名互认体系的建设，但是这一领域的成果是伴随各国、各地区之间自由贸易制度的达成而逐步获取的。在没有签署相关贸易协议之前，跨境电子合同的法律性还需要通过传统的方式来保障和解决。

6.4.2 法律适用性

法律适用条款，又称法律选择条款，是规定因合同发生争议时，以哪个国家或地区的法律作为合同的准据法来解决争议。跨境电子合同的电子签名或电子证据的适用性，主要是指从事国际之间商品和服务买卖活动的双方当事人之间，因电子合同的订立、履行等发生争议时，依照法律规定的权利和程序应适用何种电子证据或者电子签名法律规范来确定电子合同证据及其效力。

1）仲裁和诉讼

跨境贸易合同纠纷是指不同国家（地区）之间在商品和服务的交易过程中因合同履行、货物运输与保险、知识产权保护等产生的纠纷。选择恰当的争议解决方式，才能在发生纠纷时将其快速、高效、低成本地解决，从而维护自己的最大利益。

如当事人在合同中未就适用法律作出选择，则由仲裁庭或法院依最密切联系原则选择与合同有最密切联系的国家或地区的法律加以适用。但也有理论和实践认为，当事人选择了仲裁机构或法院，就可以推定当事人默认选择了以仲裁机构或法院所在国或地区的法律为合同的准据法。

我国《电子商务法》第二十六条规定，"电子商务经营者从事跨境电子商务，应当遵守进出口监督管理的法律、行政法规和国家有关规定"。

跨境服务贸易合同涉及电子合同或电子证据的纠纷，主要有协商、调解、仲裁和诉讼等方式加以解决。当协商、调解不成时，绝大多数是通过仲裁而不是通过诉讼解决争议。这主要是因为：当事人直接来到法院进行诉讼，其优点是程序性强，判决效力有司法手段保障。但是跨境合同纠纷诉讼的缺点是判决书效力有区域性。从时间成本来看，法院诉讼，尤其是涉外电子商务领域的诉讼，由于在公证、送达等程序方面要求很严，同时又是多级审理，而且审限不严或不存在，因此所用时间一般会比仲裁长。从裁决质量来看，由于仲裁裁决实体上基本不受监督，仲裁员也不受组织监督，因此仲裁员在裁决时其内心可能比法官更容易受非法律因素影响，仲裁裁决质量从合理合法角度而言可能比法院更低。就费用而言，诉讼律师费用一般会比仲裁律师费用高，诉讼总费用也比仲裁总费用高。从执行角度而言，一国或地区法院的判决难以在另一国家或地区得到执行，而仲裁裁决则可以。如果纠纷涉外，诉讼判决书在别国其实并无效力，因此在这点上不如仲裁。

跨境服务贸易仲裁也称国际商事仲裁，是指民事争议的双方当事人达成协议，自愿将争议提交选定的第三者根据一定程序规则和公正原则做出裁决，并有义务履行裁决的一种法律制度。仲裁制度的优点在于程序简便，只需要一次裁决就生效。目前仲裁是跨境国际贸易中被广泛采用的方式。

国际商事仲裁活动具有司法性，仲裁裁决在所有参加国际公约的国家中普遍适用，是司法制度的一个重要组成部分。仲裁依法受国家监督，由于仲裁是依照法律所允许的仲裁程度裁定争端，因而仲裁裁决具有法律约束力，当事人双方必须遵照执行。国家通过法院保证对仲裁协议的效力、仲裁程序的制定以及仲裁裁决的执行，遇有当事人不自愿执行的情况时可按照审判地法律所规定的权利范围进行干预。

2) 国际商事仲裁程序

国际商事仲裁协议或仲裁条款是当事人将其争议提交仲裁的意思表示，也是仲裁机构或仲裁员受理争议案件并使争议排除法院管辖的法律依据。国际商事仲裁条款主要约定仲裁机构、仲裁地点、仲裁程序与规则、仲裁效力和仲裁费用等内容。

从实务来看，在国际之间商品和服务买卖中，由于买卖双方当事人的营业所在地处于不同的国家或地区，买卖合同的订立、履行在相当大的程度上受各国或地区政治、经济和自然条件等因素的制约，情况复杂多变。买卖双方在履行合同的过程中，不可避免地要发生各种各样的争议。在这种情况下，各国或地区为了自己的权益，都要制定自己的电子签名、电子数据、外贸、关税、货币与外汇管制等各种法律规范，一旦发生争议就会导致法律冲突和法律适用问题。

为了解决国际之间商品和服务贸易合同中存在的上述风险问题，一般采用两种方法：

一是双方当事人在合同中订立一项电子签名法律适用条款，明确规定该合同争议所适用的法律。

《中华人民共和国涉外民事关系法律适用法》（以下简称《涉外民事关系法律适用法》）第三条规定，"当事人依照法律规定可以明示选择涉外民事关系适用的法律"。在国际之间商品和服务买卖活动中，因合同的订立、履行等发生争议，都可能导致适用某个国家或地区的国内法或某个国际公约或某项国际货物买卖惯例。实践中，跨境贸易一般都通过国际贸易合同，即由分处不同国家或地区的当事人之间进行进出口货物交易而订立的合同或者电子合同来保证。跨境买卖合同不同于国内合同，因为跨境买卖合同关系为涉外债权债务关系，属于涉外民事法律关系的范围，不能单纯依照国内民法或商法的电子签名或电子数据效力来处理，有时需要依照有关的国际条约或国际惯例来处理。

二是双方当事人在合同条款中未明确规定法律适用电子签名条款时，则由管辖合同争议纠纷的法院或仲裁庭，按照他们的法院地、仲裁地国家适用的法律冲突规范来确定该合同争议所应适用的电子签名法律。

《涉外民事关系法律适用法》第十四条规定，"法人及其分支机构的民事权利能力、民事行为能力、组织机构、股东权利义务等事项，适用登记地法律。法人的主营业地与登记地不一致的，可以适用主营业地法律。法人的经常居所地，为其主营业地"。根据《联合国国际货物销售合同公约》的规定，采用了"当事人营业所在地"为标准来区分国际货物买卖合同和国内货物买卖合同，而对当事人的国籍不予考虑，只适用上述公约中"营业地分处不同国家的当事人之间订立的货物买卖合同"的规定。

国际货物买卖合同，除了必须满足"当事人营业所在地必须分处不同国家"这一标准外，还必须满足：（一）双方当事人的营业地分处公约的成员国之内。如果只有一方在公约国内，或双方均不在公约国领土内，则公约不予适用。（二）在上述情况下，由国际私法规则导致适用某一缔约国的法律。

由此可见，国际货物买卖电子合同的法律适用，除了考虑当事人的登记地的条件外，还必须考虑营业地的要求。营业所在地通常是指当事人"永久性"的经常从事一般商业交易的场所，临时性的办事处或为某一特定交易进行谈判或洽谈商务的地点除外。如果当事人在世界各地都有营业所或者至少是两个或两个以上的营业所，在这种情况下，如何确定营业所在地呢？根据"最密切联系"原则，以与该国际货物买卖合同以及"合同"的履行关系最密切的营业所在地为准。《涉外民事关系法律适用法》第六条规定，"涉外民事关系适用外国法律，该国不同区域实施不同法律的，适用与该涉外民事关系有最密切联系区域的法律"。如果当事人无营业所在地，则以当事人的惯常居所地为营业所在地。

综上所述，当事人营业所在地分处不同国家这一事实问题，应该在跨境合同中明确表示出来，或者根据跨境贸易本身的因素，包括合同订立前所约定的电子签名方式或合同订立时的所告知因素在内，才能够确定当事人之间进行任何交易所采用的电子签名方式和电子签名适用的法律。

采用订立电子合同的方式进行跨境贸易时，合同内容的约定要素中应该包括下列几个方面：

（1）国际商事仲裁地点的规定。在什么地方进行仲裁，是买卖双方在磋商仲裁时的一个重点。这主要是因为，仲裁地点与仲裁所适用的程序法，以及合同适用的实体法关系最为密切。电子合同当事人视贸易对象和情况的不同，一般宜采用下述三种规定方法之一：力争规定在本国仲裁，可以规定在相对人所在国仲裁，也可规定在双方认同的第三国仲裁。

（2）国际商事仲裁机构的选择。国际贸易中的仲裁，可由双方当事人在仲裁协议中规定在常设的仲裁机构进行，也可以由当事人以双方共同指定仲裁员组成临时仲裁庭进行仲裁。当事人双方选用哪个国家（地区）的仲裁机构审理争议应在电子合同中做出具体说明。

（3）国际商事仲裁程序法的适用。在电子合同的仲裁条款中，应说明用哪个国家（地区）和哪个仲裁机构的仲裁规则进行仲裁。

国际商事仲裁程序是指双方当事人将所发生的争议根据仲裁协议的规定提交仲裁时应办理的各项手续。国际商事仲裁程序的主要内容大致如下：

① 提出仲裁申请。这是仲裁程序开始的首要手续，各国法律对申请书的规定不一致。如《中国国际经济贸易仲裁委员会仲裁规则》规定的条件是当事人一方申请仲裁时，应提交申请书，内容包括申诉人和被诉人的名称、地址，申诉人所依据的仲裁协议，申诉人的要求及所据的事实和证据。仲裁对于申诉人附具的证据要求比较宽松，对于电子签名技术比较包容，但应该有合理的逻辑链来做解释。

② 组织仲裁庭。如我国仲裁规则规定，申诉人和被申诉人各自在仲裁委员会仲裁员名册中指定一名仲裁员，并由仲裁委员会主席指定一名仲裁员为首仲裁员，共同组成仲裁庭审理案件。

③ 审理案件。仲裁庭审理案件的形式有两种：一是不开庭审理，这种审理一般是经当事人申请，或由仲裁庭征得双方当事人同意，只依据书面文件进行审理并做出裁决；二是开庭审理，如果双方当事人要求公开进行审理时，由仲裁庭做出决定。

④ 做出裁决。裁决是仲裁程序最后的一个环节。裁决做出后，审理案件的程序即告终结，因而这种裁决被称为最终裁决。

（4）仲裁裁决的效力。当事人对于仲裁裁决书，应依照其中所规定的时间自动履行，裁决书未规定期限的，应立即履行。一方当事人不履行的，另一方当事人可以根据仲裁地当地法律的规定，向仲裁地当地法院申请执行，或根据有关国际公约或仲裁地国家缔结或参加的其他国际条约的规定办理。

（5）仲裁费用的负担。通常在电子合同条款中明确规定仲裁费用由谁负担。一般规定由诉方承担，也有的规定由仲裁庭酌情决定。

3）非国内化趋势

传统的国际商事仲裁程序，由于过分强调仲裁地法律对仲裁程序的绝对适用性以及法院对仲裁的司法监督，从很大程度上制约了全球化背景下国际商事争议的高效解决，从而不利于全球服务贸易的发展。

20世纪90年代后，英美法系的部分国际商事仲裁案例突破了传统国际商事仲裁程序绝对适用仲裁地法的限制。由此带动了越来越多的国家或地区着手进行以扩大当事人意思自治的国际商事仲裁改革，以便促进本国和国际贸易的发展竞争力，由此诞生了国际商事仲裁程序的"非国内化"。

具体来说，国际商事仲裁程序"非国内化"是指国际商事仲裁程序可以摆脱仲裁地国法律，甚至任何特定国家法律的支配或控制，减少甚至脱离仲裁地国法院对仲裁的司法监督，而由相关执行国法院行使司法监督权的一种趋势。这可以体现在以下三个方面：

一是在国际商事仲裁程序法的适用上，允许当事人采用非仲裁地国的法律或规则，包括任何非特定国家的法律规则（又称非国内规则），例如国际法、一般法律原则、国际商事习惯法、公允和善良原则以及标准合同条款等。

二是当事人可以约定排除仲裁地法院对于国际商事仲裁裁决的撤销权。

三是相关执行国对"非国内化"的国际商事仲裁裁决予以承认和执行。

在国际商事仲裁法律适用上，由于绝大多数国家或地区的立法和实践都肯定了当事人或仲裁庭选择适用非国内规则的权利，已经呈现出"非国内化"的趋势，而且并不存在太多争议。"非国内化"不仅得到西方国家立法和实践的肯定，同时也得到了《承认与执行外国仲裁裁决公约》（《纽约公约》）、《国际商事仲裁示范法》、《国际商会仲裁规则》等重要国际法的支持。我国国际仲裁实践中已出现了涉及"非国内化"案例。

国际商事仲裁程序"非国内化"的趋势，旨在解决仲裁地法对仲裁程序绝对控制的不合理性，力图实现最大的程序自治，从而成为国际商事仲裁程序领域的一种新的发展方向。

6.4.3 电子开示

电子证据开示（Disclosure of Electronic Evidence）也被称为电子披露或电子发现（E-discovery），是指在审前的证据展示中，诉讼各方在仲裁机构或法院的主持下，将本方所掌握的电子证据告知对方，并出示、交接的一种审前程序，其目的在于防止诉讼双方在庭审举证之时，使用未开示过的电子证据来证明其主张，使对方毫无应对准备。

电子开示是英美法系中的电子证据交换制度,如《英国民事诉讼法第 31 条实践指南》、美国《联邦民事诉讼规则》等。在国际商事仲裁规则中也有相应规定,一些国际仲裁机构,比如美国仲裁协会国际争议解决中心、国际冲突预防与解决协会、英国特许仲裁员协会、国际商会仲裁院以及国际律师协会都已经制定了电子开示的指导原则或规则,如《IBA 证据规则》、《国际商事仲裁书证披露与证人提供指南》、2008 年英国特许仲裁员协会《仲裁电子披露指南》、2011 年国际商会《国际仲裁电子文件开示的管理方法》等。

1) 电子开示的程序

一旦在英美法系国家或地区出现涉及跨境电子合同等电子数据作为证据时的诉讼或者仲裁,往往就将出现电子开示程序。电子证据开示程序是国外现行法律所制定的需要从当事人的电子信息的证据中获取证据的法定程序。

美国对电子证据的相关规定一直走在世界前列,其通过修正案的形式不断完善电子证据的相关立法,尤其是有关电子证据开示的相关立法,形成了完善的电子证据体系。

美国从 1996 年的首次电子证据开示会议开始,直到 2006 年 4 月联邦最高法院通过相关修正案,2006 年《联邦民事诉讼规则》确立了电子证据开示制度。其后修正案的形式不断完善和发展,最终形成了 2015 年《联邦民事诉讼规则》修正案。美国《联邦民事诉讼规则》规定:"对存储在新的与传统不同的媒介中的信息是正当的。这些媒介包括计算机冲压卡、硬盘驱动器、磁盘、CDROM、计算机打印输出品、电子邮件以及其他记录或存储数据的计算机定向部件。"

当事人在程序早期会面并商谈相关事项被一些国家的立法明确规定,其中以美国和英国的民事诉讼立法最为典型。一般而言,在国际商事仲裁中,在程序早期(如审前程序阶段),仲裁庭、法庭与当事人就证据规则的确定进行协商,通常可以减少或避免程序进行中当事人之间的不合作而导致的拖延。

美国《联邦民事诉讼规则》第 16 条规定,当事人在案件进入法定程序伊始就应该对电子证据进行开示,并将需要开示的问题纳入民事审前会议,需要安排电子证据开示的时间、日程、内容等。

《国际商事仲裁书证披露与证人提供指南》第 1 条也规定,"考虑到保存书证,尤其是以电子信息形式存在的书证的高昂成本和负担,关于当事人为潜在的仲裁披露而保存书证的义务范围应当在一个早期日程会议上，或者此后的尽早时间进行处理"。

在电子证据开示的审前会议中，当事人一般需要对以下问题进行探讨：

（1）电子证据的保存和保全措施。

（2）电子文件开示的深度与范围，是审前会议确定的重点问题。

（3）电子证据开示中所采用的电子证据格式，《仲裁电子披露指南》第8条规定，被披露的电子文件应当以该信息通常维护采用的格式或以合理可用的形式出示。如果当事人之间没有达成展示协议，法庭或仲裁庭应决定被披露的电子文件以原始格式或其他格式出示。

（4）电子文件开示的时间表。

（5）电子文件开示的工具与方法。

（6）电子证据开示时的特权保留事项以及相应的隐私保护问题，应提请法庭获得批准。

（7）其他问题。

2）电子开示的原则

在确定电子开示的范围方面，目前英美法系以及国际仲裁规则中，普遍制定并应遵循的原则有：

（1）连续性原则。由于电子证据文件容易变更，证据的连续性是电子文件开示的主要问题。作为电子取证的主要原则，证据连续性是指在证据被正式提交给法庭时，必须能说明证据从最初的生成到在法庭上出示之间的任何变化，或者是没有任何变化。

（2）合理原则。电子文件的出示往往涉及海量的数据以及高昂的成本，当事人可能通过滥用电子开示程序，如过多地请求对方出示电子文件以试图消耗对方的时间和金钱。《IBA证据规则》第3条对电子文件的出示请求进行了限制，《仲裁电子披露指南》也有类似的规定。在英国《民事诉讼法》和美国《联邦民事诉讼规则》中都强调比例原则，即权衡文件出示对查清事实的帮助、争议数额与文件出示的负担和成本，使得追求公正的同时也需要考虑成本与效率。《仲裁电子披露指南》规定了仲裁庭在下达电子文件披露的命令时应当考虑合理性与相称性，体现平衡效率与公平的价值追求。

(3) 善意原则。电子证据的当事人应遵守善意原则，有义务保存具有相关性或潜在相关性的证据。毁弃对方依赖的电子文件，试图使对方不能证明其主张，在许多国家会构成欺诈、伪证，将会导致裁决的撤销或是费用负担方面的惩罚，甚至刑事处罚。

(4) 不利原则。在确定了电子数据的开示范围之后，如果发生了电子合同数据不能提交，则可能带来法律惩罚后果。依据《IBA证据规则》第9条第5款，如果当事人没有给出合理的解释而未出示被要求的文件，则仲裁庭可以进行不利推定；有些国家和地区会对数据转移进行限制，比如依据欧盟的数据保护法，第三方数据转移到欧盟以外的国家必须具有正当理由，违反其规定可能面临损害赔偿，还可能受到行政或是刑事处罚。不过，美国联邦证据规则对于数据损毁的情况，为当事人提供了"安全港"保护："当事人不需要从当事人认为不易访问的信息源提供开示或电子存储信息，这种不易于访问主要是由于存在着不合理的举证负担或成本。"但是这种"安全港"并不是没有限制的，法院可以对于那些放置在存储设备中（例如闪盘）而非常容易进行备份但却被丢失的情况进行处罚。因此，联邦证据规则中的"安全港规则"仅适用于电子信息系统的日常操作而导致的数据丢失，而不适用于系统的用户的个人行为或习惯而导致的数据丢失，更不包括故意损毁的行为。

(5) 透明原则。英国《民事诉讼法》规定，提出开示请求的一方当事人应该说明或仲裁庭可以要求当事人指明具体的电子文档、搜索关键词以及高效、经济地搜索该文件的方式。这些公开的说明还包括数据的可访问性、数据所在位置、确定相关性数据位置的可能性、搜索或披露以及审查该数据的成本、电子文件在复原过程中被变动的可能性。这些说明可以帮助确定电子开示范围的合理性，如《仲裁电子披露指南》主张电子文件披露的主要来源应当是可合理访问的数据。

3) 元数据开示

电子开示的范围是影响国际商事仲裁或跨境诉讼成本的最大因素。在电子披露或开示这一过程中，独立性和安全性不足的跨境电子合同证据开示往往涉及元数据开示。

《英国民事诉讼法第31条实践指南》第2A段规定了元数据的问题。同时美国《联邦诉讼规则》规定，元数据是一种可开示的数据，但未规定具体内容。在

《仲裁电子披露指南》第 9 条的规定中也同样涉及元数据披露，但是规定了元数据具体披露比例应符合合理原则。

一般来说，元数据开示对象可分为用户特定数据、用户特定元数据和公用元数据。

元数据是描述其他数据的数据，或者说是用于提供某种资源的有关信息的结构数据。元数据是描述信息资源或数据等对象的数据，其分析使用的目的在于：识别数据；评价数据；追踪数据在使用过程中的变化；简单高效地管理大量网络化数据，最终可以实现信息数据的有效发现、查找、一体化组织和有效管理。电子开示中对元数据分析的必要性在于：

（1）很多日常商务场景往往采用触屏手写、邮件来往、即时通信工具等，电子记录非常容易受到欺诈和人为篡改。对于黑客来说，伪造电子信息、删除或改变电子文件几乎毫无难度，并且篡改人员的真实身份难以确定。因此，面对没有采用电子签名技术手段对证据进行事先固定的情况下，为了确定文件的原始来源、变动历史和真实性，举证就常常需要建立电子证据链，分析底层数据。

（2）这些信息安全措施欠缺的交易数据中常包含被认为很早以前就被删除或修改的底稿文件。由于电子记录不容易被彻底删除，文件虽然在计算机用户界面上被删除了，但计算机的磁盘空间很多还可以恢复、重写和分析，相关信息可能仍然留存于硬盘，直到它所在的区间被其他数据覆盖。即使这样，该文件仍可以在某种程度上被恢复，还有一种"软删除"的状态，即虽然文件标示为被删除，但从物理意义上仍然没有被覆盖或删除，被软删除的数据仍然可以完全地被恢复，比如电脑用户将文件丢入回收站，在未被清空之前该文件仍然可以恢复。即便被清空，这些文件仍然可能通过数据碎片的重组而被恢复。这也造成必须对元数据进行开示。

（3）目前越来越多的用户采用云计算。在云计算中，用户并不知道云服务的物理所在位置，也不知道其数据和软件的位置。云计算具有匿名性、表面性和不可识别性。同时，在云计算中跨平台使用数据成为可能，这些跨平台数据流动会越来越成为主流模式。因此，云服务商会将许多数据进行统一控制，一个用户的 ESI 可能存储在多个物理存储媒介中，以便易于获取。例如在 SaaS 应用中，数据可能被云服务商占有，或者由数据所有人与其他人共同占有，因此必须分析公用元数据。

（4）没有采用隔离、加密的电子交易数据，使得累积在电子储存媒介中的大量信息常被以一种毫无逻辑或者是一种非常随意的形式组织在一起，一旦呈堂需要进一步说明阐述这些证据的逻辑性和技术联系时，那么必然需要元数据证据链提供大量的数据索引进行佐证。

（5）电子数据文件容易被复制，其通过网络传输与共享可能被存储于不同的位置，比如服务器、电脑硬盘等，且电子文件也可能为数量众多的电脑用户所保存；同时电子文件创建以后可以不断地被修改，以及非人为原因自动地变动；计算机环境的快速变化还会导致遗留数据问题，即那些以非正常使用的格式创建且不能使用常用工具打开的数据；而且电子文件的打开或移动本身也可能会影响它的修改时间。这些因素都带来了必须通过元数据的分析和开示来找到文件的初始痕迹，以及确定电子合同交易数据的变动线索。

总之，通过元数据开示可以掌握附着于数据之上的描述性信息，如名称、注释、文件版本、存储数据的位置等，识别和索引照片、视频和文本中的标记，发现起草文本、编辑内容和其他已删除的信息（这些信息被称为嵌入式数据，是一般用户所无法阅读的），还可以描述电子文件的历史、痕迹和操作等情况。

英美法系诉讼或国际商事仲裁中，一般由委托律师或其委托的专门机构负责元数据开示。元数据开示一般要经过元数据规划、元数据取证、元数据建模、元数据出证四个阶段，其时间成本和费用成本都比较高。

4）电子开示的应对

由于电子开示在我国诉讼中暂无单独或明确的规则，大多数当事人缺乏此方面的经验。因此在从事跨境电子合同交易时，应事先了解一些面临电子开示时的应对措施。

首先，跨境电子合同证据应及时下载保存，并能够完整提供。

近年来，采用云计算是许多公司减轻办公自动化成本、提高经营效率的首选方式，并产生了大量电子存储数据（ESI）。根据美国电子证据开示规则，要求当事人提供"占有、保管和控制"的电子存储数据。对于云计算环境下的电子合同证据开示问题，首先要确定电子合同证据"控制"的权限。但云服务是由第三方来存储数据的，如亚马逊云、微软云、谷歌云等。

目前大部分云服务商拒绝认可云计算中的数据归他们所有，依然认为这些数据归用户所有。美国联邦证据规则中的"控制"被界定为当事人可以排斥性地或实质性地实现对ESI及其元数据的"控制"。因此，按照美国联邦证据规则来说，云服务平台可能会"占有"和"保管"数据；但在这些公司与用户的协议中，则将数据的控制权交给用户本人，是由用户本人"控制"该数据。

此外，用户选择的云服务商可能将数据中心放置在国外，因此在数据中心的数据可能受外国法的调整或者根本没有法律对其加以调整。这也会使用户无法进行电子合同证据开示。云服务商也可能会通过合同限制对其业务所涉数据的控制，这就可能会使用户进行电子证据开示的努力落空。事实上，用户"控制"数据的能力，是基于云服务条件下的用户保留材料的准备能力，也基于用户与电子合同云服务平台之间的合同规定。

其次，采用加密和签名技术的电子合同文件有助于大幅降低电子开示的成本，取得更好的司法保障权益。

采用了以数字签名为核心的电子合同订立手段，从数据形成的开始阶段就构成数据之间的强相关，并且无法篡改或者篡改之后能够被发现，因此一般仅分析用户特定数据就可以完成电子合同证据的提交和开示。

但是如果事前安全手段不够完备，电子合同证据开示的范围就难以控制，甚至涉及用户元数据以及公用元数据的开示，其数据开示分析的广度和深度都将造成巨大的时间成本和经济成本。

因此尽量规避此类风险，采用国际惯例和各国法律普遍支持的数字签名方式可以提升安全手段、有效维护跨境电子交易各方的权益。我们可以看到，包括国际商会（ICC）《国际数字化安全商务应用指南》、经济合作与发展组织（OECD）《加密政策指南》、美国律师协会（ABA）《ABA数字签名指南》以及联合国、欧盟等在内的众多国际组织颁布的文件中，越来越多地接受和肯定以数字签名为核心的可靠的电子签名方式。

———— 问题讨论 ————

1. 电子合同在存证或保全时应注意什么?
2. 电子合同验证结论应该由哪些内容组成?
3. 网上调解仲裁的好处在哪里?
4. 跨境电子合同应该防范哪些风险?
5. 如何通过互联网法院打官司?
6. 电子签名互认是如何实现的?
7. 电子开示是什么?电子开示的风险体现在哪里?

第 7 章 电子合同的缔约实训

本章从 CtoC、BtoC、BtoB 三大合同签署类别中各自选择了一个电子合同典型应用作为实训案例。案例选用中国云签第三方电子合同订立平台，其获得工信部可靠电子签名验收并被授予"电子缔约安全保障服务平台"，符合 GB 电子合同国家标准，具备完善的法律效力。

本章案例的场景和素材皆为虚构。用户可另行登录云签官网或在移动市场下载云签 APP 采用相关实际案例来体验。

7.1 CtoC 租房合同

场景：张飞出租公寓给关羽。张飞通过移动手机端发起合同，关羽在桌面电脑端接收并签署租房合同。

7.1.1 要约人移动端注册

（1）下载云签 APP，点击注册账号按钮，进入个人注册页面，输入手机号，点击获取并输入有效的短信验证码，点击"电子签约室用户注册和使用协议"并阅读同意该协议。

注册成功后进入实人认证页面（图 7-1），对身份证正反面进行拍照，点击"下一步"，系统会自动识别姓名、身份证号码和身份证有效期，当识别有误时支持手动修改信息；识别通过后进入人脸识别，按照提示进行。

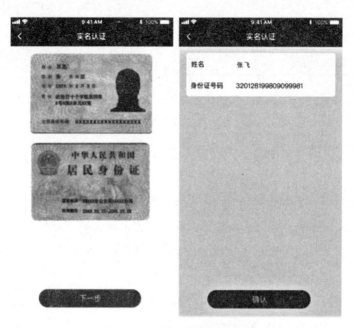

图 7-1 要约人实人认证页面

（2）当拍摄照片画质不清，可点击左侧"返回"重新进行拍摄，拍摄照片成功点击右侧"确认"。若人脸认证通过，则跳转进入签署密码设置页面。后期也可在个人中心—安全设置中进行签署密码的更改（图 7-2）。

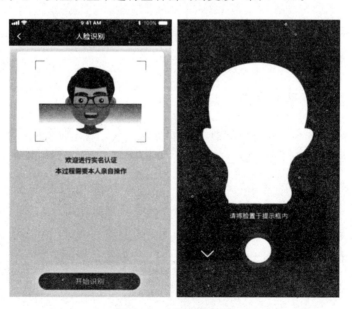

图 7-2 人脸识别认证

7.1.2 发起租房合同

(1) 创建租房合同文本。登录进入创建合同页（图7-3），点击进行合同选择，可以上传合同文件（Word、PDF）或上传图片（拍照或者选择图片）；上传后可进行合同模版选择。

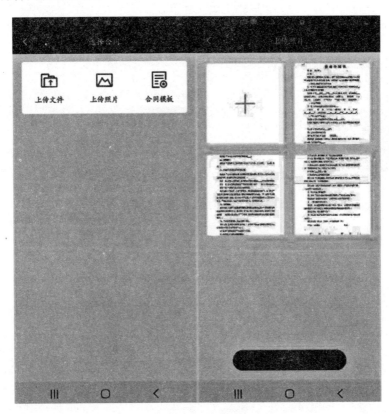

图7-3 创建合同页面

(2) 填写合同基础信息。点击进入租房合同信息填写页，选择填写合同标题、合同金额、截止签约时间、签约人、合同类别等信息后，发送合同进入等待签署区。

(3) 签署合同。在"待我签署"中选择已经准备好的租房合同点击进入合同详情页面，点击"签署"进入签署页面。

(4) 选择预存储的签章图片（或实时手写签字）拖动印章至盖章处，点击"签署完成"，并输入签署密码，则签署完成（图7-4）。

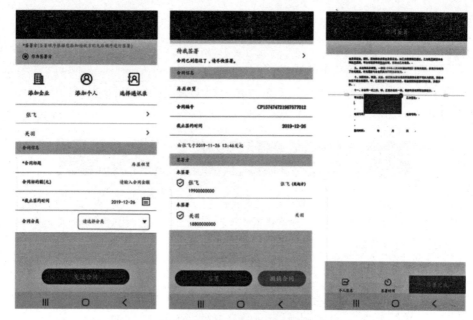

图 7-4 填写合同信息并签署合同

7.1.3 受要约人 PC 端注册

（1）关羽注册身份。登录 yunsign 官网注册账号，输入手机号后点击"获取验证码"，输入有效的短信验证码，点击"电子签约室用户注册和使用协议"预览后进入下一步（图 7-5）。

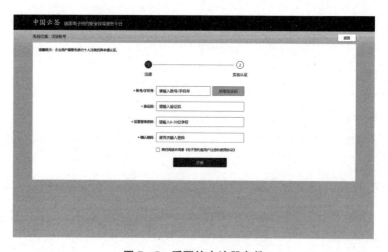

图 7-5 受要约人注册身份

(2) 实人认证。通过扫描页面上二维码进行 APP 的下载，在移动端完成刷脸实人认证，若没有进行实人认证则无法进入签署系统。APP 实人认证过程同上。

图 7-6　受要约人实人认证

7.1.4　接收签署邀约

(1) 通过电脑登录后，在"合同管理"—"待我签署"中，找到电子合同服务平台发来的租房合同，点击"签署"进入签约页面。

(2) 点击预存个人签名和签署时间（时间戳），拖动到合同需要进行签名的地方，点击合同中的签名可以拖动进行位置调整，点击签名的右上角可进行删除，点击签名右下角可以调整签名大小。

(3) 点击"签署完成"，输入签署密码，完成后则租房合同签署完成（如设置审批流，则合同状态流转至待他人签署）（图 7-7）。

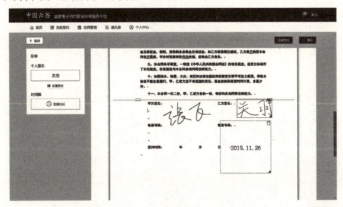

图 7-7　受要约人完成签署

7.1.5 双方签署成功

待对方签署完成后，合同已全部签署完毕，双方均可在"合同管理"—"已完成"中查看和下载该合同（图7-8）。

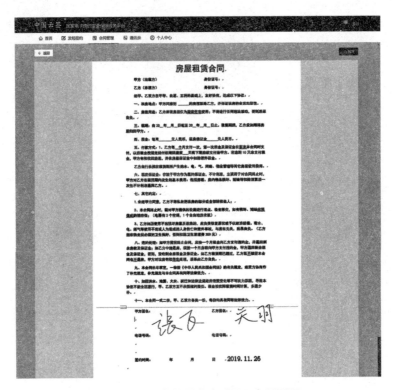

图7-8 双方签署成功后显示合同页面

7.2 BtoC 劳动合同

场景：关羽入职蜀国公司。公司同意录取，并发起劳动合同经过内部审批通过，双方成功签署劳动合同。

7.2.1 单位注册认证

（1）机构注册。单位申请人在PC端登录云签官网，点击"企业认证"，进入企业注册流程，上传企业营业执照后会自动识别企业名称、统一信用社会代码和法人代表，点击"下一步"进入机构授权书认证（图7-9）。

图7-9　机构注册

（2）授权书认证。申请人点击"法人授权书"模板进行下载，填写完毕加盖公章后，拍照上传授权书。"法人授权书"必传，否则无法进行下一步（图7-10）。

图7-10　授权书认证

（3）获得管理员权限。"法人授权书"审核成功后，则当前申请账户成为该单位的云签账户管理员（图7-11）。

图 7-11 获得管理员权限

7.2.2 设置印章管理

(1) 单位管理员点击"企业中心"—"公司印章"进入印章管理页面（图 7-12），点击"添加印章"。

(2) 上传公章图片，保证公章图片清晰且尽量为白底，根据印章大小手动截取，系统自动去除背景。上传成功返回印章管理列表页。

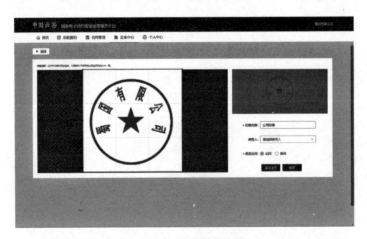

图 7-12 印章管理页面

7.2.3 单位劳动合同创建

(1) 点击"合同管理"—"合同模板"，进入合同模板管理页面（图 7-13）。

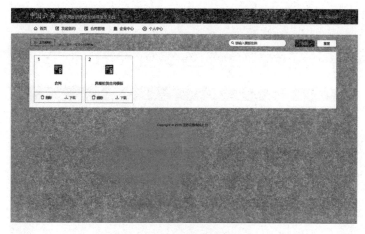

图 7-13 合同模板管理页面

（2）编辑并完善劳动合同模板，点击"上传模板"跳转至上传页面，模版上传完毕后可点击下方按钮进行预览。合同模板可以增删（图 7-14）。

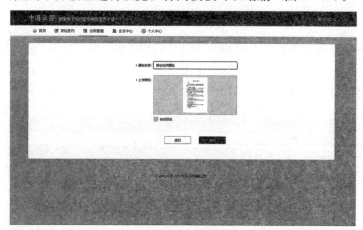

图 7-14 上传合同页面

7.2.4 劳动合同审批盖章

（1）设置审批流。机构管理员可以添加好友的方式建立审批群组和审批顺序，设置劳动合同审批流；管理员可从通讯录中直接选择添加合同接收人，合同签署的顺序根据添加方的先后顺序进行排列。

（2）填写合同信息。包括合同标题和分类、合同金额（非必填）、签署截止日期等。

(3) 上传合同文件。上传文件支持 Word、PDF 和图片三种格式，选择上传成功后点击下方文件预览。还可上传合同附件。

(4) 合同编辑完成后进入合同发起页面（图 7-15）。

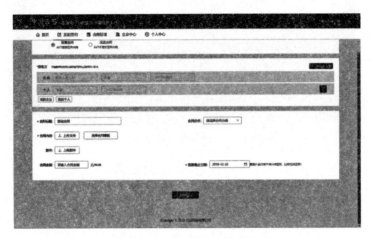

图 7-15　合同发起页面

(5) 编辑审批。该合同的审批组成员可将内容字段中的文本框拖动到合同中，在文本框中编辑字段，再拖动到想要放置的位置，点击左下角可以调整文本大小，点击右上角可删除（图 7-16）。

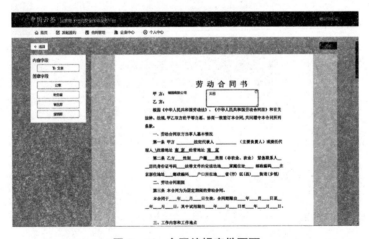

图 7-16　合同编辑审批页面

(6) 签署合同。审批结束后点击"确定"回到发起页面，管理员进入"待我签署"页面，点击"签署完成"输入签署密码，加盖印章完成签署，发送给对方签署。系统默认应加盖印章才能完成签署，如果发起时没有加盖印章，签署页面应加盖印章，否则无法完成签署。

7.2.5 员工通过 APP 签署

关羽已经在 PC 端申请过账户，因此可在 APP 同时登录。在"待我签署"合同列表中找到该劳动合同，点击进入详情，点击签署进行手写签名，签署成功后进入已完成合同中查看（图 7-17）。

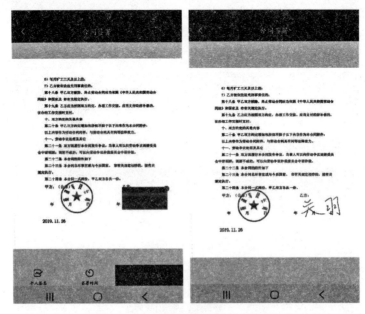

图 7-17 合同手写签名及完成页面

7.3 BtoB 采购合同

场景：东吴向蜀国采购货物，东吴公司拥有自己的采购网站，但缺乏有效签约功能。东吴采购网站通过云签 API 接口接入电子合同服务，蜀国登录东吴采购网站就可以直接签署电子采购合同。

7.3.1 采购平台管理员注册

（1）登录云签官网申请注册账号，输入手机号后点击获取验证码，输入有效的短信验证码,点击"电子签约室用户注册和使用协议"预览后进入下一步。

(2) 通过扫描页面上二维码进行 APP 的下载,在移动端完成刷脸实人认证,若没有进行实人认证则无法进入签署系统(图 7-18)。

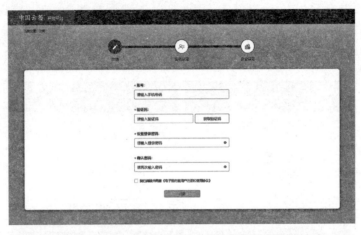

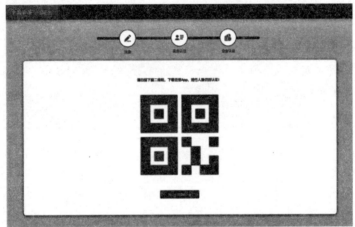

图 7-18 采购平台管理员注册认证页面

7.3.2 平台单位认证

(1) 企业认证同前。企业信息页面上传企业营业执照完成后会自动识别带出企业名称、统一信用社会代码和法人代表,输入框支持编辑修改,点击"下一步"进入授权书认证,如果信息错误则无法进入下一步。

(2) 授权书认证。点击"电子合同服务平台法人授权书"模板进行下载,填写完毕加盖公章后拍照上传授权书。"法人授权书"审核成功后,则当前申请账户成为该认证机构的管理员。

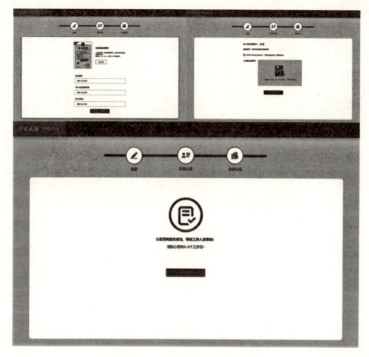

图 7-19 平台单位认证页面

7.3.3 采购平台参数设置

采购平台企业认证通过后,管理员或技术人员登录进入云签平台接口配置页面,设置接口并请求配置。点击"添加应用"后生成相应的应用方法(图 7-20):

(1) APP NAME,添加应用所命名的名称;

(2) APP KEY,添加应用后自动生成,用于请求入参,不可变更;

(3) APP SECRET,添加应用后自动生成,用于请求入参,点击查看密钥弹出窗口,验证手机验证码后可见接口密钥 ID,重置同理;

(4) IP 白名单,添加本地服务器 IP 地址,如果不添加则请求无法成功,可添加多个 IP,可删除不使用的 IP,控制阀关闭时则无法进行添加以及删除;

(5) 回调地址设置:合同签署时云签调用地址;

(6) 回跳地址设置:合同签署完成时跳转的机构地址。

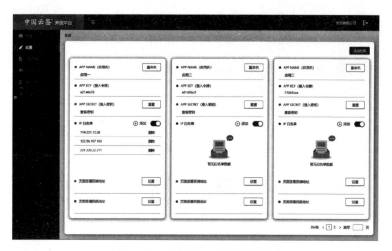

图 7-20　采购平台参数设置页面

7.3.4　合同模板管理

（1）点击"企业"—"合同模板"，进入模板管理页面，新加模板成功后会自动生成模板编号，用于发起签约时的入参（图 7-21）。

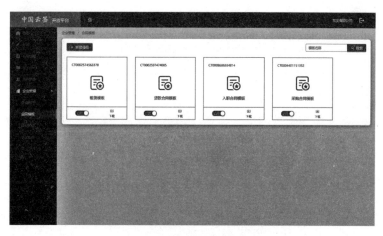

图 7-21　合同模板管理页面

（2）点击新建模板，跳转至上传合同模板页面，上传完毕后可点击下方按钮进行预览（图 7-22）。

（3）上传成功后可根据模板名称进行筛选。当前已上传的合同模板点击"下载"时，下载的格式为 HTML。点击"删除"按钮，弹出"确认"弹窗，确认

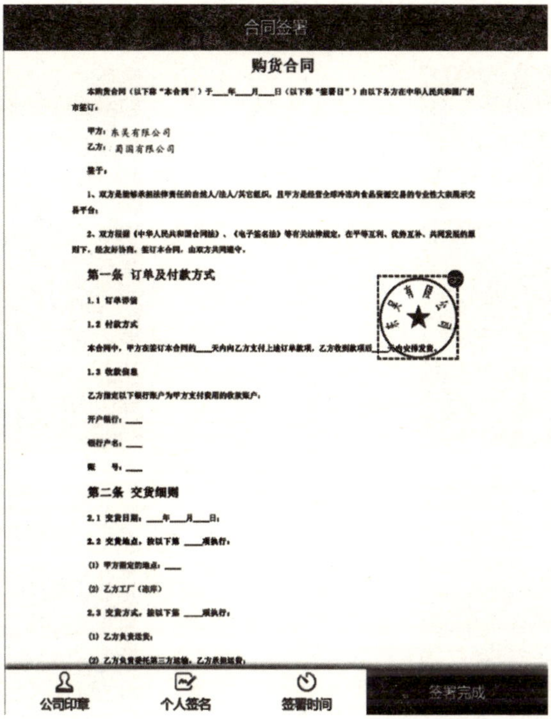

图 7-26 合同签署页面

7.3.8 合同查看和下载

（1）双方签署完成后可进行预览查看（图 7-27），进入合同详情页，均可下载已签署完成的合同，电商平台还可通过接口方式下载合同（详细入参方法可见云签接口文档）。

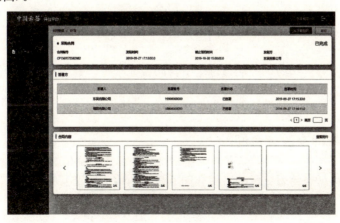

图 7-27 合同详情页面

（2）点击合同内容中的页面即可进行相应的预览查看（图7-28）。

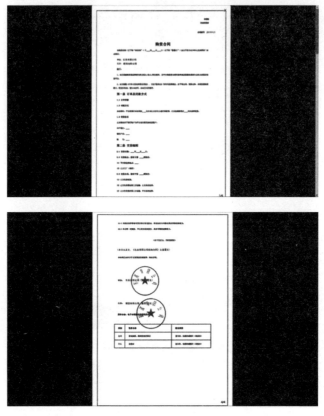

图7-28 合同预览页面

●●●●●● 7.4 电子合同验证 ●●●●●●

场景：因劳资纠纷，关羽通过电子合同验证平台，查验并下载所签署的劳动合同的验证报告（"验证"业界常常也称为"验真"）。

7.4.1 在线提交验证合同

当事人将已经签署完成的云签合同下载至本地。登录云签验证官网，进入合同验真页面（图7-29），点击上传按钮将下载好的合同上传并提交。

图 7-29 合同验真页面

7.4.2 查看下载验证报告

(1) 提交合同成功后,页面跳转即可生成验真报告。点击"下载本地",生成 PDF 格式的验真报告(图 7-30)。

图 7-30 生成验真报告页面

(2) 云签验证报告包括采用的电子合同标准、具备的可靠电子签名资质、区块链存证保全的标识、分类保存的时间戳和电子签名信息数据等关键性验证信息证明(图 7-31)。

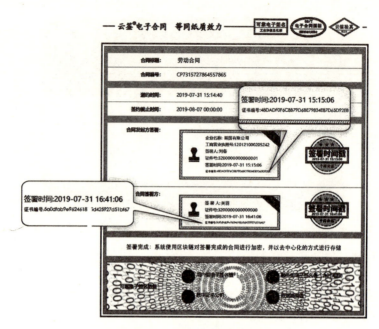

图 7-31 云签验证报告页面

(3) 当事人如需云签验证报告纸质原件（图 7-32），可联系客服人员索取。

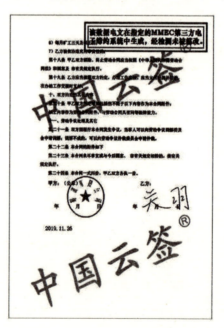

图 7-32 云签验证报告纸质原件

问题讨论

1. 您认为在保证安全性的前提下,还有哪些手段可以提升用户签署电子合同时的体验?

2. 您还可以找到哪些可以取代纸质合同的电子合同业务场景?

3. 您认为移动端电子合同签署是否会完全取代桌面端电子合同签署?

4. 您最为关注电子合同鉴定举证报告中的哪些内容?

5. 请设计一个您身边的电子合同业务签署方案。

附 录

《中华人民共和国民法典》合同篇

(2020 年 5 月 28 日第十三届全国人民代表大会第三次会议通过)

第三编 合同
第一分编 通则

第一章 一般规定

第四百六十三条 本编调整因合同产生的民事关系。

第四百六十四条 合同是民事主体之间设立、变更、终止民事法律关系的协议。

婚姻、收养、监护等有关身份关系的协议,适用有关该身份关系的法律规定;没有规定的,可以根据其性质参照适用本编规定。

第四百六十五条 依法成立的合同,受法律保护。

依法成立的合同,仅对当事人具有法律约束力,但是法律另有规定的除外。

第四百六十六条 当事人对合同条款的理解有争议的,应当依据本法第一百四十二条第一款的规定,确定争议条款的含义。

合同文本采用两种以上文字订立并约定具有同等效力的,对各文本使用的词句推定具有相同含义。各文本使用的词句不一致的,应当根据合同的相关条款、性质、目的以及诚信原则等予以解释。

第四百六十七条 本法或者其他法律没有明文规定的合同,适用本编通则的规定,并可以参照适用本编或者其他法律最相类似合同的规定。

在中华人民共和国境内履行的中外合资经营企业合同、中外合作经营企业合同、中外合作勘探开发自然资源合同,适用中华人民共和国法律。

第四百六十八条 非因合同产生的债权债务关系,适用有关该债权债务关系的法律规定;没有规定的,适用本编通则的有关规定,但是根据其性质不能适用的除外。

第二章 合同的订立

第四百六十九条 当事人订立合同,可以采用书面形式、口头形式或者其他形式。

书面形式是合同书、信件、电报、电传、传真等可以有形地表现所载内容的形式。

以电子数据交换、电子邮件等方式能够有形地表现所载内容,并可以随时调取查用的数据电文,视为书面形式。

第四百七十条 合同的内容由当事人约定,一般包括下列条款:

(一)当事人的姓名或者名称和住所;

(二)标的;

(三)数量;

(四)质量;

(五)价款或者报酬;

(六)履行期限、地点和方式;

(七)违约责任;

(八)解决争议的方法。

当事人可以参照各类合同的示范文本订立合同。

第四百七十一条 当事人订立合同,可以采取要约、承诺方式或者其他方式。

第四百七十二条 要约是希望与他人订立合同的意思表示,该意思表示应当符合下列条件:

(一)内容具体确定;

(二)表明经受要约人承诺,要约人即受该意思表示约束。

第四百七十三条 要约邀请是希望他人向自己发出要约的表示。拍卖公告、招标公告、招股说明书、债券募集办法、基金招募说明书、商业广告和宣传、寄送的价目表等为要约邀请。

商业广告和宣传的内容符合要约条件的，构成要约。

第四百七十四条　要约生效的时间适用本法第一百三十七条的规定。

第四百七十五条　要约可以撤回。要约的撤回适用本法第一百四十一条的规定。

第四百七十六条　要约可以撤销，但是有下列情形之一的除外：

（一）要约人以确定承诺期限或者其他形式明示要约不可撤销；

（二）受要约人有理由认为要约是不可撤销的，并已经为履行合同做了合理准备工作。

第四百七十七条　撤销要约的意思表示以对话方式作出的，该意思表示的内容应当在受要约人作出承诺之前为受要约人所知道；撤销要约的意思表示以非对话方式作出的，应当在受要约人作出承诺之前到达受要约人。

第四百七十八条　有下列情形之一的，要约失效：

（一）要约被拒绝；

（二）要约被依法撤销；

（三）承诺期限届满，受要约人未作出承诺；

（四）受要约人对要约的内容作出实质性变更。

第四百七十九条　承诺是受要约人同意要约的意思表示。

第四百八十条　承诺应当以通知的方式作出；但是，根据交易习惯或者要约表明可以通过行为作出承诺的除外。

第四百八十一条　承诺应当在要约确定的期限内到达要约人。

要约没有确定承诺期限的，承诺应当依照下列规定到达：

（一）要约以对话方式作出的，应当即时作出承诺；

（二）要约以非对话方式作出的，承诺应当在合理期限内到达。

第四百八十二条　要约以信件或者电报作出的，承诺期限自信件载明的日期或者电报交发之日开始计算。信件未载明日期的，自投寄该信件的邮戳日期开始计算。要约以电话、传真、电子邮件等快速通讯方式作出的，承诺期限自要约到达受要约人时开始计算。

第四百八十三条　承诺生效时合同成立，但是法律另有规定或者当事人另有约定的除外。

第四百八十四条　以通知方式作出的承诺，生效的时间适用本法第一百三十七条的规定。

承诺不需要通知的，根据交易习惯或者要约的要求作出承诺的行为时生效。

第四百八十五条　承诺可以撤回。承诺的撤回适用本法第一百四十一条的规定。

第四百八十六条　受要约人超过承诺期限发出承诺，或者在承诺期限内发出承诺，按照通常情形不能及时到达要约人的，为新要约；但是，要约人及时通知受要约人该承诺有效的除外。

第四百八十七条　受要约人在承诺期限内发出承诺，按照通常情形能够及时到达要约人，但是因其他原因致使承诺到达要约人时超过承诺期限的，除要约人及时通知受要约人因承诺超过期限不接受该承诺外，该承诺有效。

第四百八十八条　承诺的内容应当与要约的内容一致。受要约人对要约的内容作出实质性变更的，为新要约。有关合同标的、数量、质量、价款或者报酬、履行期限、履行地点和方式、违约责任和解决争议方法等的变更，是对要约内容的实质性变更。

第四百八十九条　承诺对要约的内容作出非实质性变更的，除要约人及时表示反对或者要约表明承诺不得对要约的内容作出任何变更外，该承诺有效，合同的内容以承诺的内容为准。

第四百九十条　当事人采用合同书形式订立合同的，自当事人均签名、盖章或者按指印时合同成立。在签名、盖章或者按指印之前，当事人一方已经履行主要义务，对方接受时，该合同成立。

法律、行政法规规定或者当事人约定合同应当采用书面形式订立，当事人未采用书面形式但是一方已经履行主要义务，对方接受时，该合同成立。

第四百九十一条　当事人采用信件、数据电文等形式订立合同要求签订确认书的，签订确认书时合同成立。

当事人一方通过互联网等信息网络发布的商品或者服务信息符合要约条件的，对方选择该商品或者服务并提交订单成功时合同成立，但是当事人另有约定的除外。

第四百九十二条　承诺生效的地点为合同成立的地点。

采用数据电文形式订立合同的，收件人的主营业地为合同成立的地点；没有主营业地的，其住所地为合同成立的地点。当事人另有约定的，按照其约定。

第四百九十三条　当事人采用合同书形式订立合同的，最后签名、盖章或者按指印的地点为合同成立的地点，但是当事人另有约定的除外。

第四百九十四条　国家根据抢险救灾、疫情防控或者其他需要下达国家订货任务、指令性任务的，有关民事主体之间应当依照有关法律、行政法规规定的权利和义务订立合同。

依照法律、行政法规的规定负有发出要约义务的当事人，应当及时发出合理的要约。

依照法律、行政法规的规定负有作出承诺义务的当事人，不得拒绝对方合理的订立合同要求。

第四百九十五条　当事人约定在将来一定期限内订立合同的认购书、订购书、预订书等，构成预约合同。

当事人一方不履行预约合同约定的订立合同义务的，对方可以请求其承担预约合同的违约责任。

第四百九十六条　格式条款是当事人为了重复使用而预先拟定，并在订立合同时未与对方协商的条款。

采用格式条款订立合同的，提供格式条款的一方应当遵循公平原则确定当事人之间的权利和义务，并采取合理的方式提示对方注意免除或者减轻其责任等与对方有重大利害关系的条款，按照对方的要求，对该条款予以说明。提供格式条款的一方未履行提示或者说明义务，致使对方没有注意或者理解与其有重大利害关系的条款的，对方可以主张该条款不成为合同的内容。

第四百九十七条　有下列情形之一的，该格式条款无效：

（一）具有本法第一编第六章第三节和本法第五百零六条规定的无效情形；

（二）提供格式条款一方不合理地免除或者减轻其责任、加重对方责任、限制对方主要权利；

（三）提供格式条款一方排除对方主要权利。

第四百九十八条　对格式条款的理解发生争议的，应当按照通常理解予以解释。对格式条款有两种以上解释的，应当作出不利于提供格式条款一方的解释。

格式条款和非格式条款不一致的，应当采用非格式条款。

第四百九十九条　悬赏人以公开方式声明对完成特定行为的人支付报酬的，完成该行为的人可以请求其支付。

第五百条　当事人在订立合同过程中有下列情形之一，造成对方损失的，应当承担赔偿责任：

（一）假借订立合同，恶意进行磋商；

（二）故意隐瞒与订立合同有关的重要事实或者提供虚假情况；

（三）有其他违背诚信原则的行为。

第五百零一条　当事人在订立合同过程中知悉的商业秘密或者其他应当保密的信息，无论合同是否成立，不得泄露或者不正当地使用；泄露、不正当地使用该商业秘密或者信息，造成对方损失的，应当承担赔偿责任。

第三章　合同的效力

第五百零二条　依法成立的合同，自成立时生效，但是法律另有规定或者当事人另有约定的除外。

依照法律、行政法规的规定，合同应当办理批准等手续的，依照其规定。未办理批准等手续影响合同生效的，不影响合同中履行报批等义务条款以及相关条款的效力。应当办理申请批准等手续的当事人未履行义务的，对方可以请求其承担违反该义务的责任。

依照法律、行政法规的规定，合同的变更、转让、解除等情形应当办理批准等手续的，适用前款规定。

第五百零三条　无权代理人以被代理人的名义订立合同，被代理人已经开始履行合同义务或者接受相对人履行的，视为对合同的追认。

第五百零四条　法人的法定代表人或者非法人组织的负责人超越权限订立的合同，除相对人知道或者应当知道其超越权限外，该代表行为有效，订立的合同对法人或者非法人组织发生效力。

第五百零五条　当事人超越经营范围订立的合同的效力，应当依照本法第一编第六章第三节和本编的有关规定确定，不得仅以超越经营范围确认合同无效。

第五百零六条　合同中的下列免责条款无效：

（一）造成对方人身损害的；

（二）因故意或者重大过失造成对方财产损失的。

第五百零七条　合同不生效、无效、被撤销或者终止的，不影响合同中有关解决争议方法的条款的效力。

第五百零八条　本编对合同的效力没有规定的，适用本法第一编第六章的有关规定。

第四章　合同的履行

第五百零九条　当事人应当按照约定全面履行自己的义务。

当事人应当遵循诚信原则，根据合同的性质、目的和交易习惯履行通知、协助、保密等义务。

当事人在履行合同过程中，应当避免浪费资源、污染环境和破坏生态。

第五百一十条　合同生效后，当事人就质量、价款或者报酬、履行地点等内容没有约定或者约定不明确的，可以协议补充；不能达成补充协议的，按照合同相关条款或者交易习惯确定。

第五百一十一条　当事人就有关合同内容约定不明确，依据前条规定仍不能确定的，适用下列规定：

（一）质量要求不明确的，按照强制性国家标准履行；没有强制性国家标准的，按照推荐性国家标准履行；没有推荐性国家标准的，按照行业标准履行；没有国家标准、行业标准的，按照通常标准或者符合合同目的的特定标准履行。

（二）价款或者报酬不明确的，按照订立合同时履行地的市场价格履行；依法应当执行政府定价或者政府指导价的，依照规定履行。

（三）履行地点不明确，给付货币的，在接受货币一方所在地履行；交付不动产的，在不动产所在地履行；其他标的，在履行义务一方所在地履行。

（四）履行期限不明确的，债务人可以随时履行，债权人也可以随时请求履行，但是应当给对方必要的准备时间。

（五）履行方式不明确的，按照有利于实现合同目的的方式履行。

（六）履行费用的负担不明确的，由履行义务一方负担；因债权人原因增加的履行费用，由债权人负担。

第五百一十二条　通过互联网等信息网络订立的电子合同的标的为交付商品并采用快递物流方式交付的，收货人的签收时间为交付时间。电子合同的标的为提供服务的，生成的电子凭证或者实物凭证中载明的时间为提供服务时间；前述凭证没有载明时间或者载明时间与实际提供服务时间不一致的，以实际提供服务的时间为准。

电子合同的标的物为采用在线传输方式交付的，合同标的物进入对方当事人指定的特定系统且能够检索识别的时间为交付时间。

电子合同当事人对交付商品或者提供服务的方式、时间另有约定的，按照其约定。

第五百一十三条　执行政府定价或者政府指导价的，在合同约定的交付期限内政府价格调整时，按照交付时的价格计价。逾期交付标的物的，遇价格上涨时，按照原价格执行；价格下降时，按照新价格执行。逾期提取标的物或者逾期付款的，遇价格上涨时，按照新价格执行；价格下降时，按照原价格执行。

第五百一十四条　以支付金钱为内容的债，除法律另有规定或者当事人另有约定外，债权人可以请求债务人以实际履行地的法定货币履行。

第五百一十五条　标的有多项而债务人只需履行其中一项的，债务人享有选择权；但是，法律另有规定、当事人另有约定或者另有交易习惯的除外。

享有选择权的当事人在约定期限内或者履行期限届满未作选择，经催告后在合理期限内仍未选择的，选择权转移至对方。

第五百一十六条　当事人行使选择权应当及时通知对方，通知到达对方时，标的确定。标的确定后不得变更，但是经对方同意的除外。

可选择的标的发生不能履行情形的，享有选择权的当事人不得选择不能履行的标的，但是该不能履行的情形是由对方造成的除外。

第五百一十七条　债权人为二人以上，标的可分，按照份额各自享有债权的，为按份债权；债务人为二人以上，标的可分，按照份额各自负担债务的，为按份债务。

按份债权人或者按份债务人的份额难以确定的，视为份额相同。

第五百一十八条　债权人为二人以上，部分或者全部债权人均可以请求债务人履行债务的，为连带债权；债务人为二人以上，债权人可以请求部分或者全部债务人履行全部债务的，为连带债务。

连带债权或者连带债务，由法律规定或者当事人约定。

第五百一十九条 连带债务人之间的份额难以确定的，视为份额相同。

实际承担债务超过自己份额的连带债务人，有权就超出部分在其他连带债务人未履行的份额范围内向其追偿，并相应地享有债权人的权利，但是不得损害债权人的利益。其他连带债务人对债权人的抗辩，可以向该债务人主张。

被追偿的连带债务人不能履行其应分担份额的，其他连带债务人应当在相应范围内按比例分担。

第五百二十条 部分连带债务人履行、抵销债务或者提存标的物的，其他债务人对债权人的债务在相应范围内消灭；该债务人可以依据前条规定向其他债务人追偿。

部分连带债务人的债务被债权人免除的，在该连带债务人应当承担的份额范围内，其他债务人对债权人的债务消灭。

部分连带债务人的债务与债权人的债权同归于一人的，在扣除该债务人应当承担的份额后，债权人对其他债务人的债权继续存在。

债权人对部分连带债务人的给付受领迟延的，对其他连带债务人发生效力。

第五百二十一条 连带债权人之间的份额难以确定的，视为份额相同。

实际受领债权的连带债权人，应当按比例向其他连带债权人返还。

连带债权参照适用本章连带债务的有关规定。

第五百二十二条 当事人约定由债务人向第三人履行债务，债务人未向第三人履行债务或者履行债务不符合约定的，应当向债权人承担违约责任。

法律规定或者当事人约定第三人可以直接请求债务人向其履行债务，第三人未在合理期限内明确拒绝，债务人未向第三人履行债务或者履行债务不符合约定的，第三人可以请求债务人承担违约责任；债务人对债权人的抗辩，可以向第三人主张。

第五百二十三条 当事人约定由第三人向债权人履行债务，第三人不履行债务或者履行债务不符合约定的，债务人应当向债权人承担违约责任。

第五百二十四条 债务人不履行债务，第三人对履行该债务具有合法利益的，第三人有权向债权人代为履行；但是，根据债务性质、按照当事人约定或者依照法律规定只能由债务人履行的除外。

债权人接受第三人履行后，其对债务人的债权转让给第三人，但是债务人和第三人另有约定的除外。

第五百二十五条　当事人互负债务，没有先后履行顺序的，应当同时履行。一方在对方履行之前有权拒绝其履行请求。一方在对方履行债务不符合约定时，有权拒绝其相应的履行请求。

第五百二十六条　当事人互负债务，有先后履行顺序，应当先履行债务一方未履行的，后履行一方有权拒绝其履行请求。先履行一方履行债务不符合约定的，后履行一方有权拒绝其相应的履行请求。

第五百二十七条　应当先履行债务的当事人，有确切证据证明对方有下列情形之一的，可以中止履行：

（一）经营状况严重恶化；

（二）转移财产、抽逃资金，以逃避债务；

（三）丧失商业信誉；

（四）有丧失或者可能丧失履行债务能力的其他情形。

当事人没有确切证据中止履行的，应当承担违约责任。

第五百二十八条　当事人依据前条规定中止履行的，应当及时通知对方。对方提供适当担保的，应恢复履行。中止履行后，对方在合理期限内未恢复履行能力且未提供适当担保的，视为以自己的行为表明不履行主要债务，中止履行的一方可以解除合同并可以请求对方承担违约责任。

第五百二十九条　债权人分立、合并或者变更住所没有通知债务人，致使履行债务发生困难的，债务人可以中止履行或者将标的物提存。

第五百三十条　债权人可以拒绝债务人提前履行债务，但是提前履行不损害债权人利益的除外。

债务人提前履行债务给债权人增加的费用，由债务人负担。

第五百三十一条　债权人可以拒绝债务人部分履行债务，但是部分履行不损害债权人利益的除外。

债务人部分履行债务给债权人增加的费用，由债务人负担。

第五百三十二条　合同生效后，当事人不得因姓名、名称的变更或者法定代表人、负责人、承办人的变动而不履行合同义务。

第五百三十三条　合同成立后，合同的基础条件发生了当事人在订立合同时无法预见的、不属于商业风险的重大变化,继续履行合同对于当事人一方明显不公平的,受不利影响的当事人可以与对方重新协商;在合理期限内协商不成的,当事人可以请求人民法院或者仲裁机构变更或者解除合同。

人民法院或者仲裁机构应当结合案件的实际情况,根据公平原则变更或者解除合同。

第五百三十四条　对当事人利用合同实施危害国家利益、社会公共利益行为的,市场监督管理和其他有关行政主管部门依照法律、行政法规的规定负责监督处理。

第五章　合同的保全

第五百三十五条　因债务人怠于行使其债权或者与该债权有关的从权利,影响债权人的到期债权实现的,债权人可以向人民法院请求以自己的名义代位行使债务人对相对人的权利,但是该权利专属于债务人自身的除外。

代位权的行使范围以债权人的到期债权为限。债权人行使代位权的必要费用,由债务人负担。

相对人对债务人的抗辩,可以向债权人主张。

第五百三十六条　债权人的债权到期前,债务人的债权或者与该债权有关的从权利存在诉讼时效期间即将届满或者未及时申报破产债权等情形,影响债权人的债权实现的,债权人可以代位向债务人的相对人请求其向债务人履行、向破产管理人申报或者作出其他必要的行为。

第五百三十七条　人民法院认定代位权成立的,由债务人的相对人向债权人履行义务,债权人接受履行后,债权人与债务人、债务人与相对人之间相应的权利义务终止。债务人对相对人的债权或者与该债权有关的从权利被采取保全、执行措施,或者债务人破产的,依照相关法律的规定处理。

第五百三十八条　债务人以放弃其债权、放弃债权担保、无偿转让财产等方式无偿处分财产权益,或者恶意延长其到期债权的履行期限,影响债权人的债权实现的,债权人可以请求人民法院撤销债务人的行为。

第五百三十九条　债务人以明显不合理的低价转让财产、以明显不合理的高价受让他人财产或者为他人的债务提供担保,影响债权人的债权实现,债务人的相对人知道或者应当知道该情形的,债权人可以请求人民法院撤销债务人的行为。

第五百四十条 撤销权的行使范围以债权人的债权为限。债权人行使撤销权的必要费用，由债务人负担。

第五百四十一条 撤销权自债权人知道或者应当知道撤销事由之日起一年内行使。自债务人的行为发生之日起五年内没有行使撤销权的，该撤销权消灭。

第五百四十二条 债务人影响债权人的债权实现的行为被撤销的，自始没有法律约束力。

第六章 合同的变更和转让

第五百四十三条 当事人协商一致，可以变更合同。

第五百四十四条 当事人对合同变更的内容约定不明确的，推定为未变更。

第五百四十五条 债权人可以将债权的全部或者部分转让给第三人，但是有下列情形之一的除外：

（一）根据债权性质不得转让；

（二）按照当事人约定不得转让；

（三）依照法律规定不得转让。

当事人约定非金钱债权不得转让的，不得对抗善意第三人。当事人约定金钱债权不得转让的，不得对抗第三人。

第五百四十六条 债权人转让债权，未通知债务人的，该转让对债务人不发生效力。

债权转让的通知不得撤销，但是经受让人同意的除外。

第五百四十七条 债权人转让债权的，受让人取得与债权有关的从权利，但是该从权利专属于债权人自身的除外。

受让人取得从权利不因该从权利未办理转移登记手续或者未转移占有而受到影响。

第五百四十八条 债务人接到债权转让通知后，债务人对让与人的抗辩，可以向受让人主张。

第五百四十九条 有下列情形之一的，债务人可以向受让人主张抵销：

（一）债务人接到债权转让通知时，债务人对让与人享有债权，且债务人的债权先于转让的债权到期或者同时到期；

（二）债务人的债权与转让的债权是基于同一合同产生。

第五百五十条　因债权转让增加的履行费用，由让与人负担。

第五百五十一条　债务人将债务的全部或者部分转移给第三人的，应当经债权人同意。

债务人或者第三人可以催告债权人在合理期限内予以同意，债权人未作表示的，视为不同意。

第五百五十二条　第三人与债务人约定加入债务并通知债权人，或者第三人向债权人表示愿意加入债务，债权人未在合理期限内明确拒绝的，债权人可以请求第三人在其愿意承担的债务范围内和债务人承担连带债务。

第五百五十三条　债务人转移债务的，新债务人可以主张原债务人对债权人的抗辩；原债务人对债权人享有债权的，新债务人不得向债权人主张抵销。

第五百五十四条　债务人转移债务的，新债务人应当承担与主债务有关的从债务，但是该从债务专属于原债务人自身的除外。

第五百五十五条　当事人一方经对方同意，可以将自己在合同中的权利和义务一并转让给第三人。

第五百五十六条　合同的权利和义务一并转让的，适用债权转让、债务转移的有关规定。

第七章　合同的权利义务终止

第五百五十七条　有下列情形之一的，债权债务终止：

（一）债务已经履行；

（二）债务相互抵销；

（三）债务人依法将标的物提存；

（四）债权人免除债务；

（五）债权债务同归于一人；

（六）法律规定或者当事人约定终止的其他情形。

合同解除的，该合同的权利义务关系终止。

第五百五十八条　债权债务终止后，当事人应当遵循诚信等原则，根据交易习惯履行通知、协助、保密、旧物回收等义务。

第五百五十九条　债权债务终止时，债权的从权利同时消灭，但是法律另有规定或者当事人另有约定的除外。

第五百六十条　债务人对同一债权人负担的数项债务种类相同，债务人的给付不足以清偿全部债务的，除当事人另有约定外，由债务人在清偿时指定其履行的债务。

债务人未作指定的，应当优先履行已经到期的债务；数项债务均到期的，优先履行对债权人缺乏担保或者担保最少的债务；均无担保或者担保相等的，优先履行债务人负担较重的债务；负担相同的，按照债务到期的先后顺序履行；到期时间相同的，按照债务比例履行。

第五百六十一条　债务人在履行主债务外还应当支付利息和实现债权的有关费用，其给付不足以清偿全部债务的，除当事人另有约定外，应当按照下列顺序履行：

（一）实现债权的有关费用；

（二）利息；

（三）主债务。

第五百六十二条　当事人协商一致，可以解除合同。

当事人可以约定一方解除合同的事由。解除合同的事由发生时，解除权人可以解除合同。

第五百六十三条　有下列情形之一的，当事人可以解除合同：

（一）因不可抗力致使不能实现合同目的；

（二）在履行期限届满前，当事人一方明确表示或者以自己的行为表明不履行主要债务；

（三）当事人一方迟延履行主要债务，经催告后在合理期限内仍未履行；

（四）当事人一方迟延履行债务或者有其他违约行为致使不能实现合同目的；

（五）法律规定的其他情形。

以持续履行的债务为内容的不定期合同，当事人可以随时解除合同，但是应当在合理期限之前通知对方。

第五百六十四条　法律规定或者当事人约定解除权行使期限，期限届满当事人不行使的，该权利消灭。

法律没有规定或者当事人没有约定解除权行使期限，自解除权人知道或者应当知道解除事由之日起一年内不行使，或者经对方催告后在合理期限内不行使的，该权利消灭。

第五百六十五条 当事人一方依法主张解除合同的，应当通知对方。合同自通知到达对方时解除；通知载明债务人在一定期限内不履行债务则合同自动解除，债务人在该期限内未履行债务的，合同自通知载明的期限届满时解除。对方对解除合同有异议的，任何一方当事人均可以请求人民法院或者仲裁机构确认解除行为的效力。

当事人一方未通知对方，直接以提起诉讼或者申请仲裁的方式依法主张解除合同，人民法院或者仲裁机构确认该主张的，合同自起诉状副本或者仲裁申请书副本送达对方时解除。

第五百六十六条 合同解除后，尚未履行的，终止履行；已经履行的，根据履行情况和合同性质，当事人可以请求恢复原状或者采取其他补救措施，并有权请求赔偿损失。

合同因违约解除的，解除权人可以请求违约方承担违约责任，但是当事人另有约定的除外。

主合同解除后，担保人对债务人应当承担的民事责任仍应当承担担保责任，但是担保合同另有约定的除外。

第五百六十七条 合同的权利义务关系终止，不影响合同中结算和清理条款的效力。

第五百六十八条 当事人互负债务，该债务的标的物种类、品质相同的，任何一方可以将自己的债务与对方的到期债务抵销；但是，根据债务性质、按照当事人约定或者依照法律规定不得抵销的除外。

当事人主张抵销的，应当通知对方。通知自到达对方时生效。抵销不得附条件或者附期限。

第五百六十九条 当事人互负债务，标的物种类、品质不相同的，经协商一致，也可以抵销。

第五百七十条 有下列情形之一，难以履行债务的，债务人可以将标的物提存：

（一）债权人无正当理由拒绝受领；

（二）债权人下落不明；

（三）债权人死亡未确定继承人、遗产管理人，或者丧失民事行为能力未确定监护人；

（四）法律规定的其他情形。

标的物不适于提存或者提存费用过高的，债务人依法可以拍卖或者变卖标的物，提存所得的价款。

第五百七十一条　债务人将标的物或者将标的物依法拍卖、变卖所得价款交付提存部门时，提存成立。

提存成立的，视为债务人在其提存范围内已经交付标的物。

第五百七十二条　标的物提存后，债务人应当及时通知债权人或者债权人的继承人、遗产管理人、监护人、财产代管人。

第五百七十三条　标的物提存后，毁损、灭失的风险由债权人承担。提存期间，标的物的孳息归债权人所有。提存费用由债权人负担。

第五百七十四条　债权人可以随时领取提存物。但是，债权人对债务人负有到期债务的，在债权人未履行债务或者提供担保之前，提存部门根据债务人的要求应当拒绝其领取提存物。

债权人领取提存物的权利，自提存之日起五年内不行使而消灭，提存物扣除提存费用后归国家所有。但是，债权人未履行对债务人的到期债务，或者债权人向提存部门书面表示放弃领取提存物权利的，债务人负担提存费用后有权取回提存物。

第五百七十五条　债权人免除债务人部分或者全部债务的，债权债务部分或者全部终止，但是债务人在合理期限内拒绝的除外。

第五百七十六条　债权和债务同归于一人的，债权债务终止，但是损害第三人利益的除外。

第八章　违约责任

第五百七十七条　当事人一方不履行合同义务或者履行合同义务不符合约定的，应当承担继续履行、采取补救措施或者赔偿损失等违约责任。

第五百七十八条　当事人一方明确表示或者以自己的行为表明不履行合同义务的，对方可以在履行期限届满前请求其承担违约责任。

第五百七十九条 当事人一方未支付价款、报酬、租金、利息，或者不履行其他金钱债务的，对方可以请求其支付。

第五百八十条 当事人一方不履行非金钱债务或者履行非金钱债务不符合约定的，对方可以请求履行，但是有下列情形之一的除外：

（一）法律上或者事实上不能履行；

（二）债务的标的不适于强制履行或者履行费用过高；

（三）债权人在合理期限内未请求履行。

有前款规定的除外情形之一，致使不能实现合同目的的，人民法院或者仲裁机构可以根据当事人的请求终止合同权利义务关系，但是不影响违约责任的承担。

第五百八十一条 当事人一方不履行债务或者履行债务不符合约定，根据债务的性质不得强制履行的，对方可以请求其负担由第三人替代履行的费用。

第五百八十二条 履行不符合约定的，应当按照当事人的约定承担违约责任。对违约责任没有约定或者约定不明确，依据本法第五百一十条的规定仍不能确定的，受损害方根据标的的性质以及损失的大小，可以合理选择请求对方承担修理、重作、更换、退货、减少价款或者报酬等违约责任。

第五百八十三条 当事人一方不履行合同义务或者履行合同义务不符合约定的，在履行义务或者采取补救措施后，对方还有其他损失的，应当赔偿损失。

第五百八十四条 当事人一方不履行合同义务或者履行合同义务不符合约定，造成对方损失的，损失赔偿额应当相当于因违约所造成的损失，包括合同履行后可以获得的利益；但是，不得超过违约一方订立合同时预见到或者应当预见到的因违约可能造成的损失。

第五百八十五条 当事人可以约定一方违约时应当根据违约情况向对方支付一定数额的违约金，也可以约定因违约产生的损失赔偿额的计算方法。

约定的违约金低于造成的损失的，人民法院或者仲裁机构可以根据当事人的请求予以增加；约定的违约金过分高于造成的损失的，人民法院或者仲裁机构可以根据当事人的请求予以适当减少。

当事人就迟延履行约定违约金的，违约方支付违约金后，还应当履行债务。

第五百八十六条 当事人可以约定一方向对方给付定金作为债权的担保。定金合同自实际交付定金时成立。

定金的数额由当事人约定；但是，不得超过主合同标的额的百分之二十，超过部分不产生定金的效力。实际交付的定金数额多于或者少于约定数额的，视为变更约定的定金数额。

第五百八十七条　债务人履行债务的，定金应当抵作价款或者收回。给付定金的一方不履行债务或者履行债务不符合约定，致使不能实现合同目的的，无权请求返还定金；收受定金的一方不履行债务或者履行债务不符合约定，致使不能实现合同目的的，应当双倍返还定金。

第五百八十八条　当事人既约定违约金，又约定定金的，一方违约时，对方可以选择适用违约金或者定金条款。

定金不足以弥补一方违约造成的损失的，对方可以请求赔偿超过定金数额的损失。

第五百八十九条　债务人按照约定履行债务，债权人无正当理由拒绝受领的，债务人可以请求债权人赔偿增加的费用。

在债权人受领迟延期间，债务人无须支付利息。

第五百九十条　当事人一方因不可抗力不能履行合同的，根据不可抗力的影响，部分或者全部免除责任，但是法律另有规定的除外。因不可抗力不能履行合同的，应当及时通知对方，以减轻可能给对方造成的损失，并应当在合理期限内提供证明。

当事人迟延履行后发生不可抗力的，不免除其违约责任。

第五百九十一条　当事人一方违约后，对方应当采取适当措施防止损失的扩大；没有采取适当措施致使损失扩大的，不得就扩大的损失请求赔偿。

当事人因防止损失扩大而支出的合理费用，由违约方负担。

第五百九十二条　当事人都违反合同的，应当各自承担相应的责任。

当事人一方违约造成对方损失，对方对损失的发生有过错的，可以减少相应的损失赔偿额。

第五百九十三条　当事人一方因第三人的原因造成违约的，应当依法向对方承担违约责任。当事人一方和第三人之间的纠纷，依照法律规定或者按照约定处理。

第五百九十四条　因国际货物买卖合同和技术进出口合同争议提起诉讼或者申请仲裁的时效期间为四年。

第二分编　典型合同

第九章　买卖合同

第五百九十五条　买卖合同是出卖人转移标的物的所有权于买受人，买受人支付价款的合同。

第五百九十六条　买卖合同的内容一般包括标的物的名称、数量、质量、价款、履行期限、履行地点和方式、包装方式、检验标准和方法、结算方式、合同使用的文字及其效力等条款。

第五百九十七条　因出卖人未取得处分权致使标的物所有权不能转移的，买受人可以解除合同并请求出卖人承担违约责任。

法律、行政法规禁止或者限制转让的标的物，依照其规定。

第五百九十八条　出卖人应当履行向买受人交付标的物或者交付提取标的物的单证，并转移标的物所有权的义务。

第五百九十九条　出卖人应当按照约定或者交易习惯向买受人交付提取标的物单证以外的有关单证和资料。

第六百条　出卖具有知识产权的标的物的，除法律另有规定或者当事人另有约定外，该标的物的知识产权不属于买受人。

第六百零一条　出卖人应当按照约定的时间交付标的物。约定交付期限的，出卖人可以在该交付期限内的任何时间交付。

第六百零二条　当事人没有约定标的物的交付期限或者约定不明确的，适用本法第五百一十条、第五百一十一条第四项的规定。

第六百零三条　出卖人应当按照约定的地点交付标的物。

当事人没有约定交付地点或者约定不明确，依据本法第五百一十条的规定仍不能确定的，适用下列规定：

（一）标的物需要运输的，出卖人应当将标的物交付给第一承运人以运交给买受人；

（二）标的物不需要运输，出卖人和买受人订立合同时知道标的物在某一地点的，出卖人应当在该地点交付标的物；不知道标的物在某一地点的，应当在出卖人订立合同时的营业地交付标的物。

第六百零四条 标的物毁损、灭失的风险，在标的物交付之前由出卖人承担，交付之后由买受人承担，但是法律另有规定或者当事人另有约定的除外。

第六百零五条 因买受人的原因致使标的物未按照约定的期限交付的，买受人应当自违反约定时起承担标的物毁损、灭失的风险。

第六百零六条 出卖人出卖交由承运人运输的在途标的物，除当事人另有约定外，毁损、灭失的风险自合同成立时起由买受人承担。

第六百零七条 出卖人按照约定将标的物运送至买受人指定地点并交付给承运人后，标的物毁损、灭失的风险由买受人承担。

当事人没有约定交付地点或者约定不明确，依据本法第六百零三条第二款第一项的规定标的物需要运输的，出卖人将标的物交付给第一承运人后，标的物毁损、灭失的风险由买受人承担。

第六百零八条 出卖人按照约定或者依据本法第六百零三条第二款第二项的规定将标的物置于交付地点，买受人违反约定没有收取的，标的物毁损、灭失的风险自违反约定时起由买受人承担。

第六百零九条 出卖人按照约定未交付有关标的物的单证和资料的，不影响标的物毁损、灭失风险的转移。

第六百一十条 因标的物不符合质量要求，致使不能实现合同目的的，买受人可以拒绝接受标的物或者解除合同。买受人拒绝接受标的物或者解除合同的，标的物毁损、灭失的风险由出卖人承担。

第六百一十一条 标的物毁损、灭失的风险由买受人承担的，不影响因出卖人履行义务不符合约定，买受人请求其承担违约责任的权利。

第六百一十二条 出卖人就交付的标的物，负有保证第三人对该标的物不享有任何权利的义务，但是法律另有规定的除外。

第六百一十三条 买受人订立合同时知道或者应当知道第三人对买卖的标的物享有权利的，出卖人不承担前条规定的义务。

第六百一十四条 买受人有确切证据证明第三人对标的物享有权利的，可以中止支付相应的价款，但是出卖人提供适当担保的除外。

第六百一十五条 出卖人应当按照约定的质量要求交付标的物。出卖人提供有关标的物质量说明的，交付的标的物应当符合该说明的质量要求。

第六百一十六条　当事人对标的物的质量要求没有约定或者约定不明确，依据本法第五百一十条的规定仍不能确定的，适用本法第五百一十一条第一项的规定。

第六百一十七条　出卖人交付的标的物不符合质量要求的，买受人可以依据本法第五百八十二条至第五百八十四条的规定请求承担违约责任。

第六百一十八条　当事人约定减轻或者免除出卖人对标的物瑕疵承担的责任，因出卖人故意或者重大过失不告知买受人标的物瑕疵的，出卖人无权主张减轻或者免除责任。

第六百一十九条　出卖人应当按照约定的包装方式交付标的物。对包装方式没有约定或者约定不明确，依据本法第五百一十条的规定仍不能确定的，应当按照通用的方式包装；没有通用方式的，应当采取足以保护标的物且有利于节约资源、保护生态环境的包装方式。

第六百二十条　买受人收到标的物时应当在约定的检验期限内检验。没有约定检验期限的，应当及时检验。

第六百二十一条　当事人约定检验期限的，买受人应当在检验期限内将标的物的数量或者质量不符合约定的情形通知出卖人。买受人怠于通知的，视为标的物的数量或者质量符合约定。

当事人没有约定检验期限的，买受人应当在发现或者应当发现标的物的数量或者质量不符合约定的合理期限内通知出卖人。买受人在合理期限内未通知或者自收到标的物之日起二年内未通知出卖人的，视为标的物的数量或者质量符合约定；但是，对标的物有质量保证期的，适用质量保证期，不适用该二年的规定。

出卖人知道或者应当知道提供的标的物不符合约定的，买受人不受前两款规定的通知时间的限制。

第六百二十二条　当事人约定的检验期限过短，根据标的物的性质和交易习惯，买受人在检验期限内难以完成全面检验的，该期限仅视为买受人对标的物的外观瑕疵提出异议的期限。

约定的检验期限或者质量保证期短于法律、行政法规规定期限的，应当以法律、行政法规规定的期限为准。

第六百二十三条　当事人对检验期限未作约定，买受人签收的送货单、确认单等载明标的物数量、型号、规格的，推定买受人已经对数量和外观瑕疵进行检验，但是有相关证据足以推翻的除外。

第六百二十四条　出卖人依照买受人的指示向第三人交付标的物，出卖人和买受人约定的检验标准与买受人和第三人约定的检验标准不一致的，以出卖人和买受人约定的检验标准为准。

第六百二十五条　依照法律、行政法规的规定或者按照当事人的约定，标的物在有效使用年限届满后应予回收的，出卖人负有自行或者委托第三人对标的物予以回收的义务。

第六百二十六条　买受人应当按照约定的数额和支付方式支付价款。对价款的数额和支付方式没有约定或者约定不明确的，适用本法第五百一十条、第五百一十一条第二项和第五项的规定。

第六百二十七条　买受人应当按照约定的地点支付价款。对支付地点没有约定或者约定不明确，依据本法第五百一十条的规定仍不能确定的，买受人应当在出卖人的营业地支付；但是，约定支付价款以交付标的物或者交付提取标的物单证为条件的，在交付标的物或者交付提取标的物单证的所在地支付。

第六百二十八条　买受人应当按照约定的时间支付价款。对支付时间没有约定或者约定不明确，依据本法第五百一十条的规定仍不能确定的，买受人应当在收到标的物或者提取标的物单证的同时支付。

第六百二十九条　出卖人多交标的物的，买受人可以接收或者拒绝接收多交的部分。买受人接收多交部分的，按照约定的价格支付价款；买受人拒绝接收多交部分的，应当及时通知出卖人。

第六百三十条　标的物在交付之前产生的孳息，归出卖人所有；交付之后产生的孳息，归买受人所有。但是，当事人另有约定的除外。

第六百三十一条　因标的物的主物不符合约定而解除合同的，解除合同的效力及于从物。因标的物的从物不符合约定被解除的，解除的效力不及于主物。

第六百三十二条　标的物为数物，其中一物不符合约定的，买受人可以就该物解除。但是，该物与他物分离使标的物的价值显受损害的，买受人可以就数物解除合同。

第六百三十三条　出卖人分批交付标的物的,出卖人对其中一批标的物不交付或者交付不符合约定,致使该批标的物不能实现合同目的的,买受人可以就该批标的物解除。

出卖人不交付其中一批标的物或者交付不符合约定,致使之后其他各批标的物的交付不能实现合同目的的,买受人可以就该批以及之后其他各批标的物解除。

买受人如果就其中一批标的物解除,该批标的物与其他各批标的物相互依存的,可以就已经交付和未交付的各批标的物解除。

第六百三十四条　分期付款的买受人未支付到期价款的数额达到全部价款的五分之一,经催告后在合理期限内仍未支付到期价款的,出卖人可以请求买受人支付全部价款或者解除合同。

出卖人解除合同的,可以向买受人请求支付该标的物的使用费。

第六百三十五条　凭样品买卖的当事人应当封存样品,并可以对样品质量予以说明。出卖人交付的标的物应当与样品及其说明的质量相同。

第六百三十六条　凭样品买卖的买受人不知道样品有隐蔽瑕疵的,即使交付的标的物与样品相同,出卖人交付的标的物的质量仍然应当符合同种物的通常标准。

第六百三十七条　试用买卖的当事人可以约定标的物的试用期限。对试用期限没有约定或者约定不明确,依据本法第五百一十条的规定仍不能确定的,由出卖人确定。

第六百三十八条　试用买卖的买受人在试用期内可以购买标的物,也可以拒绝购买。试用期限届满,买受人对是否购买标的物未作表示的,视为购买。

试用买卖的买受人在试用期内已经支付部分价款或者对标的物实施出卖、出租、设立担保物权等行为的,视为同意购买。

第六百三十九条　试用买卖的当事人对标的物使用费没有约定或者约定不明确的,出卖人无权请求买受人支付。

第六百四十条　标的物在试用期内毁损、灭失的风险由出卖人承担。

第六百四十一条　当事人可以在买卖合同中约定买受人未履行支付价款或者其他义务的,标的物的所有权属于出卖人。

出卖人对标的物保留的所有权，未经登记，不得对抗善意第三人。

第六百四十二条　当事人约定出卖人保留合同标的物的所有权，在标的物所有权转移前，买受人有下列情形之一，造成出卖人损害的，除当事人另有约定外，出卖人有权取回标的物：

（一）未按照约定支付价款，经催告后在合理期限内仍未支付；

（二）未按照约定完成特定条件；

（三）将标的物出卖、出质或者作出其他不当处分。

出卖人可以与买受人协商取回标的物；协商不成的，可以参照适用担保物权的实现程序。

第六百四十三条　出卖人依据前条第一款的规定取回标的物后，买受人在双方约定或者出卖人指定的合理回赎期限内，消除出卖人取回标的物的事由的，可以请求回赎标的物。

买受人在回赎期限内没有回赎标的物，出卖人可以以合理价格将标的物出卖给第三人，出卖所得价款扣除买受人未支付的价款以及必要费用后仍有剩余的，应当返还买受人；不足部分由买受人清偿。

第六百四十四条　招标投标买卖的当事人的权利和义务以及招标投标程序等，依照有关法律、行政法规的规定。

第六百四十五条　拍卖的当事人的权利和义务以及拍卖程序等，依照有关法律、行政法规的规定。

第六百四十六条　法律对其他有偿合同有规定的，依照其规定；没有规定的，参照适用买卖合同的有关规定。

第六百四十七条　当事人约定易货交易，转移标的物的所有权的，参照适用买卖合同的有关规定。

第十章　供用电、水、气、热力合同

第六百四十八条　供用电合同是供电人向用电人供电，用电人支付电费的合同。

向社会公众供电的供电人，不得拒绝用电人合理的订立合同要求。

第六百四十九条　供用电合同的内容一般包括供电的方式、质量、时间，用电容量、地址、性质，计量方式，电价、电费的结算方式，供用电设施的维护责任等条款。

第六百五十条　供用电合同的履行地点，按照当事人约定；当事人没有约定或者约定不明确的，供电设施的产权分界处为履行地点。

第六百五十一条　供电人应当按照国家规定的供电质量标准和约定安全供电。供电人未按照国家规定的供电质量标准和约定安全供电，造成用电人损失的，应当承担赔偿责任。

第六百五十二条　供电人因供电设施计划检修、临时检修、依法限电或者用电人违法用电等原因，需要中断供电时，应当按照国家有关规定事先通知用电人；未事先通知用电人中断供电，造成用电人损失的，应当承担赔偿责任。

第六百五十三条　因自然灾害等原因断电，供电人应当按照国家有关规定及时抢修；未及时抢修，造成用电人损失的，应当承担赔偿责任。

第六百五十四条　用电人应当按照国家有关规定和当事人的约定及时支付电费。用电人逾期不支付电费的，应当按照约定支付违约金。经催告用电人在合理期限内仍不支付电费和违约金的，供电人可以按照国家规定的程序中止供电。

供电人依据前款规定中止供电的，应当事先通知用电人。

第六百五十五条　用电人应当按照国家有关规定和当事人的约定安全、节约和计划用电。用电人未按照国家有关规定和当事人的约定用电，造成供电人损失的，应当承担赔偿责任。

第六百五十六条　供用水、供用气、供用热力合同，参照适用供用电合同的有关规定。

第十一章　赠与合同

第六百五十七条　赠与合同是赠与人将自己的财产无偿给予受赠人，受赠人表示接受赠与的合同。

第六百五十八条　赠与人在赠与财产的权利转移之前可以撤销赠与。

经过公证的赠与合同或者依法不得撤销的具有救灾、扶贫、助残等公益、道德义务性质的赠与合同，不适用前款规定。

第六百五十九条　赠与的财产依法需要办理登记或者其他手续的，应当办理有关手续。

第六百六十条　经过公证的赠与合同或者依法不得撤销的具有救灾、扶贫、助残等公益、道德义务性质的赠与合同，赠与人不交付赠与财产的，受赠人可以请求交付。

依据前款规定应当交付的赠与财产因赠与人故意或者重大过失致使毁损、灭失的，赠与人应当承担赔偿责任。

第六百六十一条 赠与可以附义务。

赠与附义务的，受赠人应当按照约定履行义务。

第六百六十二条 赠与的财产有瑕疵的，赠与人不承担责任。附义务的赠与，赠与的财产有瑕疵的，赠与人在附义务的限度内承担与出卖人相同的责任。

赠与人故意不告知瑕疵或者保证无瑕疵，造成受赠人损失的，应当承担赔偿责任。

第六百六十三条 受赠人有下列情形之一的，赠与人可以撤销赠与：

（一）严重侵害赠与人或者赠与人近亲属的合法权益；

（二）对赠与人有扶养义务而不履行；

（三）不履行赠与合同约定的义务。

赠与人的撤销权，自知道或者应当知道撤销事由之日起一年内行使。

第六百六十四条 因受赠人的违法行为致使赠与人死亡或者丧失民事行为能力的，赠与人的继承人或者法定代理人可以撤销赠与。

赠与人的继承人或者法定代理人的撤销权，自知道或者应当知道撤销事由之日起六个月内行使。

第六百六十五条 撤销权人撤销赠与的，可以向受赠人请求返还赠与的财产。

第六百六十六条 赠与人的经济状况显著恶化，严重影响其生产经营或者家庭生活的，可以不再履行赠与义务。

第十二章　借款合同

第六百六十七条 借款合同是借款人向贷款人借款，到期返还借款并支付利息的合同。

第六百六十八条 借款合同应当采用书面形式，但是自然人之间借款另有约定的除外。

借款合同的内容一般包括借款种类、币种、用途、数额、利率、期限和还款方式等条款。

第六百六十九条　订立借款合同，借款人应当按照贷款人的要求提供与借款有关的业务活动和财务状况的真实情况。

第六百七十条　借款的利息不得预先在本金中扣除。利息预先在本金中扣除的，应当按照实际借款数额返还借款并计算利息。

第六百七十一条　贷款人未按照约定的日期、数额提供借款，造成借款人损失的，应当赔偿损失。

借款人未按照约定的日期、数额收取借款的，应当按照约定的日期、数额支付利息。

第六百七十二条　贷款人按照约定可以检查、监督借款的使用情况。借款人应当按照约定向贷款人定期提供有关财务会计报表或者其他资料。

第六百七十三条　借款人未按照约定的借款用途使用借款的，贷款人可以停止发放借款、提前收回借款或者解除合同。

第六百七十四条　借款人应当按照约定的期限支付利息。对支付利息的期限没有约定或者约定不明确，依据本法第五百一十条的规定仍不能确定，借款期间不满一年的，应当在返还借款时一并支付；借款期间一年以上的，应当在每届满一年时支付，剩余期间不满一年的，应当在返还借款时一并支付。

第六百七十五条　借款人应当按照约定的期限返还借款。对借款期限没有约定或者约定不明确，依据本法第五百一十条的规定仍不能确定的，借款人可以随时返还；贷款人可以催告借款人在合理期限内返还。

第六百七十六条　借款人未按照约定的期限返还借款的，应当按照约定或者国家有关规定支付逾期利息。

第六百七十七条　借款人提前返还借款的，除当事人另有约定外，应当按照实际借款的期间计算利息。

第六百七十八条　借款人可以在还款期限届满前向贷款人申请展期；贷款人同意的，可以展期。

第六百七十九条　自然人之间的借款合同，自贷款人提供借款时成立。

第六百八十条　禁止高利放贷，借款的利率不得违反国家有关规定。

借款合同对支付利息没有约定的，视为没有利息。

借款合同对支付利息约定不明确，当事人不能达成补充协议的，按照当地或者当事人的交易方式、交易习惯、市场利率等因素确定利息；自然人之间借款的，视为没有利息。

第十三章　保证合同

第一节　一般规定

第六百八十一条　保证合同是为保障债权的实现，保证人和债权人约定，当债务人不履行到期债务或者发生当事人约定的情形时，保证人履行债务或者承担责任的合同。

第六百八十二条　保证合同是主债权债务合同的从合同。主债权债务合同无效的，保证合同无效，但是法律另有规定的除外。

保证合同被确认无效后，债务人、保证人、债权人有过错的，应当根据其过错各自承担相应的民事责任。

第六百八十三条　机关法人不得为保证人，但是经国务院批准为使用外国政府或者国际经济组织贷款进行转贷的除外。

以公益为目的的非营利法人、非法人组织不得为保证人。

第六百八十四条　保证合同的内容一般包括被保证的主债权的种类、数额，债务人履行债务的期限，保证的方式、范围和期间等条款。

第六百八十五条　保证合同可以是单独订立的书面合同，也可以是主债权债务合同中的保证条款。

第三人单方以书面形式向债权人作出保证，债权人接收且未提出异议的，保证合同成立。

第六百八十六条　保证的方式包括一般保证和连带责任保证。

当事人在保证合同中对保证方式没有约定或者约定不明确的，按照一般保证承担保证责任。

第六百八十七条　当事人在保证合同中约定，债务人不能履行债务时，由保证人承担保证责任的，为一般保证。

一般保证的保证人在主合同纠纷未经审判或者仲裁，并就债务人财产依法强制执行仍不能履行债务前，有权拒绝向债权人承担保证责任，但是有下列情形之一的除外：

（一）债务人下落不明，且无财产可供执行；

（二）人民法院已经受理债务人破产案件；

（三）债权人有证据证明债务人的财产不足以履行全部债务或者丧失履行债务能力；

（四）保证人书面表示放弃本款规定的权利。

第六百八十八条　当事人在保证合同中约定保证人和债务人对债务承担连带责任的，为连带责任保证。

连带责任保证的债务人不履行到期债务或者发生当事人约定的情形时，债权人可以请求债务人履行债务，也可以请求保证人在其保证范围内承担保证责任。

第六百八十九条　保证人可以要求债务人提供反担保。

第六百九十条　保证人与债权人可以协商订立最高额保证的合同，约定在最高债权额限度内就一定期间连续发生的债权提供保证。

最高额保证除适用本章规定外，参照适用本法第二编最高额抵押权的有关规定。

第二节　保证责任

第六百九十一条　保证的范围包括主债权及其利息、违约金、损害赔偿金和实现债权的费用。当事人另有约定的，按照其约定。

第六百九十二条　保证期间是确定保证人承担保证责任的期间，不发生中止、中断和延长。

债权人与保证人可以约定保证期间，但是约定的保证期间早于主债务履行期限或者与主债务履行期限同时届满的，视为没有约定；没有约定或者约定不明确的，保证期间为主债务履行期限届满之日起六个月。

债权人与债务人对主债务履行期限没有约定或者约定不明确的，保证期间自债权人请求债务人履行债务的宽限期届满之日起计算。

第六百九十三条　一般保证的债权人未在保证期间对债务人提起诉讼或者申请仲裁的，保证人不再承担保证责任。

连带责任保证的债权人未在保证期间请求保证人承担保证责任的，保证人不再承担保证责任。

第六百九十四条　一般保证的债权人在保证期间届满前对债务人提起诉讼或

者申请仲裁的，从保证人拒绝承担保证责任的权利消灭之日起，开始计算保证债务的诉讼时效。

连带责任保证的债权人在保证期间届满前请求保证人承担保证责任的，从债权人请求保证人承担保证责任之日起，开始计算保证债务的诉讼时效。

第六百九十五条　债权人和债务人未经保证人书面同意，协商变更主债权债务合同内容，减轻债务的，保证人仍对变更后的债务承担保证责任；加重债务的，保证人对加重的部分不承担保证责任。

债权人和债务人变更主债权债务合同的履行期限，未经保证人书面同意的，保证期间不受影响。

第六百九十六条　债权人转让全部或者部分债权，未通知保证人的，该转让对保证人不发生效力。

保证人与债权人约定禁止债权转让，债权人未经保证人书面同意转让债权的，保证人对受让人不再承担保证责任。

第六百九十七条　债权人未经保证人书面同意，允许债务人转移全部或者部分债务，保证人对未经其同意转移的债务不再承担保证责任，但是债权人和保证人另有约定的除外。

第三人加入债务的，保证人的保证责任不受影响。

第六百九十八条　一般保证的保证人在主债务履行期限届满后，向债权人提供债务人可供执行财产的真实情况，债权人放弃或者怠于行使权利致使该财产不能被执行的，保证人在其提供可供执行财产的价值范围内不再承担保证责任。

第六百九十九条　同一债务有两个以上保证人的，保证人应当按照保证合同约定的保证份额，承担保证责任；没有约定保证份额的，债权人可以请求任何一个保证人在其保证范围内承担保证责任。

第七百条　保证人承担保证责任后，除当事人另有约定外，有权在其承担保证责任的范围内向债务人追偿，享有债权人对债务人的权利，但是不得损害债权人的利益。

第七百零一条　保证人可以主张债务人对债权人的抗辩。债务人放弃抗辩的，保证人仍有权向债权人主张抗辩。

第七百零二条　债务人对债权人享有抵销权或者撤销权的，保证人可以在相应范围内拒绝承担保证责任。

第十四章 租赁合同

第七百零三条 租赁合同是出租人将租赁物交付承租人使用、收益，承租人支付租金的合同。

第七百零四条 租赁合同的内容一般包括租赁物的名称、数量、用途、租赁期限、租金及其支付期限和方式、租赁物维修等条款。

第七百零五条 租赁期限不得超过二十年。超过二十年的，超过部分无效。

租赁期限届满，当事人可以续订租赁合同；但是，约定的租赁期限自续订之日起不得超过二十年。

第七百零六条 当事人未依照法律、行政法规规定办理租赁合同登记备案手续的，不影响合同的效力。

第七百零七条 租赁期限六个月以上的，应当采用书面形式。当事人未采用书面形式，无法确定租赁期限的，视为不定期租赁。

第七百零八条 出租人应当按照约定将租赁物交付承租人，并在租赁期限内保持租赁物符合约定的用途。

第七百零九条 承租人应当按照约定的方法使用租赁物。对租赁物的使用方法没有约定或者约定不明确，依据本法第五百一十条的规定仍不能确定的，应当根据租赁物的性质使用。

第七百一十条 承租人按照约定的方法或者根据租赁物的性质使用租赁物，致使租赁物受到损耗的，不承担赔偿责任。

第七百一十一条 承租人未按照约定的方法或者未根据租赁物的性质使用租赁物，致使租赁物受到损失的，出租人可以解除合同并请求赔偿损失。

第七百一十二条 出租人应当履行租赁物的维修义务，但是当事人另有约定的除外。

第七百一十三条 承租人在租赁物需要维修时可以请求出租人在合理期限内维修。出租人未履行维修义务的，承租人可以自行维修，维修费用由出租人负担。因维修租赁物影响承租人使用的，应当相应减少租金或者延长租期。

因承租人的过错致使租赁物需要维修的，出租人不承担前款规定的维修义务。

第七百一十四条　承租人应当妥善保管租赁物，因保管不善造成租赁物毁损、灭失的，应当承担赔偿责任。

第七百一十五条　承租人经出租人同意，可以对租赁物进行改善或者增设他物。

承租人未经出租人同意，对租赁物进行改善或者增设他物的，出租人可以请求承租人恢复原状或者赔偿损失。

第七百一十六条　承租人经出租人同意，可以将租赁物转租给第三人。承租人转租的，承租人与出租人之间的租赁合同继续有效；第三人造成租赁物损失的，承租人应当赔偿损失。

承租人未经出租人同意转租的，出租人可以解除合同。

第七百一十七条　承租人经出租人同意将租赁物转租给第三人，转租期限超过承租人剩余租赁期限的，超过部分的约定对出租人不具有法律约束力，但是出租人与承租人另有约定的除外。

第七百一十八条　出租人知道或者应当知道承租人转租，但是在六个月内未提出异议的，视为出租人同意转租。

第七百一十九条　承租人拖欠租金的，次承租人可以代承租人支付其欠付的租金和违约金，但是转租合同对出租人不具有法律约束力的除外。

次承租人代为支付的租金和违约金，可以充抵次承租人应当向承租人支付的租金；超出其应付的租金数额的，可以向承租人追偿。

第七百二十条　在租赁期限内因占有、使用租赁物获得的收益，归承租人所有，但是当事人另有约定的除外。

第七百二十一条　承租人应当按照约定的期限支付租金。对支付租金的期限没有约定或者约定不明确，依据本法第五百一十条的规定仍不能确定，租赁期限不满一年的，应当在租赁期限届满时支付；租赁期限一年以上的，应当在每届满一年时支付，剩余期限不满一年的，应当在租赁期限届满时支付。

第七百二十二条　承租人无正当理由未支付或者迟延支付租金的，出租人可以请求承租人在合理期限内支付；承租人逾期不支付的，出租人可以解除合同。

第七百二十三条　因第三人主张权利，致使承租人不能对租赁物使用、收益的，承租人可以请求减少租金或者不支付租金。

第三人主张权利的，承租人应当及时通知出租人。

第七百二十四条　有下列情形之一，非因承租人原因致使租赁物无法使用的，承租人可以解除合同：

（一）租赁物被司法机关或者行政机关依法查封、扣押；

（二）租赁物权属有争议；

（三）租赁物具有违反法律、行政法规关于使用条件的强制性规定情形。

第七百二十五条　租赁物在承租人按照租赁合同占有期限内发生所有权变动的，不影响租赁合同的效力。

第七百二十六条　出租人出卖租赁房屋的，应当在出卖之前的合理期限内通知承租人，承租人享有以同等条件优先购买的权利；但是，房屋按份共有人行使优先购买权或者出租人将房屋出卖给近亲属的除外。

出租人履行通知义务后，承租人在十五日内未明确表示购买的，视为承租人放弃优先购买权。

第七百二十七条　出租人委托拍卖人拍卖租赁房屋的，应当在拍卖五日前通知承租人。承租人未参加拍卖的，视为放弃优先购买权。

第七百二十八条　出租人未通知承租人或者有其他妨害承租人行使优先购买权情形的，承租人可以请求出租人承担赔偿责任。但是，出租人与第三人订立的房屋买卖合同的效力不受影响。

第七百二十九条　因不可归责于承租人的事由，致使租赁物部分或者全部毁损、灭失的，承租人可以请求减少租金或者不支付租金；因租赁物部分或者全部毁损、灭失，致使不能实现合同目的的，承租人可以解除合同。

第七百三十条　当事人对租赁期限没有约定或者约定不明确，依据本法第五百一十条的规定仍不能确定的，视为不定期租赁；当事人可以随时解除合同，但是应当在合理期限之前通知对方。

第七百三十一条　租赁物危及承租人的安全或者健康的，即使承租人订立合同时明知该租赁物质量不合格，承租人仍然可以随时解除合同。

第七百三十二条　承租人在房屋租赁期限内死亡的，与其生前共同居住的人或者共同经营人可以按照原租赁合同租赁该房屋。

第七百三十三条　租赁期限届满，承租人应当返还租赁物。返还的租赁物应当符合按照约定或者根据租赁物的性质使用后的状态。

第七百三十四条　租赁期限届满，承租人继续使用租赁物，出租人没有提出异议的，原租赁合同继续有效，但是租赁期限为不定期。

租赁期限届满，房屋承租人享有以同等条件优先承租的权利。

第十五章　融资租赁合同

第七百三十五条　融资租赁合同是出租人根据承租人对出卖人、租赁物的选择，向出卖人购买租赁物，提供给承租人使用，承租人支付租金的合同。

第七百三十六条　融资租赁合同的内容一般包括租赁物的名称、数量、规格、技术性能、检验方法，租赁期限，租金构成及其支付期限和方式、币种，租赁期限届满租赁物的归属等条款。

融资租赁合同应当采用书面形式。

第七百三十七条　当事人以虚构租赁物方式订立的融资租赁合同无效。

第七百三十八条　依照法律、行政法规的规定，对于租赁物的经营使用应当取得行政许可的，出租人未取得行政许可不影响融资租赁合同的效力。

第七百三十九条　出租人根据承租人对出卖人、租赁物的选择订立的买卖合同，出卖人应当按照约定向承租人交付标的物，承租人享有与受领标的物有关的买受人的权利。

第七百四十条　出卖人违反向承租人交付标的物的义务，有下列情形之一的，承租人可以拒绝受领出卖人向其交付的标的物：

（一）标的物严重不符合约定；

（二）未按照约定交付标的物，经承租人或者出租人催告后在合理期限内仍未交付。

承租人拒绝受领标的物的，应当及时通知出租人。

第七百四十一条　出租人、出卖人、承租人可以约定，出卖人不履行买卖合同义务的，由承租人行使索赔的权利。承租人行使索赔权利的，出租人应当协助。

第七百四十二条　承租人对出卖人行使索赔权利，不影响其履行支付租金的义务。但是，承租人依赖出租人的技能确定租赁物或者出租人干预选择租赁物的，承租人可以请求减免相应租金。

第七百四十三条 出租人有下列情形之一，致使承租人对出卖人行使索赔权利失败的，承租人有权请求出租人承担相应的责任：

（一）明知租赁物有质量瑕疵而不告知承租人；

（二）承租人行使索赔权利时，未及时提供必要协助。

出租人怠于行使只能由其对出卖人行使的索赔权利，造成承租人损失的，承租人有权请求出租人承担赔偿责任。

第七百四十四条 出租人根据承租人对出卖人、租赁物的选择订立的买卖合同，未经承租人同意，出租人不得变更与承租人有关的合同内容。

第七百四十五条 出租人对租赁物享有的所有权，未经登记，不得对抗善意第三人。

第七百四十六条 融资租赁合同的租金，除当事人另有约定外，应当根据购买租赁物的大部分或者全部成本以及出租人的合理利润确定。

第七百四十七条 租赁物不符合约定或者不符合使用目的的，出租人不承担责任。但是，承租人依赖出租人的技能确定租赁物或者出租人干预选择租赁物的除外。

第七百四十八条 出租人应当保证承租人对租赁物的占有和使用。

出租人有下列情形之一的，承租人有权请求其赔偿损失：

（一）无正当理由收回租赁物；

（二）无正当理由妨碍、干扰承租人对租赁物的占有和使用；

（三）因出租人的原因致使第三人对租赁物主张权利；

（四）不当影响承租人对租赁物占有和使用的其他情形。

第七百四十九条 承租人占有租赁物期间，租赁物造成第三人人身损害或者财产损失的，出租人不承担责任。

第七百五十条 承租人应当妥善保管、使用租赁物。

承租人应当履行占有租赁物期间的维修义务。

第七百五十一条 承租人占有租赁物期间，租赁物毁损、灭失的，出租人有权请求承租人继续支付租金，但是法律另有规定或者当事人另有约定的除外。

第七百五十二条 承租人应当按照约定支付租金。承租人经催告后在合理期限内仍不支付租金的，出租人可以请求支付全部租金；也可以解除合同，收回租赁物。

第七百五十三条　承租人未经出租人同意，将租赁物转让、抵押、质押、投资入股或者以其他方式处分的，出租人可以解除融资租赁合同。

第七百五十四条　有下列情形之一的，出租人或者承租人可以解除融资租赁合同：

（一）出租人与出卖人订立的买卖合同解除、被确认无效或者被撤销，且未能重新订立买卖合同；

（二）租赁物因不可归责于当事人的原因毁损、灭失，且不能修复或者确定替代物；

（三）因出卖人的原因致使融资租赁合同的目的不能实现。

第七百五十五条　融资租赁合同因买卖合同解除、被确认无效或者被撤销而解除，出卖人、租赁物系由承租人选择的，出租人有权请求承租人赔偿相应损失；但是，因出租人原因致使买卖合同解除、被确认无效或者被撤销的除外。

出租人的损失已经在买卖合同解除、被确认无效或者被撤销时获得赔偿的，承租人不再承担相应的赔偿责任。

第七百五十六条　融资租赁合同因租赁物交付承租人后意外毁损、灭失等不可归责于当事人的原因解除的，出租人可以请求承租人按照租赁物折旧情况给予补偿。

第七百五十七条　出租人和承租人可以约定租赁期限届满租赁物的归属；对租赁物的归属没有约定或者约定不明确，依据本法第五百一十条的规定仍不能确定的，租赁物的所有权归出租人。

第七百五十八条　当事人约定租赁期限届满租赁物归承租人所有，承租人已经支付大部分租金，但是无力支付剩余租金，出租人因此解除合同收回租赁物，收回的租赁物的价值超过承租人欠付的租金以及其他费用的，承租人可以请求相应返还。

当事人约定租赁期限届满租赁物归出租人所有，因租赁物毁损、灭失或者附合、混合于他物致使承租人不能返还的，出租人有权请求承租人给予合理补偿。

第七百五十九条　当事人约定租赁期限届满，承租人仅需向出租人支付象征性价款的，视为约定的租金义务履行完毕后租赁物的所有权归承租人。

第七百六十条 融资租赁合同无效,当事人就该情形下租赁物的归属有约定的,按照其约定;没有约定或者约定不明确的,租赁物应当返还出租人。但是,因承租人原因致使合同无效,出租人不请求返还或者返还后会显著降低租赁物效用的,租赁物的所有权归承租人,由承租人给予出租人合理补偿。

第十六章 保理合同

第七百六十一条 保理合同是应收账款债权人将现有的或者将有的应收账款转让给保理人,保理人提供资金融通、应收账款管理或者催收、应收账款债务人付款担保等服务的合同。

第七百六十二条 保理合同的内容一般包括业务类型、服务范围、服务期限、基础交易合同情况、应收账款信息、保理融资款或者服务报酬及其支付方式等条款。

保理合同应当采用书面形式。

第七百六十三条 应收账款债权人与债务人虚构应收账款作为转让标的,与保理人订立保理合同的,应收账款债务人不得以应收账款不存在为由对抗保理人,但是保理人明知虚构的除外。

第七百六十四条 保理人向应收账款债务人发出应收账款转让通知的,应当表明保理人身份并附有必要凭证。

第七百六十五条 应收账款债务人接到应收账款转让通知后,应收账款债权人与债务人无正当理由协商变更或者终止基础交易合同,对保理人产生不利影响的,对保理人不发生效力。

第七百六十六条 当事人约定有追索权保理的,保理人可以向应收账款债权人主张返还保理融资款本息或者回购应收账款债权,也可以向应收账款债务人主张应收账款债权。保理人向应收账款债务人主张应收账款债权,在扣除保理融资款本息和相关费用后有剩余的,剩余部分应当返还给应收账款债权人。

第七百六十七条 当事人约定无追索权保理的,保理人应当向应收账款债务人主张应收账款债权,保理人取得超过保理融资款本息和相关费用的部分,无需向应收账款债权人返还。

第七百六十八条 应收账款债权人就同一应收账款订立多个保理合同,致使多个保理人主张权利的,已经登记的先于未登记的取得应收账款;均已经登记的，按照登记时间的先后顺序取得应收账款；均未登记的，由最先到达应收账款债务人的转让通知中载明的保理人取得应收账款；既未登记也未通知的，按照保理融资款或者服务报酬的比例取得应收账款。

第七百六十九条　本章没有规定的，适用本编第六章债权转让的有关规定。

第十七章　承揽合同

第七百七十条　承揽合同是承揽人按照定作人的要求完成工作，交付工作成果，定作人支付报酬的合同。

承揽包括加工、定作、修理、复制、测试、检验等工作。

第七百七十一条　承揽合同的内容一般包括承揽的标的、数量、质量、报酬，承揽方式，材料的提供，履行期限，验收标准和方法等条款。

第七百七十二条　承揽人应当以自己的设备、技术和劳力，完成主要工作，但是当事人另有约定的除外。

承揽人将其承揽的主要工作交由第三人完成的，应当就该第三人完成的工作成果向定作人负责；未经定作人同意的，定作人也可以解除合同。

第七百七十三条　承揽人可以将其承揽的辅助工作交由第三人完成。承揽人将其承揽的辅助工作交由第三人完成的，应当就该第三人完成的工作成果向定作人负责。

第七百七十四条　承揽人提供材料的，应当按照约定选用材料，并接受定作人检验。

第七百七十五条　定作人提供材料的，应当按照约定提供材料。承揽人对定作人提供的材料应当及时检验，发现不符合约定时，应当及时通知定作人更换、补齐或者采取其他补救措施。

承揽人不得擅自更换定作人提供的材料，不得更换不需要修理的零部件。

第七百七十六条　承揽人发现定作人提供的图纸或者技术要求不合理的，应当及时通知定作人。因定作人怠于答复等原因造成承揽人损失的，应当赔偿损失。

第七百七十七条　定作人中途变更承揽工作的要求，造成承揽人损失的，应当赔偿损失。

第七百七十八条　承揽工作需要定作人协助的，定作人有协助的义务。定作人不履行协助义务致使承揽工作不能完成的，承揽人可以催告定作人在合理期限内履行义务，并可以顺延履行期限；定作人逾期不履行的，承揽人可以解除合同。

第七百七十九条　承揽人在工作期间，应当接受定作人必要的监督检验。定作人不得因监督检验妨碍承揽人的正常工作。

第七百八十条　承揽人完成工作的，应当向定作人交付工作成果，并提交必要的技术资料和有关质量证明。定作人应当验收该工作成果。

第七百八十一条　承揽人交付的工作成果不符合质量要求的，定作人可以合理选择请求承揽人承担修理、重作、减少报酬、赔偿损失等违约责任。

第七百八十二条　定作人应当按照约定的期限支付报酬。对支付报酬的期限没有约定或者约定不明确，依据本法第五百一十条的规定仍不能确定的，定作人应当在承揽人交付工作成果时支付；工作成果部分交付的，定作人应当相应支付。

第七百八十三条　定作人未向承揽人支付报酬或者材料费等价款的，承揽人对完成的工作成果享有留置权或者有权拒绝交付，但是当事人另有约定的除外。

第七百八十四条　承揽人应当妥善保管定作人提供的材料以及完成的工作成果，因保管不善造成毁损、灭失的，应当承担赔偿责任。

第七百八十五条　承揽人应当按照定作人的要求保守秘密，未经定作人许可，不得留存复制品或者技术资料。

第七百八十六条　共同承揽人对定作人承担连带责任，但是当事人另有约定的除外。

第七百八十七条　定作人在承揽人完成工作前可以随时解除合同，造成承揽人损失的，应当赔偿损失。

第十八章　建设工程合同

第七百八十八条　建设工程合同是承包人进行工程建设，发包人支付价款的合同。

建设工程合同包括工程勘察、设计、施工合同。

第七百八十九条　建设工程合同应当采用书面形式。

第七百九十条　建设工程的招标投标活动，应当依照有关法律的规定公开、公平、公正进行。

第七百九十一条 发包人可以与总承包人订立建设工程合同，也可以分别与勘察人、设计人、施工人订立勘察、设计、施工承包合同。发包人不得将应当由一个承包人完成的建设工程支解成若干部分发包给数个承包人。

总承包人或者勘察、设计、施工承包人经发包人同意，可以将自己承包的部分工作交由第三人完成。第三人就其完成的工作成果与总承包人或者勘察、设计、施工承包人向发包人承担连带责任。承包人不得将其承包的全部建设工程转包给第三人或者将其承包的全部建设工程支解以后以分包的名义分别转包给第三人。

禁止承包人将工程分包给不具备相应资质条件的单位。禁止分包单位将其承包的工程再分包。建设工程主体结构的施工必须由承包人自行完成。

第七百九十二条 国家重大建设工程合同，应当按照国家规定的程序和国家批准的投资计划、可行性研究报告等文件订立。

第七百九十三条 建设工程施工合同无效，但是建设工程经验收合格的，可以参照合同关于工程价款的约定折价补偿承包人。

建设工程施工合同无效，且建设工程经验收不合格的，按照以下情形处理：

（一）修复后的建设工程经验收合格的，发包人可以请求承包人承担修复费用；

（二）修复后的建设工程经验收不合格的，承包人无权请求参照合同关于工程价款的约定折价补偿。

发包人对因建设工程不合格造成的损失有过错的，应当承担相应的责任。

第七百九十四条 勘察、设计合同的内容一般包括提交有关基础资料和概预算等文件的期限、质量要求、费用以及其他协作条件等条款。

第七百九十五条 施工合同的内容一般包括工程范围、建设工期、中间交工工程的开工和竣工时间、工程质量、工程造价、技术资料交付时间、材料和设备供应责任、拨款和结算、竣工验收、质量保修范围和质量保证期、相互协作等条款。

第七百九十六条 建设工程实行监理的，发包人应当与监理人采用书面形式订立委托监理合同。发包人与监理人的权利和义务以及法律责任，应当依照本编委托合同以及其他有关法律、行政法规的规定。

第七百九十七条　发包人在不妨碍承包人正常作业的情况下，可以随时对作业进度、质量进行检查。

第七百九十八条　隐蔽工程在隐蔽以前，承包人应当通知发包人检查。发包人没有及时检查的，承包人可以顺延工程日期，并有权请求赔偿停工、窝工等损失。

第七百九十九条　建设工程竣工后，发包人应当根据施工图纸及说明书、国家颁发的施工验收规范和质量检验标准及时进行验收。验收合格的，发包人应当按照约定支付价款，并接收该建设工程。

建设工程竣工经验收合格后，方可交付使用；未经验收或者验收不合格的，不得交付使用。

第八百条　勘察、设计的质量不符合要求或者未按照期限提交勘察、设计文件拖延工期，造成发包人损失的，勘察人、设计人应当继续完善勘察、设计，减收或者免收勘察、设计费并赔偿损失。

第八百零一条　因施工人的原因致使建设工程质量不符合约定的，发包人有权请求施工人在合理期限内无偿修理或者返工、改建。经过修理或者返工、改建后，造成逾期交付的，施工人应当承担违约责任。

第八百零二条　因承包人的原因致使建设工程在合理使用期限内造成人身损害和财产损失的，承包人应当承担赔偿责任。

第八百零三条　发包人未按照约定的时间和要求提供原材料、设备、场地、资金、技术资料的，承包人可以顺延工程日期，并有权请求赔偿停工、窝工等损失。

第八百零四条　因发包人的原因致使工程中途停建、缓建的，发包人应当采取措施弥补或者减少损失，赔偿承包人因此造成的停工、窝工、倒运、机械设备调迁、材料和构件积压等损失和实际费用。

第八百零五条　因发包人变更计划，提供的资料不准确，或者未按照期限提供必需的勘察、设计工作条件而造成勘察、设计的返工、停工或者修改设计，发包人应当按照勘察人、设计人实际消耗的工作量增付费用。

第八百零六条　承包人将建设工程转包、违法分包的，发包人可以解除合同。

发包人提供的主要建筑材料、建筑构配件和设备不符合强制性标准或者不履行协助义务，致使承包人无法施工，经催告后在合理期限内仍未履行相应义务的，承包人可以解除合同。

合同解除后，已经完成的建设工程质量合格的，发包人应当按照约定支付相应的工程价款；已经完成的建设工程质量不合格的，参照本法第七百九十三条的规定处理。

第八百零七条　发包人未按照约定支付价款的，承包人可以催告发包人在合理期限内支付价款。发包人逾期不支付的，除根据建设工程的性质不宜折价、拍卖外，承包人可以与发包人协议将该工程折价，也可以请求人民法院将该工程依法拍卖。建设工程的价款就该工程折价或者拍卖的价款优先受偿。

第八百零八条　本章没有规定的，适用承揽合同的有关规定。

第十九章　运输合同

第一节　一般规定

第八百零九条　运输合同是承运人将旅客或者货物从起运地点运输到约定地点，旅客、托运人或者收货人支付票款或者运输费用的合同。

第八百一十条　从事公共运输的承运人不得拒绝旅客、托运人通常、合理的运输要求。

第八百一十一条　承运人应当在约定期限或者合理期限内将旅客、货物安全运输到约定地点。

第八百一十二条　承运人应当按照约定的或者通常的运输路线将旅客、货物运输到约定地点。

第八百一十三条　旅客、托运人或者收货人应当支付票款或者运输费用。承运人未按照约定路线或者通常路线运输增加票款或者运输费用的，旅客、托运人或者收货人可以拒绝支付增加部分的票款或者运输费用。

第二节　客运合同

第八百一十四条　客运合同自承运人向旅客出具客票时成立，但是当事人另有约定或者另有交易习惯的除外。

第八百一十五条　旅客应当按照有效客票记载的时间、班次和座位号乘坐。

旅客无票乘坐、超程乘坐、越级乘坐或者持不符合减价条件的优惠客票乘坐的，应当补交票款，承运人可以按照规定加收票款；旅客不支付票款的，承运人可以拒绝运输。

实名制客运合同的旅客丢失客票的，可以请求承运人挂失补办，承运人不得再次收取票款和其他不合理费用。

第八百一十六条　旅客因自己的原因不能按照客票记载的时间乘坐的，应当在约定的期限内办理退票或者变更手续；逾期办理的，承运人可以不退票款，并不再承担运输义务。

第八百一十七条　旅客随身携带行李应当符合约定的限量和品类要求；超过限量或者违反品类要求携带行李的，应当办理托运手续。

第八百一十八条　旅客不得随身携带或者在行李中夹带易燃、易爆、有毒、有腐蚀性、有放射性以及可能危及运输工具上人身和财产安全的危险物品或者违禁物品。

旅客违反前款规定的，承运人可以将危险物品或者违禁物品卸下、销毁或者送交有关部门。旅客坚持携带或者夹带危险物品或者违禁物品的，承运人应当拒绝运输。

第八百一十九条　承运人应当严格履行安全运输义务，及时告知旅客安全运输应当注意的事项。旅客对承运人为安全运输所作的合理安排应当积极协助和配合。

第八百二十条　承运人应当按照有效客票记载的时间、班次和座位号运输旅客。承运人迟延运输或者有其他不能正常运输情形的，应当及时告知和提醒旅客，采取必要的安置措施，并根据旅客的要求安排改乘其他班次或者退票；由此造成旅客损失的，承运人应当承担赔偿责任，但是不可归责于承运人的除外。

第八百二十一条　承运人擅自降低服务标准的，应当根据旅客的请求退票或者减收票款；提高服务标准的，不得加收票款。

第八百二十二条　承运人在运输过程中，应当尽力救助患有急病、分娩、遇险的旅客。

第八百二十三条　承运人应当对运输过程中旅客的伤亡承担赔偿责任；但是，伤亡是旅客自身健康原因造成的或者承运人证明伤亡是旅客故意、重大过失造成的除外。

前款规定适用于按照规定免票、持优待票或者经承运人许可搭乘的无票旅客。

第八百二十四条　在运输过程中旅客随身携带物品毁损、灭失，承运人有过错的，应当承担赔偿责任。

旅客托运的行李毁损、灭失的，适用货物运输的有关规定。

第三节　货运合同

第八百二十五条　托运人办理货物运输，应当向承运人准确表明收货人的姓名、名称或者凭指示的收货人，货物的名称、性质、重量、数量，收货地点等有关货物运输的必要情况。

因托运人申报不实或者遗漏重要情况，造成承运人损失的，托运人应当承担赔偿责任。

第八百二十六条　货物运输需要办理审批、检验等手续的，托运人应当将办理完有关手续的文件提交承运人。

第八百二十七条　托运人应当按照约定的方式包装货物。对包装方式没有约定或者约定不明确的，适用本法第六百一十九条的规定。

托运人违反前款规定的，承运人可以拒绝运输。

第八百二十八条　托运人托运易燃、易爆、有毒、有腐蚀性、有放射性等危险物品的，应当按照国家有关危险物品运输的规定对危险物品妥善包装，做出危险物品标志和标签，并将有关危险物品的名称、性质和防范措施的书面材料提交承运人。

托运人违反前款规定的，承运人可以拒绝运输，也可以采取相应措施以避免损失的发生，因此产生的费用由托运人负担。

第八百二十九条　在承运人将货物交付收货人之前，托运人可以要求承运人中止运输、返还货物、变更到达地或者将货物交给其他收货人，但是应当赔偿承运人因此受到的损失。

第八百三十条　货物运输到达后，承运人知道收货人的，应当及时通知收货人，收货人应当及时提货。收货人逾期提货的，应当向承运人支付保管费等费用。

第八百三十一条　收货人提货时应当按照约定的期限检验货物。对检验货物的期限没有约定或者约定不明确，依据本法第五百一十条的规定仍不能确定的，应当在合理期限内检验货物。收货人在约定的期限或者合理期限内对货物的数量、毁损等未提出异议的，视为承运人已经按照运输单证的记载交付的初步证据。

第八百三十二条　承运人对运输过程中货物的毁损、灭失承担赔偿责任。但是，承运人证明货物的毁损、灭失是因不可抗力、货物本身的自然性质或者合理损耗以及托运人、收货人的过错造成的，不承担赔偿责任。

第八百三十三条　货物的毁损、灭失的赔偿额，当事人有约定的，按照其约定；没有约定或者约定不明确，依据本法第五百一十条的规定仍不能确定的，按照交付或者应当交付时货物到达地的市场价格计算。法律、行政法规对赔偿额的计算方法和赔偿限额另有规定的，依照其规定。

第八百三十四条　两个以上承运人以同一运输方式联运的，与托运人订立合同的承运人应当对全程运输承担责任；损失发生在某一运输区段的，与托运人订立合同的承运人和该区段的承运人承担连带责任。

第八百三十五条　货物在运输过程中因不可抗力灭失，未收取运费的，承运人不得请求支付运费；已经收取运费的，托运人可以请求返还。法律另有规定的，依照其规定。

第八百三十六条　托运人或者收货人不支付运费、保管费或者其他费用的，承运人对相应的运输货物享有留置权，但是当事人另有约定的除外。

第八百三十七条　收货人不明或者收货人无正当理由拒绝受领货物的，承运人依法可以提存货物。

第四节　多式联运合同

第八百三十八条　多式联运经营人负责履行或者组织履行多式联运合同，对全程运输享有承运人的权利，承担承运人的义务。

第八百三十九条　多式联运经营人可以与参加多式联运的各区段承运人就多式联运合同的各区段运输约定相互之间的责任；但是，该约定不影响多式联运经营人对全程运输承担的义务。

第八百四十条　多式联运经营人收到托运人交付的货物时，应当签发多式联运单据。按照托运人的要求，多式联运单据可以是可转让单据，也可以是不可转让单据。

第八百四十一条　因托运人托运货物时的过错造成多式联运经营人损失的，即使托运人已经转让多式联运单据，托运人仍然应当承担赔偿责任。

第八百四十二条　货物的毁损、灭失发生于多式联运的某一运输区段的，多式联运经营人的赔偿责任和责任限额，适用调整该区段运输方式的有关法律规定；货物毁损、灭失发生的运输区段不能确定的，依照本章规定承担赔偿责任。

第二十章　技术合同

第一节　一般规定

第八百四十三条　技术合同是当事人就技术开发、转让、许可、咨询或者服务订立的确立相互之间权利和义务的合同。

第八百四十四条　订立技术合同，应当有利于知识产权的保护和科学技术的进步，促进科学技术成果的研发、转化、应用和推广。

第八百四十五条　技术合同的内容一般包括项目的名称，标的的内容、范围和要求，履行的计划、地点和方式，技术信息和资料的保密，技术成果的归属和收益的分配办法，验收标准和方法，名词和术语的解释等条款。

与履行合同有关的技术背景资料、可行性论证和技术评价报告、项目任务书和计划书、技术标准、技术规范、原始设计和工艺文件，以及其他技术文档，按照当事人的约定可以作为合同的组成部分。

技术合同涉及专利的，应当注明发明创造的名称、专利申请人和专利权人、申请日期、申请号、专利号以及专利权的有效期限。

第八百四十六条　技术合同价款、报酬或者使用费的支付方式由当事人约定，可以采取一次总算、一次总付或者一次总算、分期支付，也可以采取提成支付或者提成支付附加预付入门费的方式。

约定提成支付的，可以按照产品价格、实施专利和使用技术秘密后新增的产值、利润或者产品销售额的一定比例提成，也可以按照约定的其他方式计算。提成支付的比例可以采取固定比例、逐年递增比例或者逐年递减比例。

约定提成支付的，当事人可以约定查阅有关会计账目的办法。

第八百四十七条　职务技术成果的使用权、转让权属于法人或者非法人组织的，法人或者非法人组织可以就该项职务技术成果订立技术合同。法人或者非法人组织订立技术合同转让职务技术成果时，职务技术成果的完成人享有以同等条件优先受让的权利。

职务技术成果是执行法人或者非法人组织的工作任务，或者主要是利用法人或者非法人组织的物质技术条件所完成的技术成果。

第八百四十八条　非职务技术成果的使用权、转让权属于完成技术成果的个人，完成技术成果的个人可以就该项非职务技术成果订立技术合同。

第八百四十九条　完成技术成果的个人享有在有关技术成果文件上写明自己是技术成果完成者的权利和取得荣誉证书、奖励的权利。

第八百五十条　非法垄断技术或者侵害他人技术成果的技术合同无效。

第二节　技术开发合同

第八百五十一条　技术开发合同是当事人之间就新技术、新产品、新工艺、新品种或者新材料及其系统的研究开发所订立的合同。

技术开发合同包括委托开发合同和合作开发合同。

技术开发合同应当采用书面形式。

当事人之间就具有实用价值的科技成果实施转化订立的合同，参照适用技术开发合同的有关规定。

第八百五十二条　委托开发合同的委托人应当按照约定支付研究开发经费和报酬，提供技术资料，提出研究开发要求，完成协作事项，接受研究开发成果。

第八百五十三条　委托开发合同的研究开发人应当按照约定制定和实施研究开发计划，合理使用研究开发经费，按期完成研究开发工作，交付研究开发成果，提供有关的技术资料和必要的技术指导，帮助委托人掌握研究开发成果。

第八百五十四条　委托开发合同的当事人违反约定造成研究开发工作停滞、延误或者失败的，应当承担违约责任。

第八百五十五条　合作开发合同的当事人应当按照约定进行投资，包括以技术进行投资，分工参与研究开发工作，协作配合研究开发工作。

第八百五十六条　合作开发合同的当事人违反约定造成研究开发工作停滞、延误或者失败的，应当承担违约责任。

第八百五十七条　作为技术开发合同标的的技术已经由他人公开，致使技术开发合同的履行没有意义的，当事人可以解除合同。

第八百五十八条　技术开发合同履行过程中，因出现无法克服的技术困难，致使研究开发失败或者部分失败的，该风险由当事人约定；没有约定或者约定不明确，依据本法第五百一十条的规定仍不能确定的，风险由当事人合理分担。

当事人一方发现前款规定的可能致使研究开发失败或者部分失败的情形时，应当及时通知另一方并采取适当措施减少损失；没有及时通知并采取适当措施，致使损失扩大的，应当就扩大的损失承担责任。

第八百五十九条　委托开发完成的发明创造，除法律另有规定或者当事人另有约定外，申请专利的权利属于研究开发人。研究开发人取得专利权的，委托人可以依法实施该专利。

研究开发人转让专利申请权的，委托人享有以同等条件优先受让的权利。

第八百六十条　合作开发完成的发明创造，申请专利的权利属于合作开发的当事人共有；当事人一方转让其共有的专利申请权的，其他各方享有以同等条件优先受让的权利。但是，当事人另有约定的除外。

合作开发的当事人一方声明放弃其共有的专利申请权的，除当事人另有约定外，可以由另一方单独申请或者由其他各方共同申请。申请人取得专利权的，放弃专利申请权的一方可以免费实施该专利。

合作开发的当事人一方不同意申请专利的，另一方或者其他各方不得申请专利。

第八百六十一条　委托开发或者合作开发完成的技术秘密成果的使用权、转让权以及收益的分配办法，由当事人约定；没有约定或者约定不明确，依据本法第五百一十条的规定仍不能确定的，在没有相同技术方案被授予专利权前，当事人均有使用和转让的权利。但是，委托开发的研究开发人不得在向委托人交付研究开发成果之前，将研究开发成果转让给第三人。

第三节　技术转让合同和技术许可合同

第八百六十二条　技术转让合同是合法拥有技术的权利人，将现有特定的专利、专利申请、技术秘密的相关权利让与他人所订立的合同。

技术许可合同是合法拥有技术的权利人，将现有特定的专利、技术秘密的相关权利许可他人实施、使用所订立的合同。

技术转让合同和技术许可合同中关于提供实施技术的专用设备、原材料或者提供有关的技术咨询、技术服务的约定，属于合同的组成部分。

第八百六十三条　技术转让合同包括专利权转让、专利申请权转让、技术秘密转让等合同。

技术许可合同包括专利实施许可、技术秘密使用许可等合同。

技术转让合同和技术许可合同应当采用书面形式。

第八百六十四条　技术转让合同和技术许可合同可以约定实施专利或者使用技术秘密的范围，但是不得限制技术竞争和技术发展。

第八百六十五条　专利实施许可合同仅在该专利权的存续期限内有效。专利权有效期限届满或者专利权被宣告无效的，专利权人不得就该专利与他人订立专利实施许可合同。

第八百六十六条　专利实施许可合同的许可人应当按照约定许可被许可人实施专利，交付实施专利有关的技术资料，提供必要的技术指导。

第八百六十七条　专利实施许可合同的被许可人应当按照约定实施专利，不得许可约定以外的第三人实施该专利，并按照约定支付使用费。

第八百六十八条　技术秘密转让合同的让与人和技术秘密使用许可合同的许可人应当按照约定提供技术资料，进行技术指导，保证技术的实用性、可靠性，承担保密义务。

前款规定的保密义务，不限制许可人申请专利，但是当事人另有约定的除外。

第八百六十九条　技术秘密转让合同的受让人和技术秘密使用许可合同的被许可人应当按照约定使用技术，支付转让费、使用费，承担保密义务。

第八百七十条　技术转让合同的让与人和技术许可合同的许可人应当保证自己是所提供的技术的合法拥有者，并保证所提供的技术完整、无误、有效，能够达到约定的目标。

第八百七十一条　技术转让合同的受让人和技术许可合同的被许可人应当按照约定的范围和期限，对让与人、许可人提供的技术中尚未公开的秘密部分，承担保密义务。

第八百七十二条　许可人未按照约定许可技术的，应当返还部分或者全部使用费，并应当承担违约责任；实施专利或者使用技术秘密超越约定的范围的，违反约定擅自许可第三人实施该项专利或者使用该项技术秘密的，应当停止违约行为，承担违约责任；违反约定的保密义务的，应当承担违约责任。

让与人承担违约责任，参照适用前款规定。

第八百七十三条 被许可人未按照约定支付使用费的，应当补交使用费并按照约定支付违约金；不补交使用费或者支付违约金的，应当停止实施专利或者使用技术秘密，交还技术资料，承担违约责任；实施专利或者使用技术秘密超越约定的范围的，未经许可人同意擅自许可第三人实施该专利或者使用该技术秘密的，应当停止违约行为，承担违约责任；违反约定的保密义务的，应当承担违约责任。

受让人承担违约责任，参照适用前款规定。

第八百七十四条 受让人或者被许可人按照约定实施专利、使用技术秘密侵害他人合法权益的，由让与人或者许可人承担责任，但是当事人另有约定的除外。

第八百七十五条 当事人可以按照互利的原则，在合同中约定实施专利、使用技术秘密后续改进的技术成果的分享办法；没有约定或者约定不明确，依据本法第五百一十条的规定仍不能确定的，一方后续改进的技术成果，其他各方无权分享。

第八百七十六条 集成电路布图设计专有权、植物新品种权、计算机软件著作权等其他知识产权的转让和许可，参照适用本节的有关规定。

第八百七十七条 法律、行政法规对技术进出口合同或者专利、专利申请合同另有规定的，依照其规定。

第四节 技术咨询合同和技术服务合同

第八百七十八条 技术咨询合同是当事人一方以技术知识为对方就特定技术项目提供可行性论证、技术预测、专题技术调查、分析评价报告等所订立的合同。

技术服务合同是当事人一方以技术知识为对方解决特定技术问题所订立的合同，不包括承揽合同和建设工程合同。

第八百七十九条 技术咨询合同的委托人应当按照约定阐明咨询的问题，提供技术背景材料及有关技术资料，接受受托人的工作成果，支付报酬。

第八百八十条　技术咨询合同的受托人应当按照约定的期限完成咨询报告或者解答问题，提出的咨询报告应当达到约定的要求。

第八百八十一条　技术咨询合同的委托人未按照约定提供必要的资料，影响工作进度和质量，不接受或者逾期接受工作成果的，支付的报酬不得追回，未支付的报酬应当支付。

技术咨询合同的受托人未按期提出咨询报告或者提出的咨询报告不符合约定的，应当承担减收或者免收报酬等违约责任。

技术咨询合同的委托人按照受托人符合约定要求的咨询报告和意见作出决策所造成的损失，由委托人承担，但是当事人另有约定的除外。

第八百八十二条　技术服务合同的委托人应当按照约定提供工作条件，完成配合事项，接受工作成果并支付报酬。

第八百八十三条　技术服务合同的受托人应当按照约定完成服务项目，解决技术问题，保证工作质量，并传授解决技术问题的知识。

第八百八十四条　技术服务合同的委托人不履行合同义务或者履行合同义务不符合约定，影响工作进度和质量，不接受或者逾期接受工作成果的，支付的报酬不得追回，未支付的报酬应当支付。

技术服务合同的受托人未按照约定完成服务工作的，应当承担免收报酬等违约责任。

第八百八十五条　技术咨询合同、技术服务合同履行过程中，受托人利用委托人提供的技术资料和工作条件完成的新的技术成果，属于受托人。委托人利用受托人的工作成果完成的新的技术成果，属于委托人。当事人另有约定的，按照其约定。

第八百八十六条　技术咨询合同和技术服务合同对受托人正常开展工作所需费用的负担没有约定或者约定不明确的，由受托人负担。

第八百八十七条　法律、行政法规对技术中介合同、技术培训合同另有规定的，依照其规定。

第二十一章　保管合同

第八百八十八条　保管合同是保管人保管寄存人交付的保管物，并返还该物的合同。

寄存人到保管人处从事购物、就餐、住宿等活动,将物品存放在指定场所的,视为保管,但是当事人另有约定或者另有交易习惯的除外。

第八百八十九条　寄存人应当按照约定向保管人支付保管费。

当事人对保管费没有约定或者约定不明确,依据本法第五百一十条的规定仍不能确定的,视为无偿保管。

第八百九十条　保管合同自保管物交付时成立,但是当事人另有约定的除外。

第八百九十一条　寄存人向保管人交付保管物的,保管人应当出具保管凭证,但是另有交易习惯的除外。

第八百九十二条　保管人应当妥善保管保管物。

当事人可以约定保管场所或者方法。除紧急情况或者为维护寄存人利益外,不得擅自改变保管场所或者方法。

第八百九十三条　寄存人交付的保管物有瑕疵或者根据保管物的性质需要采取特殊保管措施的,寄存人应当将有关情况告知保管人。寄存人未告知,致使保管物受损失的,保管人不承担赔偿责任;保管人因此受损失的,除保管人知道或者应当知道且未采取补救措施外,寄存人应当承担赔偿责任。

第八百九十四条　保管人不得将保管物转交第三人保管,但是当事人另有约定的除外。

保管人违反前款规定,将保管物转交第三人保管,造成保管物损失的,应当承担赔偿责任。

第八百九十五条　保管人不得使用或者许可第三人使用保管物,但是当事人另有约定的除外。

第八百九十六条　第三人对保管物主张权利的,除依法对保管物采取保全或者执行措施外,保管人应当履行向寄存人返还保管物的义务。

第三人对保管人提起诉讼或者对保管物申请扣押的,保管人应当及时通知寄存人。

第八百九十七条　保管期内,因保管人保管不善造成保管物毁损、灭失的,保管人应当承担赔偿责任。但是,无偿保管人证明自己没有故意或者重大过失的，不承担赔偿责任。

第八百九十八条　寄存人寄存货币、有价证券或者其他贵重物品的，应当向保管人声明，由保管人验收或者封存；寄存人未声明的，该物品毁损、灭失后，保管人可以按照一般物品予以赔偿。

第八百九十九条　寄存人可以随时领取保管物。

当事人对保管期限没有约定或者约定不明确的，保管人可以随时请求寄存人领取保管物；约定保管期限的，保管人无特别事由，不得请求寄存人提前领取保管物。

第九百条　保管期限届满或者寄存人提前领取保管物的，保管人应当将原物及其孳息归还寄存人。

第九百零一条　保管人保管货币的，可以返还相同种类、数量的货币；保管其他可替代物的，可以按照约定返还相同种类、品质、数量的物品。

第九百零二条　有偿的保管合同，寄存人应当按照约定的期限向保管人支付保管费。

当事人对支付期限没有约定或者约定不明确，依据本法第五百一十条的规定仍不能确定的，应当在领取保管物的同时支付。

第九百零三条　寄存人未按照约定支付保管费或者其他费用的，保管人对保管物享有留置权，但是当事人另有约定的除外。

第二十二章　仓储合同

第九百零四条　仓储合同是保管人储存存货人交付的仓储物，存货人支付仓储费的合同。

第九百零五条　仓储合同自保管人和存货人意思表示一致时成立。

第九百零六条　储存易燃、易爆、有毒、有腐蚀性、有放射性等危险物品或者易变质物品的，存货人应当说明该物品的性质，提供有关资料。

存货人违反前款规定的，保管人可以拒收仓储物，也可以采取相应措施以避免损失的发生，因此产生的费用由存货人负担。

保管人储存易燃、易爆、有毒、有腐蚀性、有放射性等危险物品的，应当具备相应的保管条件。

第九百零七条　保管人应当按照约定对入库仓储物进行验收。保管人验收时发现入库仓储物与约定不符合的，应当及时通知存货人。保管人验收后，发生仓储物的品种、数量、质量不符合约定的，保管人应当承担赔偿责任。

第九百零八条　存货人交付仓储物的，保管人应当出具仓单、入库单等凭证。

第九百零九条　保管人应当在仓单上签名或者盖章。仓单包括下列事项：

（一）存货人的姓名或者名称和住所；

（二）仓储物的品种、数量、质量、包装及其件数和标记；

（三）仓储物的损耗标准；

（四）储存场所；

（五）储存期限；

（六）仓储费；

（七）仓储物已经办理保险的，其保险金额、期间以及保险人的名称；

（八）填发人、填发地和填发日期。

第九百一十条　仓单是提取仓储物的凭证。存货人或者仓单持有人在仓单上背书并经保管人签名或者盖章的，可以转让提取仓储物的权利。

第九百一十一条　保管人根据存货人或者仓单持有人的要求，应当同意其检查仓储物或者提取样品。

第九百一十二条　保管人发现入库仓储物有变质或者其他损坏的，应当及时通知存货人或者仓单持有人。

第九百一十三条　保管人发现入库仓储物有变质或者其他损坏，危及其他仓储物的安全和正常保管的，应当催告存货人或者仓单持有人作出必要的处置。因情况紧急，保管人可以作出必要的处置；但是，事后应当将该情况及时通知存货人或者仓单持有人。

第九百一十四条　当事人对储存期限没有约定或者约定不明确的，存货人或者仓单持有人可以随时提取仓储物，保管人也可以随时请求存货人或者仓单持有人提取仓储物，但是应当给予必要的准备时间。

第九百一十五条　储存期限届满，存货人或者仓单持有人应当凭仓单、入库单等提取仓储物。存货人或者仓单持有人逾期提取的，应当加收仓储费；提前提取的，不减收仓储费。

第九百一十六条　储存期限届满，存货人或者仓单持有人不提取仓储物的，保管人可以催告其在合理期限内提取；逾期不提取的，保管人可以提存仓储物。

第九百一十七条　储存期内，因保管不善造成仓储物毁损、灭失的，保管人应当承担赔偿责任。因仓储物本身的自然性质、包装不符合约定或者超过有效储存期造成仓储物变质、损坏的，保管人不承担赔偿责任。

第九百一十八条　本章没有规定的，适用保管合同的有关规定。

第二十三章　委托合同

第九百一十九条　委托合同是委托人和受托人约定，由受托人处理委托人事务的合同。

第九百二十条　委托人可以特别委托受托人处理一项或者数项事务，也可以概括委托受托人处理一切事务。

第九百二十一条　委托人应当预付处理委托事务的费用。受托人为处理委托事务垫付的必要费用，委托人应当偿还该费用并支付利息。

第九百二十二条　受托人应当按照委托人的指示处理委托事务。需要变更委托人指示的，应当经委托人同意；因情况紧急，难以和委托人取得联系的，受托人应当妥善处理委托事务，但是事后应当将该情况及时报告委托人。

第九百二十三条　受托人应当亲自处理委托事务。经委托人同意，受托人可以转委托。转委托经同意或者追认的，委托人可以就委托事务直接指示转委托的第三人，受托人仅就第三人的选任及其对第三人的指示承担责任。转委托未经同意或者追认的，受托人应当对转委托的第三人的行为承担责任；但是，在紧急情况下受托人为了维护委托人的利益需要转委托第三人的除外。

第九百二十四条　受托人应当按照委托人的要求，报告委托事务的处理情况。委托合同终止时，受托人应当报告委托事务的结果。

第九百二十五条　受托人以自己的名义，在委托人的授权范围内与第三人订立的合同，第三人在订立合同时知道受托人与委托人之间的代理关系的，该合同直接约束委托人和第三人；但是，有确切证据证明该合同只约束受托人和第三人的除外。

第九百二十六条　受托人以自己的名义与第三人订立合同时，第三人不知道受托人与委托人之间的代理关系的，受托人因第三人的原因对委托人不履行义务，受托人应当向委托人披露第三人，委托人因此可以行使受托人对第三人的权利。但是，第三人与受托人订立合同时如果知道该委托人就不会订立合同的除外。

受托人因委托人的原因对第三人不履行义务，受托人应当向第三人披露委托人，第三人因此可以选择受托人或者委托人作为相对人主张其权利，但是第三人不得变更选定的相对人。

委托人行使受托人对第三人的权利的，第三人可以向委托人主张其对受托人的抗辩。第三人选定委托人作为其相对人的，委托人可以向第三人主张其对受托人的抗辩以及受托人对第三人的抗辩。

第九百二十七条　受托人处理委托事务取得的财产，应当转交给委托人。

第九百二十八条　受托人完成委托事务的，委托人应当按照约定向其支付报酬。

因不可归责于受托人的事由，委托合同解除或者委托事务不能完成的，委托人应当向受托人支付相应的报酬。当事人另有约定的，按照其约定。

第九百二十九条　有偿的委托合同，因受托人的过错造成委托人损失的，委托人可以请求赔偿损失。无偿的委托合同，因受托人的故意或者重大过失造成委托人损失的，委托人可以请求赔偿损失。

受托人超越权限造成委托人损失的，应当赔偿损失。

第九百三十条　受托人处理委托事务时，因不可归责于自己的事由受到损失的，可以向委托人请求赔偿损失。

第九百三十一条　委托人经受托人同意，可以在受托人之外委托第三人处理委托事务。因此造成受托人损失的，受托人可以向委托人请求赔偿损失。

第九百三十二条　两个以上的受托人共同处理委托事务的，对委托人承担连带责任。

第九百三十三条　委托人或者受托人可以随时解除委托合同。因解除合同造成对方损失的，除不可归责于该当事人的事由外，无偿委托合同的解除方应当赔偿因解除时间不当造成的直接损失，有偿委托合同的解除方应当赔偿对方的直接损失和合同履行后可以获得的利益。

第九百三十四条　委托人死亡、终止或者受托人死亡、丧失民事行为能力、终止的，委托合同终止；但是，当事人另有约定或者根据委托事务的性质不宜终止的除外。

第九百三十五条　因委托人死亡或者被宣告破产、解散，致使委托合同终止将损害委托人利益的，在委托人的继承人、遗产管理人或者清算人承受委托事务之前，受托人应当继续处理委托事务。

第九百三十六条　因受托人死亡、丧失民事行为能力或者被宣告破产、解散，致使委托合同终止的，受托人的继承人、遗产管理人、法定代理人或者清算人应当及时通知委托人。因委托合同终止将损害委托人利益的，在委托人作出善后处理之前，受托人的继承人、遗产管理人、法定代理人或者清算人应当采取必要措施。

第二十四章　物业服务合同

第九百三十七条　物业服务合同是物业服务人在物业服务区域内，为业主提供建筑物及其附属设施的维修养护、环境卫生和相关秩序的管理维护等物业服务，业主支付物业费的合同。

物业服务人包括物业服务企业和其他管理人。

第九百三十八条　物业服务合同的内容一般包括服务事项、服务质量、服务费用的标准和收取办法、维修资金的使用、服务用房的管理和使用、服务期限、服务交接等条款。

物业服务人公开作出的有利于业主的服务承诺，为物业服务合同的组成部分。

物业服务合同应当采用书面形式。

第九百三十九条　建设单位依法与物业服务人订立的前期物业服务合同，以及业主委员会与业主大会依法选聘的物业服务人订立的物业服务合同，对业主具有法律约束力。

第九百四十条　建设单位依法与物业服务人订立的前期物业服务合同约定的服务期限届满前，业主委员会或者业主与新物业服务人订立的物业服务合同生效的，前期物业服务合同终止。

第九百四十一条　物业服务人将物业服务区域内的部分专项服务事项委托给专业性服务组织或者其他第三人的，应当就该部分专项服务事项向业主负责。

物业服务人不得将其应当提供的全部物业服务转委托给第三人，或者将全部物业服务支解后分别转委托给第三人。

第九百四十二条　物业服务人应当按照约定和物业的使用性质，妥善维修、养护、清洁、绿化和经营管理物业服务区域内的业主共有部分，维护物业服务区域内的基本秩序，采取合理措施保护业主的人身、财产安全。

对物业服务区域内违反有关治安、环保、消防等法律法规的行为，物业服务人应当及时采取合理措施制止、向有关行政主管部门报告并协助处理。

第九百四十三条　物业服务人应当定期将服务的事项、负责人员、质量要求、收费项目、收费标准、履行情况，以及维修资金使用情况、业主共有部分的经营与收益情况等以合理方式向业主公开并向业主大会、业主委员会报告。

第九百四十四条　业主应当按照约定向物业服务人支付物业费。物业服务人已经按照约定和有关规定提供服务的，业主不得以未接受或者无须接受相关物业服务为由拒绝支付物业费。

业主违反约定逾期不支付物业费的，物业服务人可以催告其在合理期限内支付；合理期限届满仍不支付的，物业服务人可以提起诉讼或者申请仲裁。

物业服务人不得采取停止供电、供水、供热、供燃气等方式催交物业费。

第九百四十五条　业主装饰装修房屋的，应当事先告知物业服务人，遵守物业服务人提示的合理注意事项，并配合其进行必要的现场检查。

业主转让、出租物业专有部分、设立居住权或者依法改变共有部分用途的，应当及时将相关情况告知物业服务人。

第九百四十六条　业主依照法定程序共同决定解聘物业服务人的，可以解除物业服务合同。决定解聘的，应当提前六十日书面通知物业服务人，但是合同对通知期限另有约定的除外。

依据前款规定解除合同造成物业服务人损失的，除不可归责于业主的事由外，业主应当赔偿损失。

第九百四十七条　物业服务期限届满前，业主依法共同决定续聘的，应当与原物业服务人在合同期限届满前续订物业服务合同。

物业服务期限届满前，物业服务人不同意续聘的，应当在合同期限届满前九十日书面通知业主或者业主委员会，但是合同对通知期限另有约定的除外。

第九百四十八条　物业服务期限届满后，业主没有依法作出续聘或者另聘物业服务人的决定，物业服务人继续提供物业服务的，原物业服务合同继续有效，但是服务期限为不定期。

当事人可以随时解除不定期物业服务合同，但是应当提前六十日书面通知对方。

第九百四十九条　物业服务合同终止的，原物业服务人应当在约定期限或者合理期限内退出物业服务区域，将物业服务用房、相关设施、物业服务所必需的相关资料等交还给业主委员会、决定自行管理的业主或者其指定的人，配合新物业服务人做好交接工作，并如实告知物业的使用和管理状况。

原物业服务人违反前款规定的，不得请求业主支付物业服务合同终止后的物业费；造成业主损失的，应当赔偿损失。

第九百五十条　物业服务合同终止后，在业主或者业主大会选聘的新物业服务人或者决定自行管理的业主接管之前，原物业服务人应当继续处理物业服务事项，并可以请求业主支付该期间的物业费。

第二十五章　行纪合同

第九百五十一条　行纪合同是行纪人以自己的名义为委托人从事贸易活动，委托人支付报酬的合同。

第九百五十二条　行纪人处理委托事务支出的费用，由行纪人负担，但是当事人另有约定的除外。

第九百五十三条　行纪人占有委托物的，应当妥善保管委托物。

第九百五十四条　委托物交付给行纪人时有瑕疵或者容易腐烂、变质的，经委托人同意，行纪人可以处分该物；不能与委托人及时取得联系的，行纪人可以合理处分。

第九百五十五条　行纪人低于委托人指定的价格卖出或者高于委托人指定的价格买入的，应当经委托人同意；未经委托人同意，行纪人补偿其差额，该买卖对委托人发生效力。

行纪人高于委托人指定的价格卖出或者低于委托人指定的价格买入的，可以按照约定增加报酬；没有约定或者约定不明确，依据本法第五百一十条的规定仍不能确定的，该利益属于委托人。

委托人对价格有特别指示的，行纪人不得违背该指示卖出或者买入。

第九百五十六条　行纪人卖出或者买入具有市场定价的商品，除委托人有相反的意思表示外，行纪人自己可以作为买受人或者出卖人。

行纪人有前款规定情形的，仍然可以请求委托人支付报酬。

第九百五十七条　行纪人按照约定买入委托物，委托人应当及时受领。经行纪人催告，委托人无正当理由拒绝受领的，行纪人依法可以提存委托物。

委托物不能卖出或者委托人撤回出卖，经行纪人催告，委托人不取回或者不处分该物的，行纪人依法可以提存委托物。

第九百五十八条　行纪人与第三人订立合同的，行纪人对该合同直接享有权利、承担义务。

第三人不履行义务致使委托人受到损害的，行纪人应当承担赔偿责任，但是行纪人与委托人另有约定的除外。

第九百五十九条　行纪人完成或者部分完成委托事务的，委托人应当向其支付相应的报酬。委托人逾期不支付报酬的，行纪人对委托物享有留置权，但是当事人另有约定的除外。

第九百六十条　本章没有规定的，参照适用委托合同的有关规定。

第二十六章　中介合同

第九百六十一条　中介合同是中介人向委托人报告订立合同的机会或者提供订立合同的媒介服务，委托人支付报酬的合同。

第九百六十二条　中介人应当就有关订立合同的事项向委托人如实报告。

中介人故意隐瞒与订立合同有关的重要事实或者提供虚假情况，损害委托人利益的，不得请求支付报酬并应当承担赔偿责任。

第九百六十三条　中介人促成合同成立的，委托人应当按照约定支付报酬。对中介人的报酬没有约定或者约定不明确，依据本法第五百一十条的规定仍不能确定的，根据中介人的劳务合理确定。因中介人提供订立合同的媒介服务而促成合同成立的，由该合同的当事人平均负担中介人的报酬。

中介人促成合同成立的，中介活动的费用，由中介人负担。

第九百六十四条　中介人未促成合同成立的，不得请求支付报酬；但是，可以按照约定请求委托人支付从事中介活动支出的必要费用。

第九百六十五条　委托人在接受中介人的服务后,利用中介人提供的交易机会或者媒介服务,绕开中介人直接订立合同的,应当向中介人支付报酬。

第九百六十六条　本章没有规定的,参照适用委托合同的有关规定。

第二十七章　合伙合同

第九百六十七条　合伙合同是两个以上合伙人为了共同的事业目的,订立的共享利益、共担风险的协议。

第九百六十八条　合伙人应当按照约定的出资方式、数额和缴付期限,履行出资义务。

第九百六十九条　合伙人的出资、因合伙事务依法取得的收益和其他财产,属于合伙财产。

合伙合同终止前,合伙人不得请求分割合伙财产。

第九百七十条　合伙人就合伙事务作出决定的,除合伙合同另有约定外,应当经全体合伙人一致同意。

合伙事务由全体合伙人共同执行。按照合伙合同的约定或者全体合伙人的决定,可以委托一个或者数个合伙人执行合伙事务;其他合伙人不再执行合伙事务,但是有权监督执行情况。

合伙人分别执行合伙事务的,执行事务合伙人可以对其他合伙人执行的事务提出异议;提出异议后,其他合伙人应当暂停该项事务的执行。

第九百七十一条　合伙人不得因执行合伙事务而请求支付报酬,但是合伙合同另有约定的除外。

第九百七十二条　合伙的利润分配和亏损分担,按照合伙合同的约定办理;合伙合同没有约定或者约定不明确的,由合伙人协商决定;协商不成的,由合伙人按照实缴出资比例分配、分担;无法确定出资比例的,由合伙人平均分配、分担。

第九百七十三条　合伙人对合伙债务承担连带责任。清偿合伙债务超过自己应当承担份额的合伙人,有权向其他合伙人追偿。

第九百七十四条　除合伙合同另有约定外,合伙人向合伙人以外的人转让其全部或者部分财产份额的,须经其他合伙人一致同意。

第九百七十五条　合伙人的债权人不得代位行使合伙人依照本章规定和合伙

合同享有的权利，但是合伙人享有的利益分配请求权除外。

第九百七十六条　合伙人对合伙期限没有约定或者约定不明确，依据本法第五百一十条的规定仍不能确定的，视为不定期合伙。

合伙期限届满，合伙人继续执行合伙事务，其他合伙人没有提出异议的，原合伙合同继续有效，但是合伙期限为不定期。

合伙人可以随时解除不定期合伙合同，但是应当在合理期限之前通知其他合伙人。

第九百七十七条　合伙人死亡、丧失民事行为能力或者终止的，合伙合同终止；但是，合伙合同另有约定或者根据合伙事务的性质不宜终止的除外。

第九百七十八条　合伙合同终止后，合伙财产在支付因终止而产生的费用以及清偿合伙债务后有剩余的，依据本法第九百七十二条的规定进行分配。

第三分编　准合同

第二十八章　无因管理

第九百七十九条　管理人没有法定的或者约定的义务，为避免他人利益受损失而管理他人事务的，可以请求受益人偿还因管理事务而支出的必要费用；管理人因管理事务受到损失的，可以请求受益人给予适当补偿。

管理事务不符合受益人真实意思的，管理人不享有前款规定的权利；但是，受益人的真实意思违反法律或者违背公序良俗的除外。

第九百八十条　管理人管理事务不属于前条规定的情形，但是受益人享有管理利益的，受益人应当在其获得的利益范围内向管理人承担前条第一款规定的义务。

第九百八十一条　管理人管理他人事务，应当采取有利于受益人的方法。中断管理对受益人不利的，无正当理由不得中断。

第九百八十二条　管理人管理他人事务，能够通知受益人的，应当及时通知受益人。管理的事务不需要紧急处理的，应当等待受益人的指示。

第九百八十三条　管理结束后，管理人应当向受益人报告管理事务的情况。管理人管理事务取得的财产，应当及时转交给受益人。

第九百八十四条　管理人管理事务经受益人事后追认的，从管理事务开始时起，适用委托合同的有关规定，但是管理人另有意思表示的除外。

第二十九章　不当得利

第九百八十五条　得利人没有法律根据取得不当利益的，受损失的人可以请求得利人返还取得的利益，但是有下列情形之一的除外：

（一）为履行道德义务进行的给付；

（二）债务到期之前的清偿；

（三）明知无给付义务而进行的债务清偿。

第九百八十六条　得利人不知道且不应当知道取得的利益没有法律根据，取得的利益已经不存在的，不承担返还该利益的义务。

第九百八十七条　得利人知道或者应当知道取得的利益没有法律根据的，受损失的人可以请求得利人返还其取得的利益并依法赔偿损失。

第九百八十八条　得利人已经将取得的利益无偿转让给第三人的，受损失的人可以请求第三人在相应范围内承担返还义务。

《中国人民共和国电子商务法》

(2018年8月31日第十三届全国人民代表大会常务委员会第五次会议通过)

第一章 总则

第一条 为了保障电子商务各方主体的合法权益,规范电子商务行为,维护市场秩序,促进电子商务持续健康发展,制定本法。

第二条 中华人民共和国境内的电子商务活动,适用本法。

本法所称电子商务,是指通过互联网等信息网络销售商品或者提供服务的经营活动。

法律、行政法规对销售商品或者提供服务有规定的,适用其规定。金融类产品和服务,利用信息网络提供新闻信息、音视频节目、出版以及文化产品等内容方面的服务,不适用本法。

第三条 国家鼓励发展电子商务新业态,创新商业模式,促进电子商务技术研发和推广应用,推进电子商务诚信体系建设,营造有利于电子商务创新发展的市场环境,充分发挥电子商务在推动高质量发展、满足人民日益增长的美好生活需要、构建开放型经济方面的重要作用。

第四条 国家平等对待线上线下商务活动,促进线上线下融合发展,各级人民政府和有关部门不得采取歧视性的政策措施,不得滥用行政权力排除、限制市场竞争。

第五条 电子商务经营者从事经营活动,应当遵循自愿、平等、公平、诚信的原则,遵守法律和商业道德,公平参与市场竞争,履行消费者权益保护、环境保护、知识产权保护、网络安全与个人信息保护等方面的义务,承担产品和服务质量责任,接受政府和社会的监督。

第六条 国务院有关部门按照职责分工负责电子商务发展促进、监督管理等工作。县级以上地方各级人民政府可以根据本行政区域的实际情况,确定本行政区域内电子商务的部门职责划分。

第七条 国家建立符合电子商务特点的协同管理体系,推动形成有关部门、电子商务行业组织、电子商务经营者、消费者等共同参与的电子商务市场治理体系。

第八条　电子商务行业组织按照本组织章程开展行业自律，建立健全行业规范，推动行业诚信建设，监督、引导本行业经营者公平参与市场竞争。

第二章　电子商务经营者

第一节　一般规定

第九条　本法所称电子商务经营者，是指通过互联网等信息网络从事销售商品或者提供服务的经营活动的自然人、法人和非法人组织，包括电子商务平台经营者、平台内经营者以及通过自建网站、其他网络服务销售商品或者提供服务的电子商务经营者。

本法所称电子商务平台经营者，是指在电子商务中为交易双方或者多方提供网络经营场所、交易撮合、信息发布等服务，供交易双方或者多方独立开展交易活动的法人或者非法人组织。

本法所称平台内经营者，是指通过电子商务平台销售商品或者提供服务的电子商务经营者。

第十条　电子商务经营者应当依法办理市场主体登记。但是，个人销售自产农副产品、家庭手工业产品，个人利用自己的技能从事依法无须取得许可的便民劳务活动和零星小额交易活动，以及依照法律、行政法规不需要进行登记的除外。

第十一条　电子商务经营者应当依法履行纳税义务，并依法享受税收优惠。

依照前条规定不需要办理市场主体登记的电子商务经营者在首次纳税义务发生后，应当依照税收征收管理法律、行政法规的规定申请办理税务登记，并如实申报纳税。

第十二条　电子商务经营者从事经营活动，依法需要取得相关行政许可的，应当依法取得行政许可。

第十三条　电子商务经营者销售的商品或者提供的服务应当符合保障人身、财产安全的要求和环境保护要求，不得销售或者提供法律、行政法规禁止交易的商品或者服务。

第十四条　电子商务经营者销售商品或者提供服务应当依法出具纸质发票或者电子发票等购货凭证或者服务单据。电子发票与纸质发票具有同等法律效力。

第十五条　电子商务经营者应当在其首页显著位置，持续公示营业执照信息、与其经营业务有关的行政许可信息、属于依照本法第十条规定的不需要办理市场主体登记情形等信息，或者上述信息的链接标识。

前款规定的信息发生变更的，电子商务经营者应当及时更新公示信息。

第十六条　电子商务经营者自行终止从事电子商务的，应当提前三十日在首页显著位置持续公示有关信息。

第十七条　电子商务经营者应当全面、真实、准确、及时地披露商品或者服务信息，保障消费者的知情权和选择权。电子商务经营者不得以虚构交易、编造用户评价等方式进行虚假或者引人误解的商业宣传，欺骗、误导消费者。

第十八条　电子商务经营者根据消费者的兴趣爱好、消费习惯等特征向其提供商品或者服务的搜索结果的，应当同时向该消费者提供不针对其个人特征的选项，尊重和平等保护消费者合法权益。

电子商务经营者向消费者发送广告的，应当遵守《中华人民共和国广告法》的有关规定。

第十九条　电子商务经营者搭售商品或者服务，应当以显著方式提请消费者注意，不得将搭售商品或者服务作为默认同意的选项。

第二十条　电子商务经营者应当按照承诺或者与消费者约定的方式、时限向消费者交付商品或者服务，并承担商品运输中的风险和责任。但是，消费者另行选择快递物流服务提供者的除外。

第二十一条　电子商务经营者按照约定向消费者收取押金的，应当明示押金退还的方式、程序，不得对押金退还设置不合理条件。消费者申请退还押金，符合押金退还条件的，电子商务经营者应当及时退还。

第二十二条　电子商务经营者因其技术优势、用户数量、对相关行业的控制能力以及其他经营者对该电子商务经营者在交易上的依赖程度等因素而具有市场支配地位的，不得滥用市场支配地位，排除、限制竞争。

第二十三条　电子商务经营者收集、使用其用户的个人信息，应当遵守法律、行政法规有关个人信息保护的规定。

第二十四条　电子商务经营者应当明示用户信息查询、更正、删除以及用户注销的方式、程序，不得对用户信息查询、更正、删除以及用户注销设置不合理条件。

电子商务经营者收到用户信息查询或者更正、删除的申请的，应当在核实身份后及时提供查询或者更正、删除用户信息。用户注销的，电子商务经营者应当立即删除该用户的信息；依照法律、行政法规的规定或者双方约定保存的，依照其规定。

第二十五条　有关主管部门依照法律、行政法规的规定要求电子商务经营者提供有关电子商务数据信息的，电子商务经营者应当提供。有关主管部门应当采取必要措施保护电子商务经营者提供的数据信息的安全，并对其中的个人信息、隐私和商业秘密严格保密，不得泄露、出售或者非法向他人提供。

第二十六条　电子商务经营者从事跨境电子商务，应当遵守进出口监督管理的法律、行政法规和国家有关规定。

第二节　电子商务平台经营者

第二十七条　电子商务平台经营者应当要求申请进入平台销售商品或者提供服务的经营者提交其身份、地址、联系方式、行政许可等真实信息，进行核验、登记，建立登记档案，并定期核验更新。

电子商务平台经营者为进入平台销售商品或者提供服务的非经营用户提供服务，应当遵守本节有关规定。

第二十八条　电子商务平台经营者应当按照规定向市场监督管理部门报送平台内经营者的身份信息，提示未办理市场主体登记的经营者依法办理登记，并配合市场监督管理部门，针对电子商务的特点，为应当办理市场主体登记的经营者办理登记提供便利。

电子商务平台经营者应当依照税收征收管理法律、行政法规的规定，向税务部门报送平台内经营者的身份信息和与纳税有关的信息，并应当提示依照本法第十条规定不需要办理市场主体登记的电子商务经营者依照本法第十一条第二款的规定办理税务登记。

第二十九条　电子商务平台经营者发现平台内的商品或者服务信息存在违反本法第十二条、第十三条规定情形的，应当依法采取必要的处置措施，并向有关主管部门报告。

第三十条　电子商务平台经营者应当采取技术措施和其他必要措施保证其网络安全、稳定运行，防范网络违法犯罪活动，有效应对网络安全事件，保障电子商务交易安全。

电子商务平台经营者应当制定网络安全事件应急预案,发生网络安全事件时,应当立即启动应急预案,采取相应的补救措施,并向有关主管部门报告。

第三十一条　电子商务平台经营者应当记录、保存平台上发布的商品和服务信息、交易信息,并确保信息的完整性、保密性、可用性。商品和服务信息、交易信息保存时间自交易完成之日起不少于三年;法律、行政法规另有规定的,依照其规定。

第三十二条　电子商务平台经营者应当遵循公开、公平、公正的原则,制定平台服务协议和交易规则,明确进入和退出平台、商品和服务质量保障、消费者权益保护、个人信息保护等方面的权利和义务。

第三十三条　电子商务平台经营者应当在其首页显著位置持续公示平台服务协议和交易规则信息或者上述信息的链接标识,并保证经营者和消费者能够便利、完整地阅览和下载。

第三十四条　电子商务平台经营者修改平台服务协议和交易规则,应当在其首页显著位置公开征求意见,采取合理措施确保有关各方能够及时充分表达意见。修改内容应当至少在实施前七日予以公示。

平台内经营者不接受修改内容,要求退出平台的,电子商务平台经营者不得阻止,并按照修改前的服务协议和交易规则承担相关责任。

第三十五条　电子商务平台经营者不得利用服务协议、交易规则以及技术等手段,对平台内经营者在平台内的交易、交易价格以及与其他经营者的交易等进行不合理限制或者附加不合理条件,或者向平台内经营者收取不合理费用。

第三十六条　电子商务平台经营者依据平台服务协议和交易规则对平台内经营者违反法律、法规的行为实施警示、暂停或者终止服务等措施的,应当及时公示。

第三十七条　电子商务平台经营者在其平台上开展自营业务的,应当以显著方式区分标记自营业务和平台内经营者开展的业务,不得误导消费者。

电子商务平台经营者对其标记为自营的业务依法承担商品销售者或者服务提供者的民事责任。

第三十八条　电子商务平台经营者知道或者应当知道平台内经营者销售的商

品或者提供的服务不符合保障人身、财产安全的要求，或者有其他侵害消费者合法权益行为，未采取必要措施的，依法与该平台内经营者承担连带责任。

对关系消费者生命健康的商品或者服务，电子商务平台经营者对平台内经营者的资质资格未尽到审核义务，或者对消费者未尽到安全保障义务，造成消费者损害的，依法承担相应的责任。

第三十九条　电子商务平台经营者应当建立健全信用评价制度，公示信用评价规则，为消费者提供对平台内销售的商品或者提供的服务进行评价的途径。

电子商务平台经营者不得删除消费者对其平台内销售的商品或者提供的服务的评价。

第四十条　电子商务平台经营者应当根据商品或者服务的价格、销量、信用等以多种方式向消费者显示商品或者服务的搜索结果；对于竞价排名的商品或者服务，应当显著标明"广告"。

第四十一条　电子商务平台经营者应当建立知识产权保护规则，与知识产权权利人加强合作，依法保护知识产权。

第四十二条　知识产权权利人认为其知识产权受到侵害的，有权通知电子商务平台经营者采取删除、屏蔽、断开链接、终止交易和服务等必要措施。通知应当包括构成侵权的初步证据。

电子商务平台经营者接到通知后，应当及时采取必要措施，并将该通知转送平台内经营者；未及时采取必要措施的，对损害的扩大部分与平台内经营者承担连带责任。

因通知错误造成平台内经营者损害的，依法承担民事责任。恶意发出错误通知，造成平台内经营者损失的，加倍承担赔偿责任。

第四十三条　平台内经营者接到转送的通知后，可以向电子商务平台经营者提交不存在侵权行为的声明。声明应当包括不存在侵权行为的初步证据。

电子商务平台经营者接到声明后，应当将该声明转送发出通知的知识产权权利人，并告知其可以向有关主管部门投诉或者向人民法院起诉。电子商务平台经营者在转送声明到达知识产权权利人后十五日内，未收到权利人已经投诉或者起诉通知的，应当及时终止所采取的措施。

第四十四条　电子商务平台经营者应当及时公示收到的本法第四十二条、第四十三条规定的通知、声明及处理结果。

第四十五条　电子商务平台经营者知道或者应当知道平台内经营者侵犯知识产权的，应当采取删除、屏蔽、断开链接、终止交易和服务等必要措施；未采取必要措施的，与侵权人承担连带责任。

第四十六条　除本法第九条第二款规定的服务外，电子商务平台经营者可以按照平台服务协议和交易规则，为经营者之间的电子商务提供仓储、物流、支付结算、交收等服务。电子商务平台经营者为经营者之间的电子商务提供服务，应当遵守法律、行政法规和国家有关规定，不得采取集中竞价、做市商等集中交易方式进行交易，不得进行标准化合约交易。

第三章　电子商务合同的订立与履行

第四十七条　电子商务当事人订立和履行合同，适用本章和《中华人民共和国民法总则》《中华人民共和国合同法》《中华人民共和国电子签名法》等法律的规定。

第四十八条　电子商务当事人使用自动信息系统订立或者履行合同的行为对使用该系统的当事人具有法律效力。

在电子商务中推定当事人具有相应的民事行为能力。但是，有相反证据足以推翻的除外。

第四十九条　电子商务经营者发布的商品或者服务信息符合要约条件的，用户选择该商品或者服务并提交订单成功，合同成立。当事人另有约定的，从其约定。

电子商务经营者不得以格式条款等方式约定消费者支付价款后合同不成立；格式条款等含有该内容的，其内容无效。

第五十条　电子商务经营者应当清晰、全面、明确地告知用户订立合同的步骤、注意事项、下载方法等事项，并保证用户能够便利、完整地阅览和下载。

电子商务经营者应当保证用户在提交订单前可以更正输入错误。

第五十一条　合同标的为交付商品并采用快递物流方式交付的，收货人签收时间为交付时间。合同标的为提供服务的，生成的电子凭证或者实物凭证中载明的时间为交付时间；前述凭证没有载明时间或者载明时间与实际提供服务时间不一致的，实际提供服务的时间为交付时间。

合同标的为采用在线传输方式交付的，合同标的进入对方当事人指定的特定系统并且能够检索识别的时间为交付时间。

合同当事人对交付方式、交付时间另有约定的，从其约定。

第五十二条　电子商务当事人可以约定采用快递物流方式交付商品。

快递物流服务提供者为电子商务提供快递物流服务，应当遵守法律、行政法规，并应当符合承诺的服务规范和时限。快递物流服务提供者在交付商品时，应当提示收货人当面查验；交由他人代收的，应当经收货人同意。

快递物流服务提供者应当按照规定使用环保包装材料，实现包装材料的减量化和再利用。

快递物流服务提供者在提供快递物流服务的同时，可以接受电子商务经营者的委托提供代收货款服务。

第五十三条　电子商务当事人可以约定采用电子支付方式支付价款。

电子支付服务提供者为电子商务提供电子支付服务，应当遵守国家规定，告知用户电子支付服务的功能、使用方法、注意事项、相关风险和收费标准等事项，不得附加不合理交易条件。电子支付服务提供者应当确保电子支付指令的完整性、一致性、可跟踪稽核和不可篡改。

电子支付服务提供者应当向用户免费提供对账服务以及最近三年的交易记录。

第五十四条　电子支付服务提供者提供电子支付服务不符合国家有关支付安全管理要求，造成用户损失的，应当承担赔偿责任。

第五十五条　用户在发出支付指令前，应当核对支付指令所包含的金额、收款人等完整信息。

支付指令发生错误的，电子支付服务提供者应当及时查找原因，并采取相关措施予以纠正。造成用户损失的，电子支付服务提供者应当承担赔偿责任，但能够证明支付错误非自身原因造成的除外。

第五十六条　电子支付服务提供者完成电子支付后，应当及时准确地向用户提供符合约定方式的确认支付的信息。

第五十七条　用户应当妥善保管交易密码、电子签名数据等安全工具。用户发现安全工具遗失、被盗用或者未经授权的支付的，应当及时通知电子支付服务提供者。

未经授权的支付造成的损失,由电子支付服务提供者承担;电子支付服务提供者能够证明未经授权的支付是因用户的过错造成的,不承担责任。

电子支付服务提供者发现支付指令未经授权,或者收到用户支付指令未经授权的通知时,应当立即采取措施防止损失扩大。电子支付服务提供者未及时采取措施导致损失扩大的,对损失扩大部分承担责任。

第四章 电子商务争议解决

第五十八条 国家鼓励电子商务平台经营者建立有利于电子商务发展和消费者权益保护的商品、服务质量担保机制。

电子商务平台经营者与平台内经营者协议设立消费者权益保证金的,双方应当就消费者权益保证金的提取数额、管理、使用和退还办法等作出明确约定。

消费者要求电子商务平台经营者承担先行赔偿责任以及电子商务平台经营者赔偿后向平台内经营者的追偿,适用《中华人民共和国消费者权益保护法》的有关规定。

第五十九条 电子商务经营者应当建立便捷、有效的投诉、举报机制,公开投诉、举报方式等信息,及时受理并处理投诉、举报。

第六十条 电子商务争议可以通过协商和解,请求消费者组织、行业协会或者其他依法成立的调解组织调解,向有关部门投诉,提请仲裁,或者提起诉讼等方式解决。

第六十一条 消费者在电子商务平台购买商品或者接受服务,与平台内经营者发生争议时,电子商务平台经营者应当积极协助消费者维护合法权益。

第六十二条 在电子商务争议处理中,电子商务经营者应当提供原始合同和交易记录。因电子商务经营者丢失、伪造、篡改、销毁、隐匿或者拒绝提供前述资料,致使人民法院、仲裁机构或者有关机关无法查明事实的,电子商务经营者应当承担相应的法律责任。

第六十三条 电子商务平台经营者可以建立争议在线解决机制,制定并公示争议解决规则,根据自愿原则,公平、公正地解决当事人的争议。

第五章 电子商务促进

第六十四条 国务院和省、自治区、直辖市人民政府应当将电子商务发展纳入国民经济和社会发展规划，制定科学合理的产业政策，促进电子商务创新发展。

第六十五条　国务院和县级以上地方人民政府及其有关部门应当采取措施，支持、推动绿色包装、仓储、运输，促进电子商务绿色发展。

第六十六条　国家推动电子商务基础设施和物流网络建设，完善电子商务统计制度，加强电子商务标准体系建设。

第六十七条　国家推动电子商务在国民经济各个领域的应用，支持电子商务与各产业融合发展。

第六十八条　国家促进农业生产、加工、流通等环节的互联网技术应用，鼓励各类社会资源加强合作，促进农村电子商务发展，发挥电子商务在精准扶贫中的作用。

第六十九条　国家维护电子商务交易安全，保护电子商务用户信息，鼓励电子商务数据开发应用，保障电子商务数据依法有序自由流动。

国家采取措施推动建立公共数据共享机制，促进电子商务经营者依法利用公共数据。

第七十条　国家支持依法设立的信用评价机构开展电子商务信用评价，向社会提供电子商务信用评价服务。

第七十一条　国家促进跨境电子商务发展，建立健全适应跨境电子商务特点的海关、税收、进出境检验检疫、支付结算等管理制度，提高跨境电子商务各环节便利化水平，支持跨境电子商务平台经营者等为跨境电子商务提供仓储物流、报关、报检等服务。

国家支持小型微型企业从事跨境电子商务。

第七十二条　国家进出口管理部门应当推进跨境电子商务海关申报、纳税、检验检疫等环节的综合服务和监管体系建设，优化监管流程，推动实现信息共享、监管互认、执法互助，提高跨境电子商务服务和监管效率。跨境电子商务经营者可以凭电子单证向国家进出口管理部门办理有关手续。

第七十三条　国家推动建立与不同国家、地区之间跨境电子商务的交流合作，参与电子商务国际规则的制定，促进电子签名、电子身份等国际互认。

国家推动建立与不同国家、地区之间的跨境电子商务争议解决机制。

第六章　法律责任

第七十四条　电子商务经营者销售商品或者提供服务，不履行合同义务或者履行合同义务不符合约定，或者造成他人损害的，依法承担民事责任。

第七十五条　电子商务经营者违反本法第十二条、第十三条规定，未取得相关行政许可从事经营活动，或者销售、提供法律、行政法规禁止交易的商品、服务，或者不履行本法第二十五条规定的信息提供义务，电子商务平台经营者违反本法第四十六条规定，采取集中交易方式进行交易，或者进行标准化合约交易的，依照有关法律、行政法规的规定处罚。

第七十六条　电子商务经营者违反本法规定，有下列行为之一的，由市场监督管理部门责令限期改正，可以处一万元以下的罚款，对其中的电子商务平台经营者，依照本法第八十一条第一款的规定处罚：

（一）未在首页显著位置公示营业执照信息、行政许可信息、属于不需要办理市场主体登记情形等信息，或者上述信息的链接标识的；

（二）未在首页显著位置持续公示终止电子商务的有关信息的；

（三）未明示用户信息查询、更正、删除以及用户注销的方式、程序，或者对用户信息查询、更正、删除以及用户注销设置不合理条件的。

电子商务平台经营者对违反前款规定的平台内经营者未采取必要措施的，由市场监督管理部门责令限期改正，可以处二万元以上十万元以下的罚款。

第七十七条　电子商务经营者违反本法第十八条第一款规定提供搜索结果，或者违反本法第十九条规定搭售商品、服务的，由市场监督管理部门责令限期改正，没收违法所得，可以并处五万元以上二十万元以下的罚款；情节严重的，并处二十万元以上五十万元以下的罚款。

第七十八条　电子商务经营者违反本法第二十一条规定，未向消费者明示押金退还的方式、程序，对押金退还设置不合理条件，或者不及时退还押金的，由有关主管部门责令限期改正，可以处五万元以上二十万元以下的罚款；情节严重的，处二十万元以上五十万元以下的罚款。

第七十九条　电子商务经营者违反法律、行政法规有关个人信息保护的规定，或者不履行本法第三十条和有关法律、行政法规规定的网络安全保障义务的，依照《中华人民共和国网络安全法》等法律、行政法规的规定处罚。

第八十条　电子商务平台经营者有下列行为之一的，由有关主管部门责令限期改正；逾期不改正的，处二万元以上十万元以下的罚款；情节严重的，责令停业整顿，并处十万元以上五十万元以下的罚款：

（一）不履行本法第二十七条规定的核验、登记义务的；

（二）不按照本法第二十八条规定向市场监督管理部门、税务部门报送有关信息的；

（三）不按照本法第二十九条规定对违法情形采取必要的处置措施，或者未向有关主管部门报告的；

（四）不履行本法第三十一条规定的商品和服务信息、交易信息保存义务的。

法律、行政法规对前款规定的违法行为的处罚另有规定的，依照其规定。

第八十一条　电子商务平台经营者违反本法规定，有下列行为之一的，由市场监督管理部门责令限期改正，可以处二万元以上十万元以下的罚款；情节严重的，处十万元以上五十万元以下的罚款：

（一）未在首页显著位置持续公示平台服务协议、交易规则信息或者上述信息的链接标识的；

（二）修改交易规则未在首页显著位置公开征求意见，未按照规定的时间提前公示修改内容，或者阻止平台内经营者退出的；

（三）未以显著方式区分标记自营业务和平台内经营者开展的业务的；

（四）未为消费者提供对平台内销售的商品或者提供的服务进行评价的途径，或者擅自删除消费者的评价的。

电子商务平台经营者违反本法第四十条规定，对竞价排名的商品或者服务未显著标明"广告"的，依照《中华人民共和国广告法》的规定处罚。

第八十二条　电子商务平台经营者违反本法第三十五条规定，对平台内经营者在平台内的交易、交易价格或者与其他经营者的交易等进行不合理限制或者附加不合理条件，或者向平台内经营者收取不合理费用的，由市场监督管理部门责令限期改正，可以处五万元以上五十万元以下的罚款；情节严重的，处五十万元以上二百万元以下的罚款。

第八十三条　电子商务平台经营者违反本法第三十八条规定，对平台内经营者侵害消费者合法权益行为未采取必要措施，或者对平台内经营者未尽到资质资格审核义务，或者对消费者未尽到安全保障义务的，由市场监督管理部门责令限期改正，可以处五万元以上五十万元以下的罚款；情节严重的，责令停业整顿，并处五十万元以上二百万元以下的罚款。

第八十四条　电子商务平台经营者违反本法第四十二条、第四十五条规定，对平台内经营者实施侵犯知识产权行为未依法采取必要措施的，由有关知识产权行政部门责令限期改正；逾期不改正的，处五万元以上五十万元以下的罚款；情节严重的，处五十万元以上二百万元以下的罚款。

第八十五条　电子商务经营者违反本法规定，销售的商品或者提供的服务不符合保障人身、财产安全的要求，实施虚假或者引人误解的商业宣传等不正当竞争行为，滥用市场支配地位，或者实施侵犯知识产权、侵害消费者权益等行为的，依照有关法律的规定处罚。

第八十六条　电子商务经营者有本法规定的违法行为的，依照有关法律、行政法规的规定记入信用档案，并予以公示。

第八十七条　依法负有电子商务监督管理职责的部门的工作人员，玩忽职守、滥用职权、徇私舞弊，或者泄露、出售或者非法向他人提供在履行职责中所知悉的个人信息、隐私和商业秘密的，依法追究法律责任。

第八十八条　违反本法规定，构成违反治安管理行为的，依法给予治安管理处罚；构成犯罪的，依法追究刑事责任。

第七章　附则

第八十九条　本法自 2019 年 1 月 1 日起施行。

《中华人民共和国电子签名法》

(2004年8月28日第十届全国人民代表大会常务委员会第十一次会议通过,根据2015年4月24日第十二届全国人民代表大会常务委员会第十四次会议《关于修改〈中华人民共和国电力法〉等六部法律的决定》第一次修正,根据2019年4月23日第十三届全国人民代表大会常务委员会第十次会议《关于修改〈中华人民共和国建筑法〉等八部法律的决定》第二次修正)

第一章 总则

第一条 为了规范电子签名行为,确立电子签名的法律效力,维护有关各方的合法权益,制定本法。

第二条 本法所称电子签名,是指数据电文中以电子形式所含、所附用于识别签名人身份并表明签名人认可其中内容的数据。

本法所称数据电文,是指以电子、光学、磁或者类似手段生成、发送、接收或者储存的信息。

第三条 民事活动中的合同或者其他文件、单证等文书,当事人可以约定使用或者不使用电子签名、数据电文。

当事人约定使用电子签名、数据电文的文书,不得仅因为其采用电子签名、数据电文的形式而否定其法律效力。

前款规定不适用下列文书:

(一)涉及婚姻、收养、继承等人身关系的;

(二)涉及停止供水、供热、供气等公用事业服务的;

(三)法律、行政法规规定的不适用电子文书的其他情形。

第二章 数据电文

第四条 能够有形地表现所载内容,并可以随时调取查用的数据电文,视为符合法律、法规要求的书面形式。

第五条 符合下列条件的数据电文,视为满足法律、法规规定的原件形式要求:

(一)能够有效地表现所载内容并可供随时调取查用;

(二)能够可靠地保证自最终形成时起,内容保持完整、未被更改。但是,在数据电文上增加背书以及数据交换、储存和显示过程中发生的形式变化不影响数据电文的完整性。

第六条　符合下列条件的数据电文,视为满足法律、法规规定的文件保存要求:

(一)能够有效地表现所载内容并可供随时调取查用;

(二)数据电文的格式与其生成、发送或者接收时的格式相同,或者格式不相同但是能够准确表现原来生成、发送或者接收的内容;

(三)能够识别数据电文的发件人、收件人以及发送、接收的时间。

第七条　数据电文不得仅因为其是以电子、光学、磁或者类似手段生成、发送、接收或者储存的而被拒绝作为证据使用。

第八条　审查数据电文作为证据的真实性,应当考虑以下因素:

(一)生成、储存或者传递数据电文方法的可靠性;

(二)保持内容完整性方法的可靠性;

(三)用以鉴别发件人方法的可靠性;

(四)其他相关因素。

第九条　数据电文有下列情形之一的,视为发件人发送:

(一)经发件人授权发送的;

(二)发件人的信息系统自动发送的;

(三)收件人按照发件人认可的方法对数据电文进行验证后结果相符的。

当事人对前款规定的事项另有约定的,从其约定。

第十条　法律、行政法规规定或者当事人约定数据电文需要确认收讫的,应当确认收讫。发件人收到收件人的收讫确认时,数据电文视为已经收到。

第十一条　数据电文进入发件人控制之外的某个信息系统的时间,视为该数据电文的发送时间。

收件人指定特定系统接收数据电文的,数据电文进入该特定系统的时间,视为该数据电文的接收时间;未指定特定系统的,数据电文进入收件人的任何系统的首次时间,视为该数据电文的接收时间。

当事人对数据电文的发送时间、接收时间另有约定的,从其约定。

第十二条　发件人的主营业地为数据电文的发送地点,收件人的主营业地为数据电文的接收地点。没有主营业地的,其经常居住地为发送或者接收地点。

当事人对数据电文的发送地点、接收地点另有约定的,从其约定。

第三章　电子签名与认证

第十三条　电子签名同时符合下列条件的,视为可靠的电子签名:

(一)电子签名制作数据用于电子签名时,属于电子签名人专有;

(二)签署时电子签名制作数据仅由电子签名人控制;

(三)签署后对电子签名的任何改动能够被发现;

(四)签署后对数据电文内容和形式的任何改动能够被发现。

当事人也可以选择使用符合其约定的可靠条件的电子签名。

第十四条　可靠的电子签名与手写签名或者盖章具有同等的法律效力。

第十五条　电子签名人应当妥善保管电子签名制作数据。电子签名人知悉电子签名制作数据已经失密或者可能已经失密时,应当及时告知有关各方,并终止使用该电子签名制作数据。

第十六条　电子签名需要第三方认证的,由依法设立的电子认证服务提供者提供认证服务。

第十七条　提供电子认证服务,应当具备下列条件:

(一)取得企业法人资格;

(二)具有与提供电子认证服务相适应的专业技术人员和管理人员;

(三)具有与提供电子认证服务相适应的资金和经营场所;

(四)具有符合国家安全标准的技术和设备;

(五)具有国家密码管理机构同意使用密码的证明文件;

(六)法律、行政法规规定的其他条件。

第十八条　从事电子认证服务,应当向国务院信息产业主管部门提出申请,并提交符合本法第十七条规定条件的相关材料。国务院信息产业主管部门接到申请后经依法审查,征求国务院商务主管部门等有关部门的意见后,自接到申请之日起四十五日内作出许可或者不予许可的决定。予以许可的,颁发电子认证许可证书;不予许可的,应当书面通知申请人并告知理由。

取得认证资格的电子认证服务提供者,应当按照国务院信息产业主管部门的规定在互联网上公布其名称、许可证号等信息。

第十九条　电子认证服务提供者应当制定、公布符合国家有关规定的电子认证业务规则，并向国务院信息产业主管部门备案。

电子认证业务规则应当包括责任范围、作业操作规范、信息安全保障措施等事项。

第二十条　电子签名人向电子认证服务提供者申请电子签名认证证书，应当提供真实、完整和准确的信息。

电子认证服务提供者收到电子签名认证证书申请后，应当对申请人的身份进行查验，并对有关材料进行审查。

第二十一条　电子认证服务提供者签发的电子签名认证证书应当准确无误，并应当载明下列内容：

（一）电子认证服务提供者名称；

（二）证书持有人名称；

（三）证书序列号；

（四）证书有效期；

（五）证书持有人的电子签名验证数据；

（六）电子认证服务提供者的电子签名；

（七）国务院信息产业主管部门规定的其他内容。

第二十二条　电子认证服务提供者应当保证电子签名认证证书内容在有效期内完整、准确，并保证电子签名依赖方能够证实或者了解电子签名认证证书所载内容及其他有关事项。

第二十三条　电子认证服务提供者拟暂停或者终止电子认证服务的，应当在暂停或者终止服务九十日前，就业务承接及其他有关事项通知有关各方。

电子认证服务提供者拟暂停或者终止电子认证服务的，应当在暂停或者终止服务六十日前向国务院信息产业主管部门报告，并与其他电子认证服务提供者就业务承接进行协商，作出妥善安排。

电子认证服务提供者未能就业务承接事项与其他电子认证服务提供者达成协议的，应当申请国务院信息产业主管部门安排其他电子认证服务提供者承接其业务。

电子认证服务提供者被依法吊销电子认证许可证书的，其业务承接事项的处理按照国务院信息产业主管部门的规定执行。

第二十四条　电子认证服务提供者应当妥善保存与认证相关的信息，信息保存期限至少为电子签名认证证书失效后五年。

第二十五条　国务院信息产业主管部门依照本法制定电子认证服务业的具体管理办法，对电子认证服务提供者依法实施监督管理。

第二十六条　经国务院信息产业主管部门根据有关协议或者对等原则核准后，中华人民共和国境外的电子认证服务提供者在境外签发的电子签名认证证书与依照本法设立的电子认证服务提供者签发的电子签名认证证书具有同等的法律效力。

第四章　法律责任

第二十七条　电子签名人知悉电子签名制作数据已经失密或者可能已经失密未及时告知有关各方并终止使用电子签名制作数据，未向电子认证服务提供者提供真实、完整和准确的信息，或者有其他过错，给电子签名依赖方、电子认证服务提供者造成损失的，承担赔偿责任。

第二十八条　电子签名人或者电子签名依赖方因依据电子认证服务提供者提供的电子签名认证服务从事民事活动遭受损失，电子认证服务提供者不能证明自己无过错的，承担赔偿责任。

第二十九条　未经许可提供电子认证服务的，由国务院信息产业主管部门责令停止违法行为；有违法所得的，没收违法所得；违法所得三十万元以上的，处违法所得一倍以上三倍以下的罚款；没有违法所得或者违法所得不足三十万元的，处十万元以上三十万元以下的罚款。

第三十条　电子认证服务提供者暂停或者终止电子认证服务，未在暂停或者终止服务六十日前向国务院信息产业主管部门报告的，由国务院信息产业主管部门对其直接负责的主管人员处一万元以上五万元以下的罚款。

第三十一条　电子认证服务提供者不遵守认证业务规则、未妥善保存与认证相关的信息，或者有其他违法行为的，由国务院信息产业主管部门责令限期改正；逾期未改正的，吊销电子认证许可证书，其直接负责的主管人员和其他直接责任人员十年内不得从事电子认证服务。吊销电子认证许可证书的，应当予以公告并通知工商行政管理部门。

第三十二条 伪造、冒用、盗用他人的电子签名，构成犯罪的，依法追究刑事责任；给他人造成损失的，依法承担民事责任。

第三十三条 依照本法负责电子认证服务业监督管理工作的部门的工作人员，不依法履行行政许可、监督管理职责的，依法给予行政处分；构成犯罪的，依法追究刑事责任。

第五章 附则

第三十四条 本法中下列用语的含义：

（一）电子签名人，是指持有电子签名制作数据并以本人身份或者以其所代表的人的名义实施电子签名的人；

（二）电子签名依赖方，是指基于对电子签名认证证书或者电子签名的信赖从事有关活动的人；

（三）电子签名认证证书，是指可证实电子签名人与电子签名制作数据有联系的数据电文或者其他电子记录；

（四）电子签名制作数据，是指在电子签名过程中使用的，将电子签名与电子签名人可靠地联系起来的字符、编码等数据；

（五）电子签名验证数据，是指用于验证电子签名的数据，包括代码、口令、算法或者公钥等。

第三十五条 国务院或者国务院规定的部门可以依据本法制定政务活动和其他社会活动中使用电子签名、数据电文的具体办法。

第三十六条 本法自 2005 年 4 月 1 日起施行。

《电子认证服务管理办法》

（2009年2月28日中华人民共和国工业和信息化部令第1号公布；根据2015年4月29日中华人民共和国工业和信息化部令第29号公布的《工业和信息化部关于修改部分规章的决定》修订）

第一章　总则

第一条　为了规范电子认证服务行为，对电子认证服务提供者实施监督管理，根据《中华人民共和国电子签名法》和其他法律、行政法规的规定，制定本办法。

第二条　本办法所称电子认证服务，是指为电子签名相关各方提供真实性、可靠性验证的活动。

本办法所称电子认证服务提供者，是指为需要第三方认证的电子签名提供认证服务的机构（以下称为"电子认证服务机构"）。

向社会公众提供服务的电子认证服务机构应当依法设立。

第三条　在中华人民共和国境内设立电子认证服务机构和为电子签名提供电子认证服务，适用本办法。

第四条　中华人民共和国工业和信息化部（以下简称"工业和信息化部"）依法对电子认证服务机构和电子认证服务实施监督管理。

第二章　电子认证服务机构

第五条　电子认证服务机构应当具备下列条件：

（一）具有独立的企业法人资格。

（二）具有与提供电子认证服务相适应的人员。从事电子认证服务的专业技术人员、运营管理人员、安全管理人员和客户服务人员不少于三十名，并且应当符合相应岗位技能要求。

（三）注册资本不低于人民币三千万元。

（四）具有固定的经营场所和满足电子认证服务要求的物理环境。

（五）具有符合国家有关安全标准的技术和设备。

（六）具有国家密码管理机构同意使用密码的证明文件。

（七）法律、行政法规规定的其他条件。

第六条　申请电子认证服务许可的，应当向工业和信息化部提交下列材料：

（一）书面申请。

（二）人员证明。

（三）企业法人营业执照副本及复印件。

（四）经营场所证明。

（五）国家有关认证检测机构出具的技术、设备、物理环境符合国家有关安全标准的凭证。

（六）国家密码管理机构同意使用密码的证明文件。

第七条　工业和信息化部对提交的申请材料进行形式审查。申请材料齐全、符合法定形式的，应当向申请人出具受理通知书。申请材料不齐全或者不符合法定形式的，应当当场或者在五日内一次告知申请人需要补正的全部内容。

第八条　工业和信息化部对决定受理的申请材料进行实质审查。需要对有关内容进行核实的，指派两名以上工作人员实地进行核查。

第九条　工业和信息化部对与申请人有关事项书面征求中华人民共和国商务部等有关部门的意见。

第十条　工业和信息化部应当自接到申请之日起四十五日内作出准予许可或者不予许可的书面决定。不予许可的，应当书面通知申请人并说明理由；准予许可的，颁发《电子认证服务许可证》，并公布下列信息：

（一）《电子认证服务许可证》编号。

（二）电子认证服务机构名称。

（三）发证机关和发证日期。

电子认证服务许可相关信息发生变更的，工业和信息化部应当及时公布。

《电子认证服务许可证》的有效期为五年。

第十一条　电子认证服务机构不得倒卖、出租、出借或者以其他形式非法转让《电子认证服务许可证》。

第十二条　取得认证资格的电子认证服务机构，在提供电子认证服务之前，应当通过互联网公布下列信息：

（一）机构名称和法定代表人。

（二）机构住所和联系办法。

（三）《电子认证服务许可证》编号。

（四）发证机关和发证日期。

（五）《电子认证服务许可证》有效期的起止时间。

第十三条　电子认证服务机构在《电子认证服务许可证》的有效期内变更公司名称、住所、法定代表人、注册资本的，应当在完成工商变更登记之日起十五日内办理《电子认证服务许可证》变更手续。

第十四条　《电子认证服务许可证》的有效期届满需要延续的，电子认证服务机构应当在许可证有效期届满三十日前向工业和信息化部申请办理延续手续，并自办结之日起五日内按照本办法第十二条的规定公布相关信息。

第三章　电子认证服务

第十五条　电子认证服务机构应当按照工业和信息化部公布的《电子认证业务规则规范》等要求，制定本机构的电子认证业务规则和相应的证书策略，在提供电子认证服务前予以公布，并向工业和信息化部备案。

电子认证业务规则和证书策略发生变更的，电子认证服务机构应当予以公布，并自公布之日起三十日内向工业和信息化部备案。

第十六条　电子认证服务机构应当按照公布的电子认证业务规则提供电子认证服务。

第十七条　电子认证服务机构应当保证提供下列服务：

（一）制作、签发、管理电子签名认证证书。

（二）确认签发的电子签名认证证书的真实性。

（三）提供电子签名认证证书目录信息查询服务。

（四）提供电子签名认证证书状态信息查询服务。

第十八条　电子认证服务机构应当履行下列义务：

（一）保证电子签名认证证书内容在有效期内完整、准确。

（二）保证电子签名依赖方能够证实或者了解电子签名认证证书所载内容及其他有关事项。

（三）妥善保存与电子认证服务相关的信息。

第十九条　电子认证服务机构应当建立完善的安全管理和内部审计制度。

第二十条　电子认证服务机构应当遵守国家的保密规定，建立完善的保密制度。

电子认证服务机构对电子签名人和电子签名依赖方的资料，负有保密的义务。

第二十一条　电子认证服务机构在受理电子签名认证证书申请前，应当向申请人告知下列事项：

（一）电子签名认证证书和电子签名的使用条件。

（二）服务收费的项目和标准。

（三）保存和使用证书持有人信息的权限和责任。

（四）电子认证服务机构的责任范围。

（五）证书持有人的责任范围。

（六）其他需要事先告知的事项。

第二十二条　电子认证服务机构受理电子签名认证申请后，应当与证书申请人签订合同，明确双方的权利义务。

第四章　电子认证服务的暂停、终止

第二十三条　电子认证服务机构在《电子认证服务许可证》的有效期内拟终止电子认证服务的，应当在终止服务六十日前向工业和信息化部报告，并办理《电子认证服务许可证》注销手续。

第二十四条　电子认证服务机构拟暂停或者终止电子认证服务的，应当在暂停或者终止电子认证服务九十日前，就业务承接及其他有关事项通知有关各方。

电子认证服务机构拟暂停或者终止电子认证服务的，应当在暂停或者终止电子认证服务六十日前向工业和信息化部报告，并与其他电子认证服务机构就业务承接进行协商，作出妥善安排。

第二十五条　电子认证服务机构拟暂停或者终止电子认证服务，未能就业务承接事项与其他电子认证服务机构达成协议的，应当申请工业和信息化部安排其他电子认证服务机构承接其业务。

第二十六条　电子认证服务机构被依法吊销电子认证服务许可的，其业务承接事项按照工业和信息化部的规定处理。

第二十七条　电子认证服务机构有根据工业和信息化部的安排承接其他机构开展的电子认证服务业务的义务。

第五章　电子签名认证证书

第二十八条　电子签名认证证书应当准确载明下列内容：

（一）签发电子签名认证证书的电子认证服务机构名称。

（二）证书持有人名称。

（三）证书序列号。

（四）证书有效期。

（五）证书持有人的电子签名验证数据。

（六）电子认证服务机构的电子签名。

（七）工业和信息化部规定的其他内容。

第二十九条　有下列情况之一的，电子认证服务机构可以撤销其签发的电子签名认证证书：

（一）证书持有人申请撤销证书。

（二）证书持有人提供的信息不真实。

（三）证书持有人没有履行双方合同规定的义务。

（四）证书的安全性不能得到保证。

（五）法律、行政法规规定的其他情况。

第三十条　有下列情况之一的，电子认证服务机构应当对申请人提供的证明身份的有关材料进行查验，并对有关材料进行审查：

（一）申请人申请电子签名认证证书。

（二）证书持有人申请更新证书。

（三）证书持有人申请撤销证书。

第三十一条　电子认证服务机构更新或者撤销电子签名认证证书时，应当予以公告。

第六章　监督管理

第三十二条　工业和信息化部对电子认证服务机构进行定期、不定期的监督检查，监督检查的内容主要包括法律法规符合性、安全运营管理、风险管理等。

工业和信息化部对电子认证服务机构实行监督检查时，应当记录监督检查的情况和处理结果，由监督检查人员签字后归档。公众有权查阅监督检查记录。

工业和信息化部对电子认证服务机构实行监督检查，不得妨碍电子认证服务机构正常的生产经营活动，不得收取任何费用。

第三十三条　取得电子认证服务许可的电子认证服务机构，在电子认证服务许可的有效期内不得降低其设立时所应具备的条件。

第三十四条　电子认证服务机构应当如实向工业和信息化部报送认证业务开展情况报告、财务会计报告等有关资料。

第三十五条　电子认证服务机构有下列情况之一的，应当及时向工业和信息化部报告：

（一）重大系统、关键设备事故。

（二）重大财产损失。

（三）重大法律诉讼。

（四）关键岗位人员变动。

第三十六条　电子认证服务机构应当对其从业人员进行岗位培训。

第三十七条　工业和信息化部根据监督管理工作的需要，可以委托有关省、自治区和直辖市信息产业主管部门承担具体的监督管理事项。

第七章　罚则

第三十八条　电子认证服务机构向工业和信息化部隐瞒有关情况、提供虚假材料或者拒绝提供反映其活动的真实材料的，由工业和信息化部责令改正，给予警告或者处以 5 000 元以上 1 万元以下的罚款。

第三十九条　工业和信息化部与省、自治区、直辖市信息产业主管部门的工作人员，不依法履行监督管理职责的，由工业和信息化部或者省、自治区、直辖市信息产业主管部门依据职权视情节轻重，分别给予警告、记过、记大过、降级、撤职、开除的行政处分；构成犯罪的，依法追究刑事责任。

第四十条　电子认证服务机构违反本办法第十三条、第十五条、第二十七条的规定的，由工业和信息化部依据职权责令限期改正，处以警告，可以并处 1 万元以下的罚款。

第四十一条　电子认证服务机构违反本办法第三十三条的规定的，由工业和信息化部依据职权责令限期改正，处以 3 万元以下的罚款，并将上述情况向社会公告。

第八章　附则

第四十二条　经工业和信息化部根据有关协议或者对等原则核准后,中华人民共和国境外的电子认证服务机构在境外签发的电子签名认证证书与依照本办法设立的电子认证服务机构签发的电子签名认证证书具有同等的法律效力。

第四十三条　本办法自 2009 年 3 月 31 日起施行。2005 年 2 月 8 日发布的《电子认证服务管理办法》(中华人民共和国信息产业部令第 35 号)同时废止。

《电子认证服务密码管理办法》

(2009年10月28日国家密码管理局公告第17号公布，根据2017年12月1日《国家密码管理局关于废止和修改部分管理规定的决定》修正)

第一条　为了规范电子认证服务提供者使用密码的行为，根据《中华人民共和国电子签名法》《商用密码管理条例》和相关法律、行政法规的规定，制定本办法。

第二条　国家密码管理局对电子认证服务提供者使用密码的行为实施监督管理。省、自治区、直辖市密码管理机构依据本办法承担有关监督管理工作。

第三条　提供电子认证服务，应当依据本办法申请《电子认证服务使用密码许可证》。

第四条　采用密码技术为社会公众提供第三方电子认证服务的系统（以下称电子认证服务系统）使用商用密码。

电子认证服务系统应当由具有商用密码产品生产和密码服务能力的单位承建。

第五条　电子认证服务系统的建设和运行应当符合《证书认证系统密码及其相关安全技术规范》。

第六条　电子认证服务系统所需密钥服务由国家密码管理局和省、自治区、直辖市密码管理机构规划的密钥管理系统提供。

第七条　申请《电子认证服务使用密码许可证》应当在电子认证服务系统建设完成后，向所在地的省、自治区、直辖市密码管理机构或者国家密码管理局提交下列材料：

（一）《电子认证服务使用密码许可证申请表》；

（二）企业法人营业执照复印件；

（三）电子认证服务系统安全性审查相关技术材料，包括建设工作总结报告、技术工作总结报告、安全性设计报告、安全管理策略和规范报告、用户手册和测试说明；

（四）电子认证服务系统互联互通测试相关技术材料；

（五）电子认证服务系统使用的信息安全产品符合有关法律规定的证明文件。

第八条　申请人提交的申请材料齐全并且符合规定形式的，省、自治区、直辖市密码管理机构或者国家密码管理局应当受理并发给《受理通知书》；申请材料不齐全或者不符合规定形式的，省、自治区、直辖市密码管理机构或者国家密码管理局应当当场或者在5个工作日内一次告知需要补正的全部内容。不予受理的，应当书面通知并说明理由。

申请材料由省、自治区、直辖市密码管理机构受理的，省、自治区、直辖市密码管理机构应当自受理申请之日起5个工作日内将全部申请材料报送国家密码管理局。

第九条　国家密码管理局应当自省、自治区、直辖市密码管理机构或者国家密码管理局受理申请之日起20个工作日内对申请人提交的申请材料进行审查，组织对电子认证服务系统进行安全性审查和互联互通测试，并将安全性审查和互联互通测试所需时间书面通知申请人。

电子认证服务系统通过安全性审查和互联互通测试的，由国家密码管理局发给《电子认证服务使用密码许可证》并予以公布；未通过安全性审查或者互联互通测试的，不予许可，书面通知申请人并说明理由。

安全性审查和互联互通测试所需时间不计算在本办法所设定的期限内。

第十条　《电子认证服务使用密码许可证》载明下列内容：

（一）许可证编号；

（二）电子认证服务提供者名称；

（三）许可证有效期限；

（四）发证机关和发证日期。

《电子认证服务使用密码许可证》有效期为5年。

第十一条　电子认证服务提供者变更名称的，应当自变更之日起30日内，持变更证明文件到所在地的省、自治区、直辖市密码管理机构办理《电子认证服务使用密码许可证》更换手续。

电子认证服务提供者变更住所、法定代表人的，应当自变更之日起30日内，持变更证明文件到所在地的省、自治区、直辖市密码管理机构备案。

第十二条　《电子认证服务使用密码许可证》有效期满需要延续的，应当在许可证有效期届满30日前向国家密码管理局提出申请。国家密码管理局根据申请，在许可证有效期满前作出是否准予延续的决定。

第十三条　电子认证服务提供者终止电子认证服务或者《电子认证服务许可

证》被吊销的，原持有的《电子认证服务使用密码许可证》自行失效。

第十四条　电子认证服务提供者对其电子认证服务系统进行技术改造或者进行系统搬迁的，应当将有关情况书面报国家密码管理局，经国家密码管理局同意后方可继续运行。必要时，国家密码管理局可以组织对电子认证服务系统进行安全性审查和互联互通测试。

第十五条　国家密码管理局和省、自治区、直辖市密码管理机构对电子认证服务提供者使用密码的情况进行监督检查。监督检查采取书面审查和现场核查相结合的方式。

监督检查发现存在不符合许可条件的情形的，限期整改；限期整改后仍不符合许可条件的，由国家密码管理局撤销其《电子认证服务使用密码许可证》，通报国务院信息产业主管部门并予以公布。

第十六条　有下列情形之一的，由国家密码管理局责令改正；情节严重的，吊销《电子认证服务使用密码许可证》，通报国务院信息产业主管部门并予以公布：

（一）电子认证服务系统的运行不符合《证书认证系统密码及其相关安全技术规范》的；

（二）电子认证服务系统使用本办法第六条规定以外的密钥管理系统提供的密钥开展业务的；

（三）对电子认证服务系统进行技术改造或者进行系统搬迁，未按照本办法第十四条规定办理的。

第十七条　国家密码管理局和省、自治区、直辖市密码管理机构的工作人员在电子认证服务密码管理工作中滥用职权、玩忽职守、徇私舞弊的，依法给予行政处分；构成犯罪的，依法追究刑事责任。

第十八条　《电子认证服务使用密码许可证申请表》由国家密码管理局统一印制。

第十九条　本办法施行前已经取得《电子认证服务使用密码许可证》的电子认证服务提供者，应当自本办法施行之日起3个月内到所在地的省、自治区、直辖市密码管理机构办理《电子认证服务使用密码许可证》的换证手续。

第二十条　本办法自2009年12月1日起施行。2005年3月31日国家密码管理局发布的《电子认证服务密码管理办法》同时废止。

《中华人民共和国密码法》

(2019年10月26日第十三届全国人民代表大会常务委员会第十四次会议通过)

第一章　总则

第一条　为了规范密码应用和管理，促进密码事业发展，保障网络与信息安全，维护国家安全和社会公共利益，保护公民、法人和其他组织的合法权益，制定本法。

第二条　本法所称密码，是指采用特定变换的方法对信息等进行加密保护、安全认证的技术、产品和服务。

第三条　密码工作坚持总体国家安全观，遵循统一领导、分级负责，创新发展、服务大局，依法管理、保障安全的原则。

第四条　坚持中国共产党对密码工作的领导。中央密码工作领导机构对全国密码工作实行统一领导，制定国家密码工作重大方针政策，统筹协调国家密码重大事项和重要工作，推进国家密码法治建设。

第五条　国家密码管理部门负责管理全国的密码工作。县级以上地方各级密码管理部门负责管理本行政区域的密码工作。

国家机关和涉及密码工作的单位在其职责范围内负责本机关、本单位或者本系统的密码工作。

第六条　国家对密码实行分类管理。密码分为核心密码、普通密码和商用密码。

第七条　核心密码、普通密码用于保护国家秘密信息，核心密码保护信息的最高密级为绝密级，普通密码保护信息的最高密级为机密级。核心密码、普通密码属于国家秘密。密码管理部门依照本法和有关法律、行政法规、国家有关规定对核心密码、普通密码实行严格统一管理。

第八条　商用密码用于保护不属于国家秘密的信息。公民、法人和其他组织可以依法使用商用密码保护网络与信息安全。

第九条　国家鼓励和支持密码科学技术研究和应用，依法保护密码领域的知识产权，促进密码科学技术进步和创新。国家加强密码人才培养和队伍建设，对在密码工作中作出突出贡献的组织和个人，按照国家有关规定给予表彰和奖励。

第十条　国家采取多种形式加强密码安全教育，将密码安全教育纳入国民教育体系和公务员教育培训体系，增强公民、法人和其他组织的密码安全意识。

第十一条　县级以上人民政府应当将密码工作纳入本级国民经济和社会发展规划，所需经费列入本级财政预算。

第十二条　任何组织或者个人不得窃取他人加密保护的信息或者非法侵入他人的密码保障系统。任何组织或者个人不得利用密码从事危害国家安全、社会公共利益、他人合法权益等违法犯罪活动。

第二章　核心密码、普通密码

第十三条　国家加强核心密码、普通密码的科学规划、管理和使用，加强制度建设，完善管理措施，增强密码安全保障能力。

第十四条　在有线、无线通信中传递的国家秘密信息，以及存储、处理国家秘密信息的信息系统，应当依照法律、行政法规和国家有关规定使用核心密码、普通密码进行加密保护、安全认证。

第十五条　从事核心密码、普通密码科研、生产、服务、检测、装备、使用和销毁等工作的机构（以下统称密码工作机构）应当按照法律、行政法规、国家有关规定以及核心密码、普通密码标准的要求，建立健全安全管理制度，采取严格的保密措施和保密责任制，确保核心密码、普通密码的安全。

第十六条　密码管理部门依法对密码工作机构的核心密码、普通密码工作进行指导、监督和检查，密码工作机构应当配合。

第十七条　密码管理部门根据工作需要会同有关部门建立核心密码、普通密码的安全监测预警、安全风险评估、信息通报、重大事项会商和应急处置等协作机制，确保核心密码、普通密码安全管理的协同联动和有序高效。

密码工作机构发现核心密码、普通密码泄密或者影响核心密码、普通密码安全的重大问题、风险隐患的，应当立即采取应对措施，并及时向保密行政管理部门、密码管理部门报告，由保密行政管理部门、密码管理部门会同有关部门组织开展调查、处置，并指导有关密码工作机构及时消除安全隐患。

第十八条　国家加强密码工作机构建设，保障其履行工作职责。国家建立适应核心密码、普通密码工作需要的人员录用、选调、保密、考核、培训、待遇、奖惩、交流、退出等管理制度。

第十九条　密码管理部门因工作需要，按照国家有关规定，可以提请公安、交通运输、海关等部门对核心密码、普通密码有关物品和人员提供免检等便利，有关部门应当予以协助。

第二十条　密码管理部门和密码工作机构应当建立健全严格的监督和安全审查制度，对其工作人员遵守法律和纪律等情况进行监督，并依法采取必要措施，定期或者不定期组织开展安全审查。

第三章　商用密码

第二十一条　国家鼓励商用密码技术的研究开发、学术交流、成果转化和推广应用，健全统一、开放、竞争、有序的商用密码市场体系，鼓励和促进商用密码产业发展。

各级人民政府及其有关部门应当遵循非歧视原则，依法平等对待包括外商投资企业在内的商用密码科研、生产、销售、服务、进出口等单位（以下统称商用密码从业单位）。国家鼓励在外商投资过程中基于自愿原则和商业规则开展商用密码技术合作。行政机关及其工作人员不得利用行政手段强制转让商用密码技术。

商用密码的科研、生产、销售、服务和进出口，不得损害国家安全、社会公共利益或者他人合法权益。

第二十二条　国家建立和完善商用密码标准体系。

国务院标准化行政主管部门和国家密码管理部门依据各自职责，组织制定商用密码国家标准、行业标准。

国家支持社会团体、企业利用自主创新技术制定高于国家标准、行业标准相关技术要求的商用密码团体标准、企业标准。

第二十三条　国家推动参与商用密码国际标准化活动，参与制定商用密码国际标准，推进商用密码中国标准与国外标准之间的转化运用。

国家鼓励企业、社会团体和教育、科研机构等参与商用密码国际标准化活动。

第二十四条　商用密码从业单位开展商用密码活动，应当符合有关法律、行政法规、商用密码强制性国家标准以及该从业单位公开标准的技术要求。

国家鼓励商用密码从业单位采用商用密码推荐性国家标准、行业标准，提升商用密码的防护能力，维护用户的合法权益。

第二十五条　国家推进商用密码检测认证体系建设，制定商用密码检测认证技术规范、规则，鼓励商用密码从业单位自愿接受商用密码检测认证，提升市场竞争力。

商用密码检测、认证机构应当依法取得相关资质，并依照法律、行政法规的规定和商用密码检测认证技术规范、规则开展商用密码检测认证。商用密码检测、认证机构应当对其在商用密码检测认证中所知悉的国家秘密和商业秘密承担保密义务。

第二十六条　涉及国家安全、国计民生、社会公共利益的商用密码产品，应当依法列入网络关键设备和网络安全专用产品目录，由具备资格的机构检测认证合格后，方可销售或者提供。商用密码产品检测认证适用《中华人民共和国网络安全法》的有关规定，避免重复检测认证。

商用密码服务使用网络关键设备和网络安全专用产品的，应当经商用密码认证机构对该商用密码服务认证合格。

第二十七条　法律、行政法规和国家有关规定要求使用商用密码进行保护的关键信息基础设施，其运营者应当使用商用密码进行保护，自行或者委托商用密码检测机构开展商用密码应用安全性评估。商用密码应用安全性评估应当与关键信息基础设施安全检测评估、网络安全等级测评制度相衔接，避免重复评估、测评。

关键信息基础设施的运营者采购涉及商用密码的网络产品和服务，可能影响国家安全的，应当按照《中华人民共和国网络安全法》的规定，通过国家网信部门会同国家密码管理部门等有关部门组织的国家安全审查。

第二十八条　国务院商务主管部门、国家密码管理部门依法对涉及国家安全、社会公共利益且具有加密保护功能的商用密码实施进口许可，对涉及国家安全、社会公共利益或者中国承担国际义务的商用密码实施出口管制。商用密码进口许可清单和出口管制清单由国务院商务主管部门会同国家密码管理部门和海关总署制定并公布。

大众消费类产品所采用的商用密码不实行进口许可和出口管制制度。

第二十九条　国家密码管理部门对采用商用密码技术从事电子政务电子认证

服务的机构进行认定，会同有关部门负责政务活动中使用电子签名、数据电文的管理。

第三十条　商用密码领域的行业协会等组织依照法律、行政法规及其章程的规定，为商用密码从业单位提供信息、技术、培训等服务，引导和督促商用密码从业单位依法开展商用密码活动，加强行业自律，推动行业诚信建设，促进行业健康发展。

第三十一条　密码管理部门和有关部门建立日常监管和随机抽查相结合的商用密码事中事后监管制度，建立统一的商用密码监督管理信息平台，推进事中事后监管与社会信用体系相衔接，强化商用密码从业单位自律和社会监督。

密码管理部门和有关部门及其工作人员不得要求商用密码从业单位和商用密码检测、认证机构向其披露源代码等密码相关专有信息，并对其在履行职责中知悉的商业秘密和个人隐私严格保密，不得泄露或者非法向他人提供。

第四章　法律责任

第三十二条　违反本法第十二条规定，窃取他人加密保护的信息，非法侵入他人的密码保障系统，或者利用密码从事危害国家安全、社会公共利益、他人合法权益等违法活动的，由有关部门依照《中华人民共和国网络安全法》和其他有关法律、行政法规的规定追究法律责任。

第三十三条　违反本法第十四条规定，未按照要求使用核心密码、普通密码的，由密码管理部门责令改正或者停止违法行为，给予警告；情节严重的，由密码管理部门建议有关国家机关、单位对直接负责的主管人员和其他直接责任人员依法给予处分或者处理。

第三十四条　违反本法规定，发生核心密码、普通密码泄密案件的，由保密行政管理部门、密码管理部门建议有关国家机关、单位对直接负责的主管人员和其他直接责任人员依法给予处分或者处理。

违反本法第十七条第二款规定，发现核心密码、普通密码泄密或者影响核心密码、普通密码安全的重大问题、风险隐患，未立即采取应对措施，或者未及时报告的，由保密行政管理部门、密码管理部门建议有关国家机关、单位对直接负责的主管人员和其他直接责任人员依法给予处分或者处理。

第三十五条　商用密码检测、认证机构违反本法第二十五条第二款、第三款规定开展商用密码检测认证的，由市场监督管理部门会同密码管理部门责令改正或者停止违法行为，给予警告，没收违法所得；违法所得三十万元以上的，可以并处违法所得一倍以上三倍以下罚款；没有违法所得或者违法所得不足三十万元的，可以并处十万元以上三十万元以下罚款；情节严重的，依法吊销相关资质。

第三十六条　违反本法第二十六条规定，销售或者提供未经检测认证或者检测认证不合格的商用密码产品，或者提供未经认证或者认证不合格的商用密码服务的，由市场监督管理部门会同密码管理部门责令改正或者停止违法行为，给予警告，没收违法产品和违法所得；违法所得十万元以上的，可以并处违法所得一倍以上三倍以下罚款；没有违法所得或者违法所得不足十万元的，可以并处三万元以上十万元以下罚款。

第三十七条　关键信息基础设施的运营者违反本法第二十七条第一款规定，未按照要求使用商用密码，或者未按照要求开展商用密码应用安全性评估的，由密码管理部门责令改正，给予警告；拒不改正或者导致危害网络安全等后果的，处十万元以上一百万元以下罚款，对直接负责的主管人员处一万元以上十万元以下罚款。

关键信息基础设施的运营者违反本法第二十七条第二款规定，使用未经安全审查或者安全审查未通过的产品或者服务的，由有关主管部门责令停止使用，处采购金额一倍以上十倍以下罚款；对直接负责的主管人员和其他直接责任人员处一万元以上十万元以下罚款。

第三十八条　违反本法第二十八条实施进口许可、出口管制的规定，进出口商用密码的，由国务院商务主管部门或者海关依法予以处罚。

第三十九条　违反本法第二十九条规定，未经认定从事电子政务电子认证服务的，由密码管理部门责令改正或者停止违法行为，给予警告，没收违法产品和违法所得；违法所得三十万元以上的，可以并处违法所得一倍以上三倍以下罚款；没有违法所得或者违法所得不足三十万元的，可以并处十万元以上三十万元以下罚款。

第四十条　密码管理部门和有关部门、单位的工作人员在密码工作中滥用职权、玩忽职守、徇私舞弊，或者泄露、非法向他人提供在履行职责中知悉的商业秘密和个人隐私的，依法给予处分。

第四十一条　违反本法规定，构成犯罪的，依法追究刑事责任；给他人造成损害的，依法承担民事责任。

第五章　附则

第四十二条　国家密码管理部门依照法律、行政法规的规定，制定密码管理规章。

第四十三条　中国人民解放军和中国人民武装警察部队的密码工作管理办法，由中央军事委员会根据本法制定。

第四十四条　本法自 2020 年 1 月 1 日起施行。

《最高人民法院关于民事诉讼证据的若干规定》

（2001年12月6日最高人民法院审判委员会第1201次会议通过。根据2019年10月14日最高人民法院审判委员会第1777次会议《关于修改〈关于民事诉讼证据的若干规定〉的决定》修正）

为保证人民法院正确认定案件事实，公正、及时审理民事案件，保障和便利当事人依法行使诉讼权利，根据《中华人民共和国民事诉讼法》（以下简称民事诉讼法）等有关法律的规定，结合民事审判经验和实际情况，制定本规定。

一、当事人举证

第一条 原告向人民法院起诉或者被告提出反诉，应当提供符合起诉条件的相应的证据。

第二条 人民法院应当向当事人说明举证的要求及法律后果，促使当事人在合理期限内积极、全面、正确、诚实地完成举证。

当事人因客观原因不能自行收集的证据，可申请人民法院调查收集。

第三条 在诉讼过程中，一方当事人陈述的于己不利的事实，或者对于己不利的事实明确表示承认的，另一方当事人无须举证证明。

在证据交换、询问、调查过程中，或者在起诉状、答辩状、代理词等书面材料中，当事人明确承认于己不利的事实的，适用前款规定。

第四条 一方当事人对于另一方当事人主张的于己不利的事实既不承认也不否认，经审判人员说明并询问后，其仍然不明确表示肯定或者否定的，视为对该事实的承认。

第五条 当事人委托诉讼代理人参加诉讼的，除授权委托书明确排除的事项外，诉讼代理人的自认视为当事人的自认。

当事人在场对诉讼代理人的自认明确否认的，不视为自认。

第六条 普通共同诉讼中，共同诉讼人中一人或者数人作出的自认，对作出自认的当事人发生效力。

必要共同诉讼中，共同诉讼人中一人或者数人作出自认而其他共同诉讼人予以否认的，不发生自认的效力。其他共同诉讼人既不承认也不否认，经审判人员说明并询问后仍然不明确表示意见的，视为全体共同诉讼人的自认。

第七条　一方当事人对于另一方当事人主张的于己不利的事实有所限制或者附加条件予以承认的，由人民法院综合案件情况决定是否构成自认。

第八条　《最高人民法院关于适用〈中华人民共和国民事诉讼法〉的解释》第九十六条第一款规定的事实，不适用有关自认的规定。

自认的事实与已经查明的事实不符的，人民法院不予确认。

第九条　有下列情形之一，当事人在法庭辩论终结前撤销自认的，人民法院应当准许：

（一）经对方当事人同意的；

（二）自认是在受胁迫或者重大误解情况下作出的。

人民法院准许当事人撤销自认的，应当作出口头或者书面裁定。

第十条　下列事实，当事人无须举证证明：

（一）自然规律以及定理、定律；

（二）众所周知的事实；

（三）根据法律规定推定的事实；

（四）根据已知的事实和日常生活经验法则推定出的另一事实；

（五）已为仲裁机构的生效裁决所确认的事实；

（六）已为人民法院发生法律效力的裁判所确认的基本事实；

（七）已为有效公证文书所证明的事实。

前款第二项至第五项事实，当事人有相反证据足以反驳的除外；第六项、第七项事实，当事人有相反证据足以推翻的除外。

第十一条　当事人向人民法院提供证据，应当提供原件或者原物。如需自己保存证据原件、原物或者提供原件、原物确有困难的，可以提供经人民法院核对无异的复制件或者复制品。

第十二条　以动产作为证据的，应当将原物提交人民法院。原物不宜搬移或者不宜保存的，当事人可以提供复制品、影像资料或者其他替代品。

人民法院在收到当事人提交的动产或者替代品后，应当及时通知双方当事人到人民法院或者保存现场查验。

第十三条　当事人以不动产作为证据的，应当向人民法院提供该不动产的影像资料。

人民法院认为有必要的，应当通知双方当事人到场进行查验。

第十四条　电子数据包括下列信息、电子文件：

（一）网页、博客、微博客等网络平台发布的信息；

（二）手机短信、电子邮件、即时通信、通讯群组等网络应用服务的通信信息；

（三）用户注册信息、身份认证信息、电子交易记录、通信记录、登录日志等信息；

（四）文档、图片、音频、视频、数字证书、计算机程序等电子文件；

（五）其他以数字化形式存储、处理、传输的能够证明案件事实的信息。

第十五条　当事人以视听资料作为证据的，应当提供存储该视听资料的原始载体。

当事人以电子数据作为证据的，应当提供原件。电子数据的制作者制作的与原件一致的副本，或者直接来源于电子数据的打印件或其他可以显示、识别的输出介质，视为电子数据的原件。

第十六条　当事人提供的公文书证系在中华人民共和国领域外形成的，该证据应当经所在国公证机关证明，或者履行中华人民共和国与该所在国订立的有关条约中规定的证明手续。

中华人民共和国领域外形成的涉及身份关系的证据，应当经所在国公证机关证明并经中华人民共和国驻该国使领馆认证，或者履行中华人民共和国与该所在国订立的有关条约中规定的证明手续。

当事人向人民法院提供的证据是在香港、澳门、台湾地区形成的，应当履行相关的证明手续。

第十七条　当事人向人民法院提供外文书证或者外文说明资料，应当附有中文译本。

第十八条　双方当事人无争议的事实符合《最高人民法院关于适用〈中华人民共和国民事诉讼法〉的解释》第九十六条第一款规定情形的，人民法院可以责令当事人提供有关证据。

第十九条　当事人应当对其提交的证据材料逐一分类编号，对证据材料的来源、证明对象和内容作简要说明，签名盖章，注明提交日期，并依照对方当事人人数提出副本。

人民法院收到当事人提交的证据材料，应当出具收据，注明证据的名称、份数和页数以及收到的时间，由经办人员签名或者盖章。

二、证据的调查收集和保全

第二十条　当事人及其诉讼代理人申请人民法院调查收集证据，应当在举证期限届满前提交书面申请。

申请书应当载明被调查人的姓名或者单位名称、住所地等基本情况、所要调查收集的证据名称或者内容、需要由人民法院调查收集证据的原因及其要证明的事实以及明确的线索。

第二十一条　人民法院调查收集的书证，可以是原件，也可以是经核对无误的副本或者复制件。是副本或者复制件的，应当在调查笔录中说明来源和取证情况。

第二十二条　人民法院调查收集的物证应当是原物。被调查人提供原物确有困难的，可以提供复制品或者影像资料。提供复制品或者影像资料的，应当在调查笔录中说明取证情况。

第二十三条　人民法院调查收集视听资料、电子数据，应当要求被调查人提供原始载体。

提供原始载体确有困难的，可以提供复制件。提供复制件的，人民法院应当在调查笔录中说明其来源和制作经过。

人民法院对视听资料、电子数据采取证据保全措施的，适用前款规定。

第二十四条　人民法院调查收集可能需要鉴定的证据，应当遵守相关技术规范，确保证据不被污染。

第二十五条　当事人或者利害关系人根据民事诉讼法第八十一条的规定申请证据保全的，申请书应当载明需要保全的证据的基本情况、申请保全的理由以及采取何种保全措施等内容。

当事人根据民事诉讼法第八十一条第一款的规定申请证据保全的，应当在举证期限届满前向人民法院提出。

法律、司法解释对诉前证据保全有规定的，依照其规定办理。

第二十六条　当事人或者利害关系人申请采取查封、扣押等限制保全标的物使用、流通等保全措施，或者保全可能对证据持有人造成损失的，人民法院应当责令申请人提供相应的担保。

担保方式或者数额由人民法院根据保全措施对证据持有人的影响、保全标的物的价值、当事人或者利害关系人争议的诉讼标的金额等因素综合确定。

第二十七条　人民法院进行证据保全，可以要求当事人或者诉讼代理人到场。

根据当事人的申请和具体情况，人民法院可以采取查封、扣押、录音、录像、复制、鉴定、勘验等方法进行证据保全，并制作笔录。

在符合证据保全目的的情况下，人民法院应当选择对证据持有人利益影响最小的保全措施。

第二十八条　申请证据保全错误造成财产损失，当事人请求申请人承担赔偿责任的，人民法院应予支持。

第二十九条　人民法院采取诉前证据保全措施后，当事人向其他有管辖权的人民法院提起诉讼的，采取保全措施的人民法院应当根据当事人的申请，将保全的证据及时移交受理案件的人民法院。

第三十条　人民法院在审理案件过程中认为待证事实需要通过鉴定意见证明的，应当向当事人释明，并指定提出鉴定申请的期间。

符合《最高人民法院关于适用〈中华人民共和国民事诉讼法〉的解释》第九十六条第一款规定情形的，人民法院应当依职权委托鉴定。

第三十一条　当事人申请鉴定，应当在人民法院指定期间内提出，并预交鉴定费用。逾期不提出申请或者不预交鉴定费用的，视为放弃申请。

对需要鉴定的待证事实负有举证责任的当事人，在人民法院指定期间内无正当理由不提出鉴定申请或者不预交鉴定费用，或者拒不提供相关材料，致使待证事实无法查明的，应当承担举证不能的法律后果。

第三十二条　人民法院准许鉴定申请的，应当组织双方当事人协商确定具备相应资格的鉴定人。当事人协商不成的，由人民法院指定。

人民法院依职权委托鉴定的，可以在询问当事人的意见后，指定具备相应资格的鉴定人。

人民法院在确定鉴定人后应当出具委托书，委托书中应当载明鉴定事项、鉴定范围、鉴定目的和鉴定期限。

第三十三条　鉴定开始之前，人民法院应当要求鉴定人签署承诺书。承诺书中应当载明鉴定人保证客观、公正、诚实地进行鉴定，保证出庭作证，如作虚假鉴定应当承担法律责任等内容。

鉴定人故意作虚假鉴定的，人民法院应当责令其退还鉴定费用，并根据情节，依照民事诉讼法第一百一十一条的规定进行处罚。

第三十四条　人民法院应当组织当事人对鉴定材料进行质证。未经质证的材料，不得作为鉴定的根据。

经人民法院准许，鉴定人可以调取证据、勘验物证和现场、询问当事人或者证人。

第三十五条　鉴定人应当在人民法院确定的期限内完成鉴定，并提交鉴定书。

鉴定人无正当理由未按期提交鉴定书的，当事人可以申请人民法院另行委托鉴定人进行鉴定。人民法院准许的，原鉴定人已经收取的鉴定费用应当退还；拒不退还的，依照本规定第八十一条第二款的规定处理。

第三十六条　人民法院对鉴定人出具的鉴定书，应当审查是否具有下列内容：

（一）委托法院的名称；

（二）委托鉴定的内容、要求；

（三）鉴定材料；

（四）鉴定所依据的原理、方法；

（五）对鉴定过程的说明；

（六）鉴定意见；

（七）承诺书。

鉴定书应当由鉴定人签名或者盖章，并附鉴定人的相应资格证明。委托机构鉴定的，鉴定书应当由鉴定机构盖章，并由从事鉴定的人员签名。

第三十七条　人民法院收到鉴定书后，应当及时将副本送交当事人。

当事人对鉴定书的内容有异议的，应当在人民法院指定期间内以书面方式提出。

对于当事人的异议，人民法院应当要求鉴定人作出解释、说明或者补充。人民法院认为有必要的，可以要求鉴定人对当事人未提出异议的内容进行解释、说明或者补充。

第三十八条　当事人在收到鉴定人的书面答复后仍有异议的，人民法院应当根据《诉讼费用交纳办法》第十一条的规定，通知有异议的当事人预交鉴定人出庭费用，并通知鉴定人出庭。有异议的当事人不预交鉴定人出庭费用的，视为放弃异议。

双方当事人对鉴定意见均有异议的，分摊预交鉴定人出庭费用。

第三十九条　鉴定人出庭费用按照证人出庭作证费用的标准计算，由败诉的当事人负担。因鉴定意见不明确或者有瑕疵需要鉴定人出庭的，出庭费用由其自行负担。

人民法院委托鉴定时已经确定鉴定人出庭费用包含在鉴定费用中的，不再通知当事人预交。

第四十条　当事人申请重新鉴定，存在下列情形之一的，人民法院应当准许：

（一）鉴定人不具备相应资格的；

（二）鉴定程序严重违法的；

（三）鉴定意见明显依据不足的；

（四）鉴定意见不能作为证据使用的其他情形。

存在前款第一项至第三项情形的，鉴定人已经收取的鉴定费用应当退还。拒不退还的，依照本规定第八十一条第二款的规定处理。

对鉴定意见的瑕疵，可以通过补正、补充鉴定或者补充质证、重新质证等方法解决的，人民法院不予准许重新鉴定的申请。

重新鉴定的，原鉴定意见不得作为认定案件事实的根据。

第四十一条　对于一方当事人就专门性问题自行委托有关机构或者人员出具的意见，另一方当事人有证据或者理由足以反驳并申请鉴定的，人民法院应予准许。

第四十二条　鉴定意见被采信后，鉴定人无正当理由撤销鉴定意见的，人民法院应当责令其退还鉴定费用，并可以根据情节，依照民事诉讼法第一百一十一条的规定对鉴定人进行处罚。当事人主张鉴定人负担由此增加的合理费用的，人民法院应予支持。

人民法院采信鉴定意见后准许鉴定人撤销的，应当责令其退还鉴定费用。

第四十三条　人民法院应当在勘验前将勘验的时间和地点通知当事人。当事人不参加的，不影响勘验进行。

当事人可以就勘验事项向人民法院进行解释和说明，可以请求人民法院注意勘验中的重要事项。

人民法院勘验物证或者现场，应当制作笔录，记录勘验的时间、地点、勘验人、在场人、勘验的经过、结果，由勘验人、在场人签名或者盖章。对于绘制的现场图应当注明绘制的时间、方位、测绘人姓名、身份等内容。

第四十四条　摘录有关单位制作的与案件事实相关的文件、材料，应当注明出处，并加盖制作单位或者保管单位的印章，摘录人和其他调查人员应当在摘录件上签名或者盖章。

摘录文件、材料应当保持内容相应的完整性。

第四十五条　当事人根据《最高人民法院关于适用〈中华人民共和国民事诉讼法〉的解释》第一百一十二条的规定申请人民法院责令对方当事人提交书证的，申请书应当载明所申请提交的书证名称或者内容、需要以该书证证明的事实及事实的重要性、对方当事人控制该书证的根据以及应当提交该书证的理由。

对方当事人否认控制书证的，人民法院应当根据法律规定、习惯等因素，结合案件的事实、证据，对于书证是否在对方当事人控制之下的事实作出综合判断。

第四十六条　人民法院对当事人提交书证的申请进行审查时，应当听取对方当事人的意见，必要时可以要求双方当事人提供证据、进行辩论。

当事人申请提交的书证不明确、书证对于待证事实的证明无必要、待证事实对于裁判结果无实质性影响、书证未在对方当事人控制之下或者不符合本规定第四十七条情形的，人民法院不予准许。

当事人申请理由成立的，人民法院应当作出裁定，责令对方当事人提交书证；理由不成立的，通知申请人。

第四十七条　下列情形，控制书证的当事人应当提交书证：

（一）控制书证的当事人在诉讼中曾经引用过的书证；

（二）为对方当事人的利益制作的书证；

（三）对方当事人依照法律规定有权查阅、获取的书证；

（四）账簿、记账原始凭证；

（五）人民法院认为应当提交书证的其他情形。

前款所列书证，涉及国家秘密、商业秘密、当事人或第三人的隐私，或者存在法律规定应当保密的情形的，提交后不得公开质证。

第四十八条　控制书证的当事人无正当理由拒不提交书证的，人民法院可以认定对方当事人所主张的书证内容为真实。

控制书证的当事人存在《最高人民法院关于适用〈中华人民共和国民事诉讼法〉的解释》第一百一十三条规定情形的，人民法院可以认定对方当事人主张以该书证证明的事实为真实。

三、举证时限与证据交换

第四十九条　被告应当在答辩期届满前提出书面答辩，阐明其对原告诉讼请求及所依据的事实和理由的意见。

第五十条　人民法院应当在审理前的准备阶段向当事人送达举证通知书。

举证通知书应当载明举证责任的分配原则和要求、可以向人民法院申请调查收集证据的情形、人民法院根据案件情况指定的举证期限以及逾期提供证据的法律后果等内容。

第五十一条　举证期限可以由当事人协商，并经人民法院准许。

人民法院指定举证期限的，适用第一审普通程序审理的案件不得少于十五日，当事人提供新的证据的第二审案件不得少于十日。适用简易程序审理的案件不得超过十五日，小额诉讼案件的举证期限一般不得超过七日。

举证期限届满后，当事人提供反驳证据或者对已经提供的证据的来源、形式等方面的瑕疵进行补正的，人民法院可以酌情再次确定举证期限，该期限不受前款规定的期间限制。

第五十二条　当事人在举证期限内提供证据存在客观障碍，属于民事诉讼法第六十五条第二款规定的"当事人在该期限内提供证据确有困难"的情形。

前款情形，人民法院应当根据当事人的举证能力、不能在举证期限内提供证据的原因等因素综合判断。必要时，可以听取对方当事人的意见。

第五十三条　诉讼过程中，当事人主张的法律关系性质或者民事行为效力与人民法院根据案件事实作出的认定不一致的，人民法院应当将法律关系性质或者民事行为效力作为焦点问题进行审理。但法律关系性质对裁判理由及结果没有影响，或者有关问题已经当事人充分辩论的除外。

存在前款情形，当事人根据法庭审理情况变更诉讼请求的，人民法院应当准许并可以根据案件的具体情况重新指定举证期限。

第五十四条　当事人申请延长举证期限的，应当在举证期限届满前向人民法院提出书面申请。

申请理由成立的，人民法院应当准许，适当延长举证期限，并通知其他当事人。延长的举证期限适用于其他当事人。

申请理由不成立的，人民法院不予准许，并通知申请人。

第五十五条　存在下列情形的，举证期限按照如下方式确定：

（一）当事人依照民事诉讼法第一百二十七条规定提出管辖权异议的，举证期限中止，自驳回管辖权异议的裁定生效之日起恢复计算；

（二）追加当事人、有独立请求权的第三人参加诉讼或者无独立请求权的第三人经人民法院通知参加诉讼的，人民法院应当依照本规定第五十一条的规定为新参加诉讼的当事人确定举证期限，该举证期限适用于其他当事人；

（三）发回重审的案件，第一审人民法院可以结合案件具体情况和发回重审的原因，酌情确定举证期限；

（四）当事人增加、变更诉讼请求或者提出反诉的，人民法院应当根据案件具体情况重新确定举证期限；

（五）公告送达的，举证期限自公告期届满之次日起计算。

第五十六条　人民法院依照民事诉讼法第一百三十三条第四项的规定，通过组织证据交换进行审理前准备的，证据交换之日举证期限届满。

证据交换的时间可以由当事人协商一致并经人民法院认可，也可以由人民法院指定。当事人申请延期举证经人民法院准许的，证据交换日相应顺延。

第五十七条　证据交换应当在审判人员的主持下进行。

在证据交换的过程中，审判人员对当事人无异议的事实、证据应当记录在卷；对有异议的证据，按照需要证明的事实分类记录在卷，并记载异议的理由。通过证据交换，确定双方当事人争议的主要问题。

第五十八条　当事人收到对方的证据后有反驳证据需要提交的，人民法院应当再次组织证据交换。

第五十九条　人民法院对逾期提供证据的当事人处以罚款的，可以结合当事人逾期提供证据的主观过错程度、导致诉讼迟延的情况、诉讼标的金额等因素，确定罚款数额。

四、质证

第六十条　当事人在审理前的准备阶段或者人民法院调查、询问过程中发表过质证意见的证据，视为质证过的证据。

当事人要求以书面方式发表质证意见，人民法院在听取对方当事人意见后认为有必要的，可以准许。人民法院应当及时将书面质证意见送交对方当事人。

第六十一条　对书证、物证、视听资料进行质证时，当事人应当出示证据的原件或者原物。但有下列情形之一的除外：

（一）出示原件或者原物确有困难并经人民法院准许出示复制件或者复制品的；

（二）原件或者原物已不存在，但有证据证明复制件、复制品与原件或者原物一致的。

第六十二条　质证一般按下列顺序进行：

（一）原告出示证据，被告、第三人与原告进行质证；

（二）被告出示证据，原告、第三人与被告进行质证；

（三）第三人出示证据，原告、被告与第三人进行质证。

人民法院根据当事人申请调查收集的证据，审判人员对调查收集证据的情况进行说明后，由提出申请的当事人与对方当事人、第三人进行质证。

人民法院依职权调查收集的证据，由审判人员对调查收集证据的情况进行说明后，听取当事人的意见。

第六十三条　当事人应当就案件事实作真实、完整的陈述。

当事人的陈述与此前陈述不一致的，人民法院应当责令其说明理由，并结合当事人的诉讼能力、证据和案件具体情况进行审查认定。

当事人故意作虚假陈述妨碍人民法院审理的，人民法院应当根据情节，依照民事诉讼法第一百一十一条的规定进行处罚。

第六十四条　人民法院认为有必要的，可以要求当事人本人到场，就案件的有关事实接受询问。

人民法院要求当事人到场接受询问的，应当通知当事人询问的时间、地点、拒不到场的后果等内容。

第六十五条　人民法院应当在询问前责令当事人签署保证书并宣读保证书的内容。

保证书应当载明保证据实陈述，绝无隐瞒、歪曲、增减，如有虚假陈述应当接受处罚等内容。当事人应当在保证书上签名、捺印。

当事人有正当理由不能宣读保证书的，由书记员宣读并进行说明。

第六十六条　当事人无正当理由拒不到场、拒不签署或宣读保证书或者拒不接受询问的，人民法院应当综合案件情况，判断待证事实的真伪。待证事实无其他证据证明的，人民法院应当作出不利于该当事人的认定。

第六十七条　不能正确表达意思的人，不能作为证人。

待证事实与其年龄、智力状况或者精神健康状况相适应的无民事行为能力人和限制民事行为能力人，可以作为证人。

第六十八条　人民法院应当要求证人出庭作证，接受审判人员和当事人的询问。证人在审理前的准备阶段或者人民法院调查、询问等双方当事人在场时陈述证言的，视为出庭作证。

双方当事人同意证人以其他方式作证并经人民法院准许的，证人可以不出庭作证。

无正当理由未出庭的证人以书面等方式提供的证言，不得作为认定案件事实的根据。

第六十九条　当事人申请证人出庭作证的，应当在举证期限届满前向人民法院提交申请书。

申请书应当载明证人的姓名、职业、住所、联系方式，作证的主要内容，作证内容与待证事实的关联性，以及证人出庭作证的必要性。

符合《最高人民法院关于适用〈中华人民共和国民事诉讼法〉的解释》第九

十六条第一款规定情形的,人民法院应当依职权通知证人出庭作证。

第七十条　人民法院准许证人出庭作证申请的,应当向证人送达通知书并告知双方当事人。通知书中应当载明证人作证的时间、地点,作证的事项、要求以及作伪证的法律后果等内容。

当事人申请证人出庭作证的事项与待证事实无关,或者没有通知证人出庭作证必要的,人民法院不予准许当事人的申请。

第七十一条　人民法院应当要求证人在作证之前签署保证书,并在法庭上宣读保证书的内容。但无民事行为能力人和限制民事行为能力人作为证人的除外。

证人确有正当理由不能宣读保证书的,由书记员代为宣读并进行说明。

证人拒绝签署或者宣读保证书的,不得作证,并自行承担相关费用。

证人保证书的内容适用当事人保证书的规定。

第七十二条　证人应当客观陈述其亲身感知的事实,作证时不得使用猜测、推断或者评论性语言。

证人作证前不得旁听法庭审理,作证时不得以宣读事先准备的书面材料的方式陈述证言。

证人言辞表达有障碍的,可以通过其他表达方式作证。

第七十三条　证人应当就其作证的事项进行连续陈述。

当事人及其法定代理人、诉讼代理人或者旁听人员干扰证人陈述的,人民法院应当及时制止,必要时可以依照民事诉讼法第一百一十条的规定进行处罚。

第七十四条　审判人员可以对证人进行询问。当事人及其诉讼代理人经审判人员许可后可以询问证人。

询问证人时其他证人不得在场。

人民法院认为有必要的,可以要求证人之间进行对质。

第七十五条　证人出庭作证后,可以向人民法院申请支付证人出庭作证费用。证人有困难需要预先支取出庭作证费用的,人民法院可以根据证人的申请在出庭作证前支付。

第七十六条　证人确有困难不能出庭作证,申请以书面证言、视听传输技术或者视听资料等方式作证的,应当向人民法院提交申请书。申请书中应当载明不能出庭的具体原因。

符合民事诉讼法第七十三条规定情形的,人民法院应当准许。

第七十七条 证人经人民法院准许,以书面证言方式作证的,应当签署保证书;以视听传输技术或者视听资料方式作证的,应当签署保证书并宣读保证书的内容。

第七十八条 当事人及其诉讼代理人对证人的询问与待证事实无关,或者存在威胁、侮辱证人或不适当引导等情形的,审判人员应当及时制止。必要时可以依照民事诉讼法第一百一十条、第一百一十一条的规定进行处罚。

证人故意作虚假陈述,诉讼参与人或者其他人以暴力、威胁、贿买等方法妨碍证人作证,或者在证人作证后以侮辱、诽谤、诬陷、恐吓、殴打等方式对证人打击报复的,人民法院应当根据情节,依照民事诉讼法第一百一十一条的规定,对行为人进行处罚。

第七十九条 鉴定人依照民事诉讼法第七十八条的规定出庭作证的,人民法院应当在开庭审理三日前将出庭的时间、地点及要求通知鉴定人。

委托机构鉴定的,应当由从事鉴定的人员代表机构出庭。

第八十条 鉴定人应当就鉴定事项如实答复当事人的异议和审判人员的询问。当庭答复确有困难的,经人民法院准许,可以在庭审结束后书面答复。

人民法院应当及时将书面答复送交当事人,并听取当事人的意见。必要时,可以再次组织质证。

第八十一条 鉴定人拒不出庭作证的,鉴定意见不得作为认定案件事实的根据。人民法院应当建议有关主管部门或者组织对拒不出庭作证的鉴定人予以处罚。

当事人要求退还鉴定费用的,人民法院应当在三日内作出裁定,责令鉴定人退还;拒不退还的,由人民法院依法执行。

当事人因鉴定人拒不出庭作证申请重新鉴定的,人民法院应当准许。

第八十二条 经法庭许可,当事人可以询问鉴定人、勘验人。

询问鉴定人、勘验人不得使用威胁、侮辱等不适当的言语和方式。

第八十三条 当事人依照民事诉讼法第七十九条和《最高人民法院关于适用〈中华人民共和国民事诉讼法〉的解释》第一百二十二条的规定,申请有专门知识的人出庭的,申请书中应当载明有专门知识的人的基本情况和申请的目的。

人民法院准许当事人申请的,应当通知双方当事人。

第八十四条 审判人员可以对有专门知识的人进行询问。经法庭准许,当事人可以对有专门知识的人进行询问,当事人各自申请的有专门知识的人可以就案件中的有关问题进行对质。

有专门知识的人不得参与对鉴定意见质证或者就专业问题发表意见之外的法庭审理活动。

五、证据的审核认定

第八十五条　人民法院应当以证据能够证明的案件事实为根据依法作出裁判。

审判人员应当依照法定程序,全面、客观地审核证据,依据法律的规定,遵循法官职业道德,运用逻辑推理和日常生活经验,对证据有无证明力和证明力大小独立进行判断,并公开判断的理由和结果。

第八十六条　当事人对于欺诈、胁迫、恶意串通事实的证明,以及对于口头遗嘱或赠与事实的证明,人民法院确信该待证事实存在的可能性能够排除合理怀疑的,应当认定该事实存在。

与诉讼保全、回避等程序事项有关的事实,人民法院结合当事人的说明及相关证据,认为有关事实存在的可能性较大的,可以认定该事实存在。

第八十七条　审判人员对单一证据可以从下列方面进行审核认定:

(一)证据是否为原件、原物,复制件、复制品与原件、原物是否相符;

(二)证据与本案事实是否相关;

(三)证据的形式、来源是否符合法律规定;

(四)证据的内容是否真实;

(五)证人或者提供证据的人与当事人有无利害关系。

第八十八条　审判人员对案件的全部证据,应当从各证据与案件事实的关联程度、各证据之间的联系等方面进行综合审查判断。

第八十九条　当事人在诉讼过程中认可的证据,人民法院应当予以确认。但法律、司法解释另有规定的除外。

当事人对认可的证据反悔的,参照《最高人民法院关于适用〈中华人民共和国民事诉讼法〉的解释》第二百二十九条的规定处理。

第九十条　下列证据不能单独作为认定案件事实的根据:

(一)当事人的陈述;

（二）无民事行为能力人或者限制民事行为能力人所作的与其年龄、智力状况或者精神健康状况不相当的证言；

（三）与一方当事人或者其代理人有利害关系的证人陈述的证言；

（四）存有疑点的视听资料、电子数据；

（五）无法与原件、原物核对的复制件、复制品。

第九十一条　公文书证的制作者根据文书原件制作的载有部分或者全部内容的副本，与正本具有相同的证明力。

在国家机关存档的文件，其复制件、副本、节录本经档案部门或者制作原本的机关证明其内容与原本一致的，该复制件、副本、节录本具有与原本相同的证明力。

第九十二条　私文书证的真实性，由主张以私文书证证明案件事实的当事人承担举证责任。

私文书证由制作者或者其代理人签名、盖章或捺印的，推定为真实。

私文书证上有删除、涂改、增添或者其他形式瑕疵的，人民法院应当综合案件的具体情况判断其证明力。

第九十三条　人民法院对于电子数据的真实性，应当结合下列因素综合判断：

（一）电子数据的生成、存储、传输所依赖的计算机系统的硬件、软件环境是否完整、可靠；

（二）电子数据的生成、存储、传输所依赖的计算机系统的硬件、软件环境是否处于正常运行状态，或者不处于正常运行状态时对电子数据的生成、存储、传输是否有影响；

（三）电子数据的生成、存储、传输所依赖的计算机系统的硬件、软件环境是否具备有效的防止出错的监测、核查手段；

（四）电子数据是否被完整地保存、传输、提取，保存、传输、提取的方法是否可靠；

（五）电子数据是否在正常的往来活动中形成和存储；

（六）保存、传输、提取电子数据的主体是否适当；

（七）影响电子数据完整性和可靠性的其他因素。

人民法院认为有必要的，可以通过鉴定或者勘验等方法，审查判断电子数据的真实性。

第九十四条 电子数据存在下列情形的，人民法院可以确认其真实性，但有足以反驳的相反证据的除外：

（一）由当事人提交或者保管的于己不利的电子数据；

（二）由记录和保存电子数据的中立第三方平台提供或者确认的；

（三）在正常业务活动中形成的；

（四）以档案管理方式保管的；

（五）以当事人约定的方式保存、传输、提取的。

电子数据的内容经公证机关公证的，人民法院应当确认其真实性，但有相反证据足以推翻的除外。

第九十五条 一方当事人控制证据无正当理由拒不提交，对待证事实负有举证责任的当事人主张该证据的内容不利于控制人的，人民法院可以认定该主张成立。

第九十六条 人民法院认定证人证言，可以通过对证人的智力状况、品德、知识、经验、法律意识和专业技能等的综合分析作出判断。

第九十七条 人民法院应当在裁判文书中阐明证据是否采纳的理由。

对当事人无争议的证据，是否采纳的理由可以不在裁判文书中表述。

六、其他

第九十八条 对证人、鉴定人、勘验人的合法权益依法予以保护。

当事人或者其他诉讼参与人伪造、毁灭证据，提供虚假证据，阻止证人作证，指使、贿买、胁迫他人作伪证，或者对证人、鉴定人、勘验人打击报复的，依照民事诉讼法第一百一十条、第一百一十一条的规定进行处罚。

第九十九条 本规定对证据保全没有规定的，参照适用法律、司法解释关于财产保全的规定。

除法律、司法解释另有规定外，对当事人、鉴定人、有专门知识的人的询问参照适用本规定中关于询问证人的规定；关于书证的规定适用于视听资料、电子数据；存储在电子计算机等电子介质中的视听资料，适用电子数据的规定。

第一百条 本规定自 2020 年 5 月 1 日起施行。

本规定公布施行后，最高人民法院以前发布的司法解释与本规定不一致的，不再适用。

参考文献

[1] Andrew Nash, William Duane, Celia Joseph, et al. 公钥基础设施(PKI):实现和管理电子安全[M]. 张玉清,陈建奇,杨波,等译. 北京:清华大学出版社,2002.

[2] 杨坚争. 中华人民共和国电子签名法释义[M]. 上海:立信会计出版社,2004.

[3] 国家市场监督管理总局,中国国家标准化管理委员会. 电子合同订立流程规范:GB/T 36298—2018[S],2018.

[4] 国家市场监督管理总局,中国国家标准化管理委员会. 电子合同基础信息描述规范:GB/T 36319—2018[S],2018.

[5] 国家市场监督管理总局,中国国家标准化管理委员会. 第三方电子合同服务平台功能建设规范:GB/T 36320—2018[S],2018.

[6] Jane Kwinn, Benjamin Wright. The Law of Electronic Commerce[M]. 4th ed. New York:Aspen Law & Business,2000.

[7] 刘万啸. 电子合同效力比较研究[M]. 北京:知识产权出版社,2010.

[8] 于志刚,王立梅. 电子合同法律应用与发展研究报告[M]. 北京:中国政法大学出版社,2017.

[9] 高富平,Thomas Hoaren. 中欧电子合同立法比较研究[M]. 北京:法律出版社,2009.

[10] 中华人民共和国国家质量监督检验检疫总局,中国国家标准化管理委员会. 信息安全技术 公钥基础设施 电子签名格式规范:GB/T 25064—2010[S],2010.

[11] Darrel Hankerson, Alfred Menezes, Scott Vanstone. 椭圆曲线密码学导

论[M].张焕国,等译.北京:电子工业出版社,2005.

[12] 中华人民共和国国家质量监督检验检疫总局.大宗商品电子交易标准:GB/T 18769—2003[S],2003.

[13] 中华人民共和国国家质量监督检验检疫总局,中国国家标准化管理委员会.信息技术 安全技术 公钥基础设施 证书管理协议:GB/T 19714—2005[S],2005.

[14] 中华人民共和国国家质量监督检验检疫总局,中国国家标准化管理委员会.信息安全技术 公钥基础设施 时间戳规范:GB/T 20520—2006[S],2006.

[15] 中华人民共和国国家质量监督检验检疫总局,中国国家标准化管理委员会.信息安全技术 公钥基础设施 PKI系统安全等级保护技术要求:GB/T 21053—2007[S],2007.

[16] 王学理,裴定一.椭圆与超椭圆曲线公钥密码的理论与实现[M].北京:科学出版社,2006.

[17] 欧阳武,齐爱民,张海龙,等.中国电子签名法原理与条文解析[M].北京:人民法院出版社,2005.

[18] 商用密码发展报告(2012—2017年)编写组.商用密码发展报告(2012—2017)[M].北京:电子工业出版社,2018.

[19] 黄建初.中华人民共和国电子签名法释义及实用指南[M].北京:中国民主法制出版社,2004.

[20] 崔起凡.国际商事仲裁中的证据问题研究[M].杭州:浙江工商大学出版社,2013.

[21] 中华人民共和国国家质量监督检验检疫总局,中国国家标准化管理委员会.信息安全技术 可信计算密码支撑平台功能与接口规范:GB/T 29829—2013[S],2013.

[22] 中华人民共和国国家质量监督检验检疫总局,中国国家标准化管理委员会.信息安全技术 SM4分组密码算法:GB/T 32907—2016[S],2016.

[23] 中华人民共和国国家质量监督检验检疫总局,中国国家标准化管理委员会.信息安全技术 SM2椭圆曲线公钥密码算法 第1部分:总则:GB/T 32918.1—2016[S],2016.

[24] 中华人民共和国国家质量监督检验检疫总局,中国国家标准化管理委员会.信息安全技术 SM2 椭圆曲线公钥密码算法 第2部分:数字签名算法:GB/T 32918.2—2016[S],2016.

[25] 中华人民共和国国家质量监督检验检疫总局,中国国家标准化管理委员会.信息安全技术 SM2 椭圆曲线公钥密码算法 第3部分:密钥交换协议:GB/T 32918.3—2016[S],2016.

[26] 中华人民共和国国家质量监督检验检疫总局,中国国家标准化管理委员会.信息安全技术 SM2 椭圆曲线公钥密码算法 第4部分:公钥加密算法:GB/T 32918.4—2016[S],2016.

[27] 中华人民共和国国家质量监督检验检疫总局,中国国家标准化管理委员会.信息安全技术 SM2 椭圆曲线公钥密码算法 第5部分:参数定义:GB/T 32918.5—2017[S],2017.

[28] 中华人民共和国国家质量监督检验检疫总局,中国国家标准化管理委员会.信息安全技术 SM3 密码杂凑算法:GB/T 32905—2016[S],2016.

[29] 中华人民共和国国家质量监督检验检疫总局,中国国家标准化管理委员会.信息安全技术 密码应用标识规范:GB/T 33560—2017[S],2017.

[30] 中华人民共和国国家质量监督检验检疫总局,中国国家标准化管理委员会.信息安全技术 SM2 密码算法使用规范:GB/T 35276—2017[S],2017.

[31] 中华人民共和国国家质量监督检验检疫总局,中国国家标准化管理委员会.信息安全技术 SM2 密码算法加密签名消息语法规范:GB/T 35275—2017[S],2017.

[32] 中华人民共和国国家质量监督检验检疫总局,中国国家标准化管理委员会.信息安全技术 智能密码钥匙应用接口规范:GB/T 35291—2017[S],2017.

[33] 陈小松.密码学及信息安全基础[M].北京:清华大学出版社,2018.